新中国经济思想研究

丛书主编：程霖

"十三五"国家重点出版物出版规划项目

上海市哲学社会科学学术话语体系建设办公室、上海市哲学社会科学规划办公室"新中国成立70周年"研究项目
理论经济学上海Ⅱ类高峰学科建设计划项目
中央高校建设世界一流大学学科和特色发展引导专项资金和中央高校基本科研业务费资助项目

新中国银行制度建设思想研究（1949～2019）

信瑶瑶 ◎ 著

中国财经出版传媒集团
经济科学出版社
Economic Science Press

图书在版编目（CIP）数据

新中国银行制度建设思想研究：1949－2019/信瑶瑶著．
—北京：经济科学出版社，2019.9
（复兴之路：新中国经济思想研究）
ISBN 978－7－5218－0922－0

Ⅰ.①新… Ⅱ.①信… Ⅲ.①银行制度－制度建设－
研究－中国－1949－2019 Ⅳ.①F832.1

中国版本图书馆 CIP 数据核字（2019）第 199843 号

责任编辑：杨　洋
责任校对：杨　海
版式设计：陈宇琰
责任印制：李　鹏

新中国银行制度建设思想研究（1949～2019）
信瑶瑶　著
经济科学出版社出版、发行　新华书店经销
社址：北京市海淀区阜成路甲 28 号　邮编：100142
总编部电话：010－88191217　发行部电话：010－88191522
网址：www.esp.com.cn
电子邮件：esp@esp.com.cn
天猫网店：经济科学出版社旗舰店
网址：http：//jjkxcbs.tmall.com
北京季蜂印刷有限公司印装
710×1000　16 开　17 印张　260000 字
2019 年 9 月第 1 版　2019 年 9 月第 1 次印刷
ISBN 978－7－5218－0922－0　定价：60.00 元
（图书出现印装问题，本社负责调换。电话：010－88191510）

总 序

新中国成立70年来，中国经济建设取得了举世瞩目的辉煌成就，尤其是改革开放之后，中国经济体制出现了重大转变，经济实现持续高速增长，跃居全球第二大经济体和第一大贸易国，在世界政治经济格局中的地位与角色日益凸显，步入了实现中华民族伟大复兴的良性发展轨道。与中国经济体制转变同步，中国经济思想在理论范式和学术进路上也经历了比较大的调整。从计划经济时代形成的以马克思主义政治经济学和苏联社会主义政治经济学为主要内容和理论体系，逐渐过渡到以马克思主义为指导，政治经济学、西方经济学和中国传统经济思想多元并进的局面，这为中国特色社会主义市场经济理论和体制的形成与发展创造了良好的条件。

在此过程中，中国经济思想的发展演变与中国经济的伟大实践也是紧密相关的。尤其是在改革开放以后，中国经济在“摸着石头过河”的过程中涌现出了大量前所未有的、在其他国家也较为鲜见的经济创新实践，这就对源于西方成熟市场经济国家的经济学理论的解释力和预测力提出了挑战，蕴育了经济理论创新的空间。可以说，中国经济实践探索呼唤并推动了中国经济思想创新，而中国经济思想创新又进一步引领了中国经济实践探索。新中国70年的复兴之路在很大程度上是中国人民奋力开创的、为自己量身打造的发展模式，离不开国人在诸多经济问题与理论上的理解、决断与创造，这些也构成了新中国成立以来各领域所形成的丰富经济思想的结晶。

站在新中国成立70周年的重要历史时点上，中国正处于速度换挡、结构优化、动力转化以实现高质量发展的关键当口，有必要系统回顾总结新中国经济思想，较为全面地展示新中国成立70年以来中国经济思想在若干重要领域上的研究成果。这将为新时代构建有中国特色的社会主义政治经济学学科体系、学术体系和话语体系提供可靠立足点，同时基于对当代中国经济发展建设与民族复兴内在规律与经验的总结凝练，也将有助于指导并预测中国经济未来发展方向，明确新时期进一步加快实现民族复兴的道路选择，并为世界的经济发展提供具有可借鉴性和可推广性的“中国方案”。

目前，以整体视角全面梳理新中国经济思想的研究成果主要是一些通史性著作，以谈敏主编的《新中国经济思想史纲要（1949～1989）》“新中国经济思想史丛书”等为代表。这类著作通常以理论经济学和应用经济学一级学科为基础构建总的研究框架，然后再以其各自的二级学科为单位，逐一展开研究。这类研究的优点是有利于严格遵循经济学的学科体系，涵盖范围较广，学术系统性较强。但是其更加侧重经济思想学术层面的探讨，对经济思想的实践层面探讨不多。而且，一些具有丰富经济思想内容但没有作为独立二级学科存在的领域，未能被这类研究纳入其中。

与此同时，还有一类研究以张卓元主编的《新中国经济学史纲（1949～2011）》为代表，既包括以时间线索划分的通史性考察，也包含有专题式的研究（如社会主义市场经济理论、所有制理论、企业制度理论、农业经济理论、产业结构与产业组织理论、价格改革理论、宏观经济管理改革理论、财政理论、金融理论、居民收入理论、社会保障理论、对外开放理论等），更好地将经济理论研究与中国重大发展改革问题联系起来。这类研究的优点在于更贴近中国本土的经济问题，不拘泥于经济学科的科目划分。但由于涉及内容广泛但又多以单部著作的形式呈现，篇幅有限，所以对于所考察的经济思想常常难以做到史料丰富详实、分析细致深入。

因此，如何拓宽研究视角、创新研究体系和方法，进而对新中国经济思想的理论变迁与实践探索展开更为全面且系统深入的研究，是“复兴之路：新中国经济思想研究”丛书（以下简称丛书）拟做的探索。

对于中国经济思想的探索与创新研究，需要正确处理好学科导向和问题导向的关系。不能局限于学科导向而忽视中国经济现实问题，应该在确保学科基质的基础上以问题导向开展相关研究。同时，也要认识到，中国经济现实问题中蕴含着学科发展的内在要求、学科延伸的广阔空间、学科机理的不断改变。据此，丛书尝试突破学科界限，构建以重大问题导向为划分依据的研究框架。紧密围绕中国经济建设的目标与诉求、挑战与困境，针对新中国经济发展过程中重大问题的理论探索设计若干子项目，分别以独立专著形式展开研究。这种研究框架，能够更加紧密地融合理论与实践，更加具有问题意识，有助于将中国经济改革与发展中形成的重要经济思想充分吸纳并作系统深入的研究，可视为对上述两种研究体系的一种补充和拓展。

在研究体例和方法上，丛书所含专著将致力于在详尽搜集各领域相关经济思想史料的基础上，一方面对该思想的产生背景、发展演变、阶段特征、突出成果、理论得失、未来趋势等方面进行系统梳理与考察，另一方面则围绕思想中所体现的重大理论与现实问题，在提出问题、捕捉矛盾、厘清思路、建立制度、投入实践乃至构建理论等方面做出提炼与判断。同时将尽可能把握以下几点：

第一，把握各子项目研究的核心问题和主旨线索。因为丛书是以重大理论与现实问题导向为切入口，那么所探讨的经济思想就要能触及中国社会主义经济理论与市场经济建设的关键实质，聚焦问题的主要矛盾，进而更有针对性地串联起相关的经济思想。例如，在“新中国经济增长思想研究”中，著者认为经济增长方式（主要分为外延式和内涵式）的明确、选择与转换，是中国经济增长研究的主旨线索；在“新中国产业发展思想研究”中，著者认为根据不同时期的结构性条件变化，选择发挥外生比较优势的产业发展路径还是塑造内生竞争优势的产业发展路径是经济思想探讨的关键；在“新中国民营经济思想研究”中，不同时期以来我国各界对于民营经济的态度、定位及其在社会主义建设中的角色则是一个重要问题，等等。只有把握住核心问题与主旨线索，才能使得经济思想史的研究更有聚焦，在理论贡献挖掘与现实启迪方面更有贡献。

第二，明确各子项目研究的历史分期。由于各子项目均将以独立专著形式出现，考虑到篇幅及内容的系统性，丛书选择以纵向时间作为基本体例。在历史分期的问题上，丛书主张结合中国宏观经济体制、经济学术及诸多背景环境因素的阶段性变化，但更为根本的是应探索各子项目核心问题的内在发展逻辑，以此作为历史分期的主要依据。所以不同子项目可能会以不同的历史分期作为时间框架。

第三，综合运用多种方法，对各子项目所包含的经济思想进行全面且系统的解读。在运用史料学、历史分析等经济史学传统研究方法的基础上，注重采用现代经济学、经济社会学等相关理论和历史比较制度分析、历史计量分析、经济思想史与经济史交叉融合的研究方法，进而以研究方法的创新来推动观点与结论的立体化与新颖化。

本丛书的策划缘起于我所主持的 2017 年上海哲学社会科学规划“新中国 70 周年研究系列”项目——复兴之路：新中国经济思想研究，后有幸被增补为“十三五”国家重点出版物出版规划项目。当然，相关书稿的写作许多在 2017 年之前就已经开始，有些还是获得国家社科基金资助的著作。最初设计时选取了 20 个经济思想主题，规划出版 20 本著作，涵盖了新中国经济思想的许多重要方面，具体包括：新中国经济增长思想研究、新中国经济转型思想研究、新中国对外开放思想研究、新中国经济体制改革思想研究、新中国国企改革思想研究、新中国民营经济思想研究、新中国金融体制改革思想研究、新中国农村土地制度改革思想研究、新中国经济特区建设思想研究、新中国产业发展路径选择的经济思想研究、新中国旅游产业发展与经济思想研究、新中国国防财政思想与政策研究、新中国财税体制改革思想研究、新中国反贫困思想与政策研究、新中国劳动力流动经济思想研究、新中国城镇化道路发展与经济思想研究、新中国区域发展思想研究、新中国城市土地管理制度变迁与经济思想研究、新中国城乡经济关系思想研究、新中国经济理论创新等。后来由于各种原因，至丛书首次出版时完成了其中的 13 本著作，对应上列 20 个主题的前 13 个，其他著作以后再陆续出版。

丛书依托于上海财经大学经济学院。上海财经大学经济学院是中国经济思想史与经济史研究的重要基地和学术中心之一。半个多世纪以来，在以胡寄窗先生为代表的先辈学者的耕耘下，在以谈敏、杜恂诚、赵晓雷教授为代表的学者的努力下，上海财经大学经济思想史、经济史学科的发展对我国经济史学学科的教育科研做出了重要贡献。在学科设置上，经济学院拥有国家重点学科——经济思想史，并设有国内首家经济史学系和上海财经大学首批创新团队“中国经济转型的历史与思想研究”，致力于促进经济思想史和经济史学科的交叉融合，并实行中外联席系主任制、海外特聘教授制等，多渠道、多方式引入海内外优质教育资源，极大地促进了中国经济史学研究的国际化和现代化。

近年来，上海财经大学经济史学系建立起梯队完善、素质较高的人才队伍，聚焦于新中国经济思想史研究，已形成了一批具有影响力的学术成果，为本项目的顺利开展奠定了基础。丛书的写作团队即以上海财经大学经济学院经济史学系的师生、校友为主，其中部分校友任职于复旦大学、深圳大学、上海社会科学院、中国浦东干部学院等高校和科研机构，已成为相关单位的学术骨干。同时，部分书目也邀请了经济学院政治经济学系的几位学者撰写。在整体上，形成了老中青结合、跨学科互补的团队优势与研究特色。当然，由于作者的学科背景有别、年龄层次差异、开始着手研究撰写的时间和前期积累状况不同，以及研究对象的复杂性和整体计划完成的时间有限等原因，丛书中各著作的写作风格并不完全一致，还存在诸多不足，也未能完全达到预期目标，敬请读者批评指正！丛书创作团队将以此批研究成果为基础进一步深化对新中国经济思想的研究。

丛书的出版得到了经济科学出版社的大力支持。此外，丛书也得到了理论经济学上海Ⅱ类高峰学科建设计划项目、上海财经大学中央高校建设世界一流大学学科和特色发展引导专项资金及中央高校基本科研业务费资助项目等的资助。在此一并致谢！

程　霖

2019 年 7 月

目　录

CONTENTS

◇◇◇◇◇◇◇◇◇◇◇ 第一章 ◇◇◇◇◇◇◇◇◇◇◇

导论

第一节　选题背景与问题提出　2

　　一、选题背景　2

　　二、问题提出　4

第二节　研究对象与概念界定　5

　　一、银行制度　5

　　二、银行制度建设思想　6

　　三、新中国银行制度建设思想　7

第三节　研究思路与研究方法　7

　　一、研究思路　7

　　二、研究方法　9

第四节　文献回顾与研究评述　10

　　一、国外涉及对新中国银行制度建设研究的动态　11

　　二、国内关于新中国银行制度建设的思想类研究　13

　　三、国内新中国银行制度建设的历史进程类研究　17

第五节　研究创新与不足之处　23

◇◇◇◇◇◇◇◇◇◇◇ 第二章 ◇◇◇◇◇◇◇◇◇◇◇

新中国银行制度建设思想的分期逻辑

第一节　从政策导向上对新中国银行制度建设思想分期的认识　26
一、第一阶段：1949～1978 年　27
二、第二阶段：1979～1993 年　28
三、第三阶段：1994～2019 年　29
第二节　从学术研究上对新中国银行制度建设思想分期的讨论　31
一、以学术研究文献数量为基础的统计分析　32
二、以学术研究内容侧重为核心的归纳总结　35

◇◇◇◇◇◇◇◇◇◇◇ 第三章 ◇◇◇◇◇◇◇◇◇◇◇

新中国银行制度建设思想的初发（1949～1978）：以“大一统”而展开

第一节　计划经济时期银行制度建设思想初发的历史缘由　40
一、根据地的银行是新中国成立以后国有银行体系建立的基础　40
二、亟待恢复的国民经济建设对银行形成现实制度需求　43
三、重工业优先增长的发展战略与集中统一的银行制度　46
四、马克思主义的银行国有思想和苏联银行模式的引入　48
第二节　新中国成立前夕关于新中国银行制度的构想　55
一、莫乃群的新中国银行制度建设思想　56
二、《新金融体系草案》中体现的银行制度建设思想　58
三、周有光的新中国银行制度建设思想　59
四、南汉宸的新中国银行制度建设思想　62

五、新中国成立前夕银行制度建设思想的特征分析 63
第三节 “大一统”国家银行制度建设思想 67
一、私营银钱业从限制到合并的社会主义改造思想 68
二、针对国家银行行政机关和经济组织的性质之争 72
三、“大一统”国家银行职能及其作用的理论思考 75
第四节 建立农村信用合作社的思想主张 80
一、农信社与国家银行互补关系的认识 81
二、对农村信用社存留问题的理论辨析 83
第五节 计划经济时期的银行监管制度建设思想 85
一、《中国人民银行试行组织条例》的颁布及其金融行政管理思想 86
二、《中国人民银行监察工作条例》：行政监察思想及制度化 87

第四章

新中国银行制度建设思想的转型（1979～1993）：以“多元化”而展开

第一节 经济体制过渡时期银行制度建设思想转型的历史背景 92
一、思想的解放引致微观层面对银行作用的重视 92
二、经济建设的现实需求推动银行业的全面发展 95
三、马克思主义经济学的中国化与西方金融理论的借鉴 98
第二节 以“多元化”而展开的银行体制改革思想 100
一、20 世纪 80 年代初期关于银行体制改革的三种方案 101
二、1983 年后以扩大市场要素为主的银行体制改革思路 105
三、关于银行体制改革原则的认识和改革突破口的争论 109
第三节 以加强宏观调控为主导的中央银行制度建设思想 114

一、关于中央银行模式和路径选择的思想 114
二、人民银行性质之争：以中央银行成立为界 117
三、基于中央银行独立性的微观制度构建 120
四、中央银行与专业银行之间的关系认识 124
第四节 以企业化改革为核心的专业银行制度建设思想 126
一、专业银行企业化改革思想的提出 127
二、企业化内涵以及经营目标的分歧 129
三、专业银行企业化改革的路径选择 131
第五节 以调整行社关系为主线的农村信用社制度建设思想 138
一、农村信用社隶属关系的讨论与改革方案的提出 140
二、对行社脱钩后农村信用社管理模式的不同设想 142
第六节 现代银行监管制度建设思想的初步探索 144
一、针对银行业准入由严格限制到适度放松的理论突破 144
二、《银行管理暂行条例》：银行立法思想的制度化探索 147

第五章

新中国银行制度建设思想的发展（1994～2019）：以“市场化”而展开

第一节 市场化改革时期银行制度建设思想发展的历史原因 152
一、社会主义市场经济体制的确立为银行业发展提供了政策准备 152
二、大量积聚的银行内部风险成为推动国有商业银行改革的动力 155
三、扩大开放下的国际金融环境是影响银行制度建设的重要因素 158
第二节 以健全宏观调控为目标的中央银行制度建设思想 161

一、基于货币政策的中央银行独立性再思考 161
二、完善中央银行市场化调控机制的新探索 166
第三节 市场改革导向下的商业银行制度建设思想 170
一、以产权改革为核心的国有银行商业化理论认知 171
二、培育竞争性金融产权与民营银行制度建设思想 175
第四节 政策性银行的市场化转型思想 179
一、政策性银行市场化转型命题提出的逻辑机制 181
二、促进政策性银行市场化转型条件的理论认知 184
第五节 农村信用社市场化调整的理论探索 187
一、对产权结构及改革实施主体的思考 187
二、管理主体的进一步探讨——省联社 189
第六节 现代银行监管制度建设思想的进一步完善 196
一、针对不同经营模式的银行监管体系优化思想 196
二、以风险管理为核心的银行监管思想及其发展 199
三、银行法制建设的完善以及立法思想的新特征 202

◇◇◇◇◇◇◇◇◇◇ **第六章** ◇◇◇◇◇◇◇◇◇◇

新中国银行制度建设思想的总体考察

第一节 新中国银行制度建设思想的整体特征 206
第二节 新中国银行制度建设思想演进的逻辑线索 207

参考文献 212
附录：新中国银行制度建设大事表 250
后记 256

第一章

导　论

第一节　选题背景与问题提出

一、选题背景

任何国家的经济发展都离不开资金这一稀缺资源，金融作为资金分配的主要载体，在经济发展中起着至关重要的作用。英国经济学家、诺贝尔奖获得者约翰·希克斯（John Hicks）认为，工业革命之所以发生在英国，得益于18世纪前半叶在英国已经出现了金融市场，它带来的流动性资本为工业革命需要的大量长期资本投资提供了支持。[①] 也有研究表明，在金融体系更健全的国家，新企业诞生的速度更快，在较为依赖外部资金的行业中更是如此。[②] 中国是以银行为主导的金融体制，银行在社会融资中始终占据着主要地位，即使在资本市场不断发展的今天，实体经济从金融体系中获得的资金也是以银行的信贷资金为主。2018年末，中国的社会融资规模[③]达到了19.26万亿元，比2002年的2万亿元增长近9倍，而其中新增人民币贷款占社会融资规模的比例始终保持在50%以上，尤其近几年来，该数字更是呈现出上涨的趋势，即从2012年的52.1%上涨到2018年的81.4%（见图1－1）。可见，银行在支持中国实体经济发展中具有不可替代的作用，进而也为实现中国经济的稳定发展起到了有益支撑。若将视角放于更宏观的层面，在1997年的亚洲金融危机和2008年的美国次贷危机中，中国银行业均实现了平稳化过渡。特别是，在英国《银行家》杂志[④]发布的“2018年全球银行1000强”榜单中，中国工商银

---

① John Hicks, A Theory of Economic History, Clarendon Press, Oxford, 1969, pp. 143 －145.

② Rajan, R. and L. Zingales, Finance Dependence and Growth. American Economic Review, 1998, 88 (3): 559 －586.

③ 社会融资规模是指实体经济（境内非金融企业和住户，下同）从金融体系获得的资金。

④ 银行作为中国政府贫困治理的一项重要抓手，在中国的反贫困实践中扮演了重要角色。参见信瑶瑶：《中国农村金融扶贫的制度变迁与生成逻辑》，载于《甘肃社会科学》2019年第3期。

行、中国建设银行、中国银行和中国农业银行已经占据了前4名，而在前100名中也有18家中资银行入选。[①] 足见，在过去的70年里，中国银行业既经历了丰富的发展与实践，也为国家经济发展做出了巨大的贡献。银行究其本质来说，是一种制度工具，故而与银行发展历史进程相伴随的，是中国银行制度建立与完善的过程，以及在该历史演进中所体现出的成功性、复杂性及独特性。具体而言：

首先，在中国经济发展的每个阶段都有与之相适的银行制度作为支撑和助力。计划经济时期，“大一统”的银行制度起到了有计划地集中统一分配资金以及对企业进行信贷监督等作用；改革开放之后，多元化的银行制度通过活跃金融市场和调节资金流向等途径，为搞活微观经济的发展战略做出了贡献；在社会主义市场经济体制改革方向确立之后，市场化的银行制度在推动国有企业改革、扩大对外贸易、发展农村经济[②]以及对抗国际金融风险等方面起到了关键性作用。所以，不得不说中国银行制度的建立与发展是成功的。另外，1948年12月中国人民银行的成立，标志着新中国银行体系的形成。自此后的70年中，伴随经济体制由计划向市场的转型，中国银行制度做出了一系列适应性改革，银行体系从一元到多元，银行业务从单一到综合，经营方式由行政指令到强调市场化手段，经营范围从本国拓展到国际市场，银行监管从行政强制管理到以监督为主等，不仅呈现出一个曲折前进的过程，同时也反映出了银行制度建设历程的复杂性。还有，中国银行制度改革和发展的每一个步骤，既没有现成的经验借鉴，也没有契合的理论指导，都是切实立足于中国社会经济现实，立足于中国的经济发展诉求，为建立适应中国经济体制所需的银行制度而展开的探索。故在这一过程中，形成了既不同于苏联等社会主义国家，也相异于英国、美国等资本主义国家的银行发展路径和银行制度模式[③]，表现出了

---

① 《银行家》是全球最具盛名的财经媒体之一，该杂志创刊于1926年，隶属于英国金融时报集团。《银行家》拥有超过4000家全球银行的数据库，每年根据不同国家和地区银行的核心资本、盈利能力以及同行竞争表现进行分析，发布“全球1000家大银行”排名，这一排名被视为衡量全球银行综合实力的重要标尺，是当今国际最主流、最权威的全球银行业排名之一。资料来源：搜狐网，https：//www. sohu. com/a/239651041_470097。

② 资料来源：搜狐网，https：//www. sohu. com/a/239179320_470026。

③ 孙树茜、张贵乐：《比较银行制度》，中国金融出版社1988年版。

中国银行制度建设所具有的独特性。

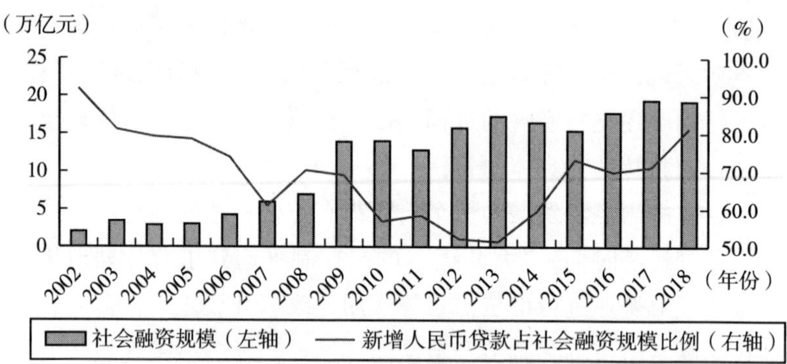

图1－1　2002～2018年社会融资规模与新增人民币贷款占社会融资规模比例

资料来源：根据中国人民银行网站历年发布的数据整理而得。

因此，具有上述特征的中国银行制度始终是学术界所关注和好奇的对象。对此进行研究，不仅是对当前已有经济金融理论的有益补充，而且也能为其他发展中国家提供制度借鉴，同时也是中国持续扩大开放背景下，塑造国际竞争力和提高金融抗风险能力所必需探索的重大课题。

二、问题提出

中国现行的银行制度是基于长期以来对银行制度建设探索过程的结晶，是在路径的每个关键节点上，各界人士立足中国社会经济现实和经济制度，在多重因素约束下所做出的理论判断和政策应对。也就是说，制度的变迁并非既定的客观存在，而是制度设计者在其经验和认知基础上人为地选择结果，其背后是一系列与此相关的思想要素。正如诺斯（Douglass C. North）所指出的："理解变迁过程的关键在于促动制度变迁的参与者的意向性（intentionality）以及他们对问题的理解"。[①] 而要探究这一选择过程，必然要从经济思想的角度出发，通过梳理每个时期所产生的对银行制

① 参见韦森：《再评诺斯的制度变迁理论》，载于《经济学（季刊）》2009年第2期。

度形成重要影响的思想，揭示这些思想产生的背景及最终对现实的导向，并从中提炼中国银行制度建设演进的一致性线索。基于此，本书将所要考察的过去 70 年的银行制度建设，视为由若干演进片段所组成的一个总的演进过程，并将考察重点付诸每个演进片段，以期集中呈现并反映演进的总体。从内容上来说，本书将通过系统梳理过去 70 年来关于中国银行制度建立和完善的学术研究与政策法规，提炼和归纳这些内容中的经济思想，探讨这些思想发展演进的历史阶段和整体特征，最终对中国银行制度建设路径的形成进行了尝试性分析。具体地，本书的研究将围绕以下几个问题而展开：

第一，在中国银行业发展的关键时点，理论界和政策界对银行制度建立和完善产生了哪些影响银行发展方向和进程的思想？为什么在当时会产生这些思想，即思想形成的背景为何？

第二，关于思想上的分歧和争鸣，是否存在最终被制度化的主导性思想？这些思想被确立的原因为何？

第三，自中国人民银行成立以来的新中国银行制度建设思想，是否呈现出清晰的阶段性演进特征？又能否从中提炼出一致的逻辑线索？

基于对以上问题的回答，最终将构成本书的所有研究内容。

第二节 研究对象与概念界定

一、银行制度

关于什么是银行制度，目前理论界尚未形成共识。已有研究中，关于银行制度含义的代表性观点有下述几种。

在新中国最早对银行制度进行研究的学者中，周有光对这一概念的认识值得一提。他认为，银行制度包括作用、组织和人事三个层面的含义，其中银行的作用是指银行对于社会尽了什么职能以及经营哪类业务，银行的组织是指银行机构的种类，以及分布、管制和分工情况，还包括各类机构之间的关系，而银行的人事是指管理银行人员的认识与知识，还有办事人员的技能及效率。①

在由戴相龙和黄达主编的《中华金融辞库》中，对银行制度的释义为“关于银行组织机构及其业务活动的法律、规章和惯例的集合”，既包括各类银行组织的设置、产权及行为目标等内容，还包括对其业务活动的规定。②

程霖在研究近代中国的银行制度建设思想时，将银行制度界定为银行的体系结构和管理制度，该概念包括三个层面的含义：一是整个银行的体系结构及其构成方式；二是该体系中各类银行的组织形式、性质、地位、作用、运行机制、职能划分以及相互关系；三是银行监管的内容、方法与机构设置。③

在以上对于银行制度的界定中，周有光和《中华金融辞库》的观点虽然都有其合理的一面，但仍有缺乏严密性之嫌。随着银行的发展，监管制度已成为构建银行制度中不可或缺的一个部分，因而在对银行制度进行研究时若将其遗漏或忽视，必然难以反映银行制度建设的全貌。因此，本书在研究中采纳了程霖对银行制度的定义，这样不仅能够更为全面地对银行制度展开研究，而且能够为本书研究框架的搭建提供线索和依据，这一点将在下文研究思路和研究框架的介绍中具体反映。

二、银行制度建设思想

银行制度建设思想是本文的研究对象。首先需要指出的是，建设表达了一个建立和完善的探索过程。具体而言，银行制度建设既包括银行制度整体从建立到逐步完善的过程，也包括了银行制度的某个方面或组成部分由产生到完善的发展过程。

进一步，银行制度建设思想是指关于建立和完善银行制度的各类思

① 周有光：《新中国金融问题》，经济导报社 1949 年版，第 48 页。

② 戴相龙、黄达主编：《中华金融辞库》，中国金融出版社 1998 年版，第 61 页。

③ 程霖：《中国近代银行制度建设思想研究（1859－1949）》，上海财经大学出版社 1999 年版，第 3 页。

想。其具体内容包括两个方面：一方面是指学者和金融工作者围绕建设怎样的银行制度所阐述的观点看法与理论思考，即由相关理论研究成果组成的学术思想；另一方面是国家领导人等制度设计者关于银行制度建设所提出的思路规划，以及政府部门针对银行制度建设中的问题所制定和实施的制度安排，即由讲话和报告以及法律条例和规范性文件等构成的政策思想。

三、新中国银行制度建设思想

新中国银行制度建设思想包含了对两个范畴的限定。其一，对本书研究时间范围的界定。一般认为新中国起始的标志是 1949 年 10 月 1 日中华人民共和国中央人民政府的成立，但 1948 年 12 月中国人民银行的成立意味着新中国银行体系开始形成，故本书将研究的起点向前推至 1949 年 1 月。其二，对研究对象空间范围的限制。本书研究的是关于中国的银行制度建设思想，故本书所要考察的研究对象——新中国银行制度建设思想，是指自中国人民银行成立以来，关于建立和完善中国银行制度的各类思想。因此，本书的研究实质上是对 1949～2019 年，如何建设中国银行体系的整个认识过程，以及该体系中各类银行组织逐渐完善、功能逐渐扩展的探究过程，还有银行监管制度建设的摸索过程。

第三节 研究思路与研究方法

一、研究思路

依据图 1－2 所示的技术路线，首先，本书基于新中国银行发展的背景，提出新中国银行制度建设路径何以形成这一问题。其次，按照纵向和横向两条线索对该问题展开了具体研究。从纵向来说，本书根据政策导向和学术研究两个逻辑，将1949～2019年的新中国银行制度建设思想演进历程划分为三个时间阶段，即1949～1978年以“大一统”而展开的新中国银行制度建设思想的初发、1979～1993年以“多元化”而展开的新中国银行制度建设思想的转型、1994～2019年以“市场化”而展开的新中国银行制度建设思想的发展。在此基础上，本书利用三个章节分别对上述各阶段进行了详细地研究和论述。这种按时间纵向研究的目的在于系统且完整地呈现研究对象在时间上的连续性与阶段性特征。从横向来说，在思想演进的每个阶段，本书首先介绍了思想产生的背景，之后论述了基于这一背景而产生的银行体系及其组成机构的制度建设思想和银行监管制度建设思想的具体内容。而其中对于银行体系的组成机构，本书具体选取了中国人民银行、国家专业银行、政策性银行、国有商业银行、农村信用社以及民营银行。这样的选取是因为以上银行组织机构是中国银行体系的主要组成和主导力量，对其制度建设的思想不仅较为丰富，而且也反映了中国银行制度建设思想的特征。另外，这也是为了全面反映中国银行制度建设思想的传承以及新思想的产生，具体而言，既有在三个阶段都存在的银行组织机构，如中国人民银行和农村信用社，又有在第二阶段全面发展的国家专业银行，以及在第三阶段新出现的政策性银行、国有商业银行和民营银行。这种按专题横向研究的目的在于全面反映不同时期思想的产生缘由和主要内容。最后，通过对新中国银行制度建设思想按照纵向和横向两条线索的研究，总结了思想演进的特征，并分析了思想演进的逻辑线索。

根据上述研究思路，本书的研究框架由六个章节构成：第一章导论部分，旨在厘清研究的选题、对象、思路和方法等基本问题，并简要说明了研究的创新及不足之处；第二章新中国银行制度建设思想的分期逻辑部分，从政策导向和学术研究两个方面详细论述了分期依据以及各时期思想的主要内容和特征；第三、四、五章从历史背景、银行体系及其组成机构、银行监管制度三个方面分别对1949～1978年、1979～1993年以及1994～2019年新中国银行制度建设思想初发、转型和发展的背景与内容进行了介绍；第六章新中国银行制度建设思想的总体考察部分，基于对思想演进总体特征的总结以及思想演进逻辑线索的分析，尝试性回答了新中国银行制度建设路径的形成原因。

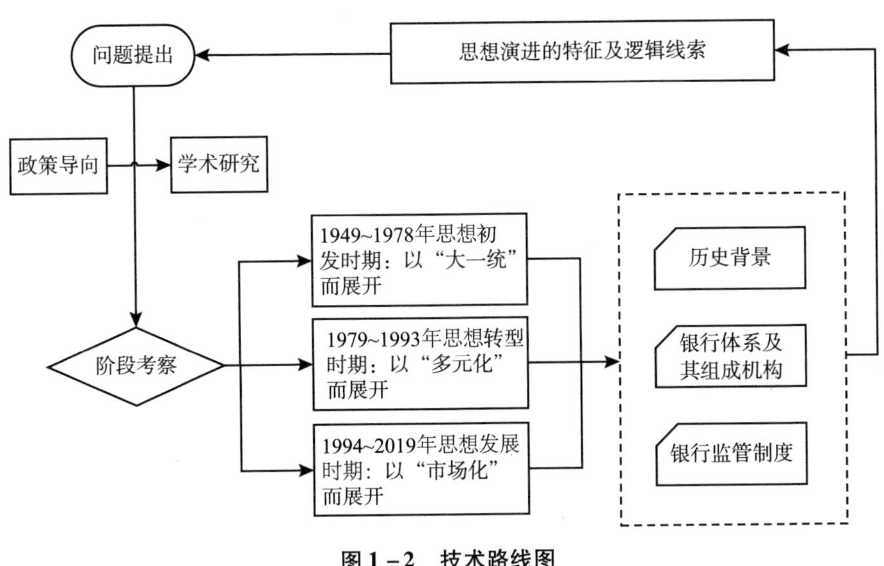

图1－2　技术路线图

二、研究方法

（一）历史分析与比较分析相结合的研究方法

历史分析法，即是通过对历史环境的纵深分析和对史实情况的了解来研究某种思想产生的原因和过程，借此考察某一思想对社会进步有无推动作用和实际贡献。比较分析法，则是通过比较不同时期关于同一问题的观点、同一问题不同人物之间的观点，直观地展示和反映观点的差异，进而寻找产生不同思想的根源，并做出判断。新中国银行制度建设思想是特定历史时期政治、社会、经济状况的集中反映，其演进过程与上述几方面存在密切关系，所以，必须将其放置于具体的历史背景下来研究和分析各种思想形成的原因，从而推导和把握思想发展的客观规律。而整理历史上曾出现过的纷繁复杂的思想素材，就必须借助比较分析的方法，将所研究之内容进行归类和比较，从中找出异同，以便从大量的历史资料中准确揭示发展的线索和规律。

（二）实证分析和规范分析相结合的研究方法

实证分析是对事实的描述和解释，旨在说明“事实是什么”以及“如何解决的”，侧重于对事物现象的概括和归纳，即从经济现象出发来总结和分析其具有的内在规律。规范分析是根据公认和传统的价值标准，以主观判断的形式对事物应该具有的规律性结果进行阐述和说明，旨在研究事物“应该是什么”或“应该如何解决”，侧重对规律的推理和演绎。在本书研究中，一方面运用了实证的分析方法，客观地描述了新中国银行发展和银行制度建设思想演进的历史过程；另一方面运用规范的分析方法，对新中国银行制度建设思想的演进做出了一定的价值判断。

（三）辩证唯物主义和历史唯物主义相结合的研究方法

马克思主义的辩证唯物主义原理要求认识事物时，必须运用普遍联系的、全面的、发展的和一分为二的思维，要善于从普遍联系的总体上把握事物的本质和功能，反对孤立的、片面的、脱离历史的思想方法。因此，本书在研究中立足于社会经济现实，以期准确和合理地阐释关于银行制度建设所提出的各种观点主张与政策措施。

第四节　文献回顾与研究评述

在目前已有学术成果中，直接契合“新中国银行制度建设思想”的贯通性、专门性研究尚付阙如。但在新中国成立后的很长一段时期内，中国的金融体系中只有银行组织，因而银行与金融成为可以互换的概念，所以，在许多研究金融思想和金融史的成果中包含了大量关于银行制度建设的内容。另外，银行作为中国重要的经济组成部门，关于银行制度的研究可谓汗牛充栋，尤其是1978年改革开放以后，学术的活跃、经济的发展以及出版事业的繁荣，使得银行制度的研究成果呈爆发式增长。但是，一来，由于研究的质量良莠不齐，许多文献在学术上并无值得称道之处，而且也未能在银行制度的历史演进中产生影响；二来，诚然这些研究成果为本书提供了充分的素材并奠定了坚实的基础，但在有限的篇幅内很难囊括所有相关研究。基于此，本书在紧扣“新中国银行制度建设思想”这一研究对象的基础上进行相应地取舍，将文献回顾的重点聚焦于下述两个方面：一是关于新中国银行制度建设的思想类研究；二是新中国银行制度建设的历史进程类研究。前者是对直接契合于本书研究对象的文献进行综述，而作为对本文的补充，后者中包含的历史逻辑也是值得回溯的学术积淀。

一、国外涉及对新中国银行制度建设研究的动态

从已有文献来看，国外学者对中国银行制度建设的研究相比于国内而言较少。中国在银行制度的建设方面更多的是借鉴国外先进的经验，进行不断的消化吸收，从中摸索出适合中国经济发展的银行制度。直到 20 世纪 90 年代，中国改革开放带来经济的腾飞，才使得国外学者开始重新审视中国特有的银行制度建设历程。

希拉·赫弗南（Shelagh Heffrtnan）等通过对 1999 ~ 2006 年间中国不同类型银行的梳理，并对影响业绩的因素进行测试，结果表明，虽然银行的类型对业绩是有影响，但银行的规模、外资持股比例和银行上市比例都对业绩的影响不大。① 艾伯特·帕克（Albert Park）等通过对 1991 ~ 1997 年中国省级资料的分析，研究 20 世纪 90 年代中期不同金融机构的金融改革，发现国有银行政策贷款的重要性没有下降，金融机构的贷款没有对经济基本面作出反应。② 里昂·贝克尔曼（Leon Berkelmans）等利用弹性模型对中国银行业的数据估计，对政策工具的有效性进行评估，发现与存款准备金率和贷存比的变动相比，直接利率变动在中国是一种较差的货币控

① Shelagh Heffrtnan，Maggie Fu，The Determinants of Bank Performance in China，Social Science Electronic Publishing，2008.

② Albert Park，Kaja Sehrt，Tests of Financial Intermediation and Banking Reform in China，Journal of Comparative Economics，2001，Vol. 29，pp. 608 – 644.

制工具。[①] 艾伦·伯杰（Allen N. Berger）等通过分析1994～2003年中国银行的效率，来研究银行所有权改革对银行效率的影响，结果表明，四大国有银行的效率是最低的，外资银行的效率最高，而外资入股能显著提高银行效率。[②] 布巴卡尔·迪亚格（Boubacar Diallo）等利用两阶段最小二乘回归法，研究了2001～2013年期间31个省和8个不同部门的数据，发现，银行集中度对中国各省的行业增长产生了负面的影响。[③] 艾丽西亚·加西亚·赫雷罗（Alicia Garcı'a – Herrero）等分析了中国银行体系改革的三个主要过程：一是通过清理不良贷款进行银行重组；二是财务自由化、灵活控制下逐步开放外资和自由资本进入银行业；三是逐步加强金融监管。[④] 瓦伦蒂纳·列万楚克（Valentina Levanchuk）对中国银行业可持续发展进行了实证研究，并对中国银行业可持续发展的旗舰企业——国家开发银行（以下简称国开行）进行了考察，结论是，国开行一直积极制定自己的企业战略，以贯彻可持续发展理念，促进经济、社会和环境的平衡发展。[⑤] 阿萨·林德贝克（Assar Lindbeck）研究了1991～2006年中国较为“激进”的经济改革路径，从经济体制的多维分类来描述中国的经济改革，并讨论了中国未来的经济改革的政策选择。[⑥] 理查德·波德皮亚（Richard Podpiera）研究了1997～2004年间中国的贷款增长、信贷定价和地区贷款模式，发现国有商业银行虽然减缓了信贷扩张，但信贷风险的价格仍然没有差别，银行在贷款决策时并没有考虑企业的盈利能力，导致在

---

① Leon Berkelmans, Gerard Kelly, Dena Sadeghian, Chinese Monetary Policy and the Banking System, Journal of Asian Economics, 2016, Vol. 46, pp. 38 – 55.

② Allen N Berger, Iftekhar Hasan, Mingming Zhou, Bank ownership and efficiency in China: what lies ahead in the world's largest nation? Bank of Finland Research Discussion Papers, 2007, Vol. 16.

③ Boubacar Diallo, Qi Zhang, Bank Concentration and Sectoral Growth: Evidence from ChineseProvinces, Economics Letters, 2017, Vol. 154, pp. 77 – 80.

④ Alicia Garcı'a – Herrero, Sergio Gavila', Daniel Santaba'rbara, China's Banking Reform: An Assessmentof its Evolution and Possible Impact, CESifo Economic Studies, 2006, Vol. 2 (52), pp. 304 – 363.

⑤ Valentina Levanchuk, The China Development Bankand Sustainable Development, International Organisations Resesrch Journal, 2016, Vol. 3 (11), pp. 68 – 76.

⑥ Assar Lindbeck, An Essay on Economic Reforms and Social Change in China, The World Bank, Working Paper, 2006.

企业利润较高的省份，大型国有商业银行的市场份额被其他金融机构抢走。[①] 乔瓦尼·费里（Giovanni Ferri）通过对中国三个省份 20 家不同经济发展水平的城市商业银行的实地调查，发现东部地区城市商业银行的绩效较好，而国有企业控制的城市商业银行的绩效较差，进而指出国有商业银行的改革对于改善中国银行业是必要的。[②] 亨利·桑德森（Henry Sanderson）通过世界各地的现场报道和采访，并与中国债券招股说明书中的数据结合起来，对国家开发银行进行了深入的剖析。[③] 维奥莱娜·卡森（Violaine Cousin）深入探讨了中国的银行经营类型，分析了银行业的关键问题，并阐述了中国银行业面临的挑战、形成现状的原因以及对改革的影响。[④]

通过对外文文献的梳理可以发现，虽然中国改革开放以后国外对中国银行业的关注逐渐提高，但国外学者对中国银行业制度改革的内容缺乏相关的研究，这可能与统计资料的缺乏有关，伴随着中国银行在世界经济舞台上的作用的逐步提高，国外学者对中国银行制度的建设和改革方向将会越来越关注，对此的研究也会越来越多。

二、国内关于新中国银行制度建设的思想类研究

在著作方面，朱纯福的《当代中国银行体制改革思想》，以时间为线索，以专题为模式，对 1978～2000 年的银行体制改革思想进行了研究。[⑤] 钱婵娟所撰写的《中国改革开放进程中的银行监管制度思想研究：1979－2004》，聚焦于改革开放至 2004 年中国银行监管制度的探索。[⑥] 在曾康霖、

① Richard Podpiera, Progress in China's Banking Sector Reform: Has Bank Behavior Changed?, IMF Working Paper, 2006.

② Giovanni Ferri, Are New Tigers supplanting Old Mammoths in China's banking system? Evidence from a sample of city commercial banks, Journal of Banking & Finance, 2009, Vol. 1 (33), pp. 131－140.

③ Henry Sanderson, Michael Forsythe, China's superbank: Debt, Oil and Influence－How China Development Bank is Rewriting the Rules of Finance, 2012, Bloomberg Press.

④ Violaine Cousin, Banking in China, Palgrave Macmillan, 2007.

⑤ 朱纯福：《当代中国银行体制改革思想》，人民出版社 2001 年版。

⑥ 钱婵娟：《中国改革开放进程中的银行监管制度思想研究：1979－2004》，上海财经大学出版社 2007 年版。

刘锡良和缪明杨主编的《百年中国金融思想学说史》的第三卷中，第三章专述了新中国成立之后中国银行业制度建设的思想学术与主张，包括改革开放之前关于银行存在必要性、银行性质和职能以及机构设置等内容，还有改革开放之后关于银行与财政关系、建立中央银行以及银行体制改革等的讨论。[①] 施兵超的《新中国金融思想史》中，对改革开放之前社会主义银行理论的初步探索以及改革开放之后关于银行性质的争论进行了介绍。[②] 张秋云、程工、沈超与何金明合著的《金融组织与调控机制的思想演进》，其中涉及新中国成立初期的银行国有化思想、对银行组织机构的行政管理思想以及农村信用社制度建设思想。[③] 王斌的《制度变迁与银行发展：中国银行业市场化进程研究（1978－2003）》，虽然着重于呈现银行业市场化改革的历史进程，但也对某些问题的学术探讨和争鸣进行了介绍，如对银行性质问题、专业银行企业化和中央银行制度相关探讨的梳理。[④] 路建祥在《新中国信用合作发展简史》中详述了从新中国成立到“文化大革命”结束这一历史时期的农村信用社制度发展情况，其中个别章节包含了当时学术界对某些问题的讨论和分歧，如关于农村信用社性质问题的争论以及是否继续办好信用社的争论等。[⑤] 此外，在一些金融思想的研究著作中也包含了银行制度建设思想的内容。陈文林在《金融问题争论与分析》中，对新中国成立至20世纪90年代初理论界关于银行性质、职能、作用、地位、中央银行的管理职能、专业银行企业化以及专业银行经营目标等讨论内容进行了梳理与评价。[⑥] 王志的《十年金融改革学术观点概况》对1979～1989年金融体制改革的各种学术讨论进行了梳理，并对同一问题的不同观点进行了介绍和评价。该著作涉及了这十年间银行制度建设的几类主要问题，包括：关于应建立什么样的银行体制的思想；银行的地

---

① 曾康霖、刘锡良、缪明杨主编：《百年中国金融思想学说史·第三卷》，中国金融出版社2018年版。

② 施兵超：《新中国金融思想史》，上海财经大学出版社2000年版。

③ 张秋云、程工、沈超、何金明：《金融组织与调控机制的思想演进》，社会科学文献出版社2006年版。

④ 王斌：《制度变迁与银行发展：中国银行业市场化进程研究（1978－2003）》，中国地质大学出版社2010年版。

⑤ 路建祥：《新中国信用合作发展简史》，农业出版社1981年版。

⑥ 陈文林：《金融问题争论与分析》，中国金融出版社1992年版。

位、性质、职能及作用的讨论；中央银行与专业银行关系的探讨；中央银行独立性的认识；专业银行企业化的相关观点；农村信用社改革的思想。①由胡寄窗和谈敏主编的《新中国经济思想史纲要（1949－1989）》，介绍和分析了1949～1965年关于银行性质、职能与作用的研究情况以及1979～1989年关于重塑银行地位、建立中央银行、专业银行企业化等金融体制改革的讨论。②

在期刊论文方面，大多以综述的形式出现，其内容主要包括：中央银行独立性的思想研究③；商业银行改革的思想研究④；境外战略投资者对中资银行影响的思想研究⑤；发展民营银行的思想研究⑥；政策性银行改革的思想研究⑦；农村信用社改革的思想研究⑧。另外，许多学者在研究领导人的金融思想时也包含了其关于银行制度建设的观点主张，例

---

① 王志：《十年金融改革学术观点概况》，中国金融出版社1990年版。

② 胡寄窗、谈敏主编：《新中国经济思想史纲要（1949－1989）》，上海财经大学出版社1997年版。

③ 康书生：《近年来我国中央银行理论讨论综述》，载于《河北大学学报（哲学社会科学版）》1989年第3期；闫素仙、吴晓峰、陶建新：《中央银行独立性研究综述》，载于《经济学动态》2010年第8期；段晓乐：《关于中央银行职能研究的文献综述》，载于《时代金融》2014年第20期；吕永华、何霄：《中央银行独立性理论综述》，载于《绍兴文理学院学报（哲学社会科学）》2016年第3期。

④ 张世春：《国有商业银行股份制改革研究综述》，载于《现代管理科学》2006年第4期；周宗安、李广智：《国有控股商业银行产权制度改革研究综述》，载于《山东财政学院学报》2013年第3期。

⑤ 孙振东：《引入境外战略投资者与银行效率问题研究综述》，载于《金融理论与实践》2008年第7期；龙丹：《关于境外战略投资者对我国商业银行影响的文献综述》，载于《时代金融》2018年第3期。

⑥ 李健、马媛：《中国民营银行发展的理论与实践问题综述》，载于《江西社会科学》2005年第7期；王一峰：《发展我国民营银行的理论综述》，载于《中国市场》2011年第26期；夏荣静：《稳步推动我国民营银行发展的探讨综述》，载于《经济研究参考》2014年第60期。

⑦ 贾瑛瑛：《探索政策性银行改革与转型之路——“政策性银行改革与转型国际研讨会”综述》，载于《中国金融》2006年第10期；钱凯：《政策性银行改革观点综述》，载于《经济研究参考》2008年第36期；张红：《海峡两岸政策性银行转型的理论与实践探索——“2009年海峡两岸金融研讨会”综述》，载于《上海金融》2009年第11期；李静：《政策性银行的市场化运作研究综述》，载于《华东经济管理》2010年第11期。

⑧ 钱凯：《深化我国农村信用社改革问题的观点综述》，载于《经济研究参考》2004年第15期；王双正：《我国农村信用社问题讨论综述》，载于《财经理论与实践》2005年第4期；阮红新、李向宇：《关于新一轮农村信用社体制改革的文献综述》，载于《武汉金融》2006年第8期；葛淑玮：《农村信用社研究综述》，载于《商业经济》2009年第6期。

如邓小平①、陈云②和习近平③等发表的相关讲话。

在学位论文方面，李苍海的《中国商业银行民营思想的发展》研究了1949～2003年中国商业银行的民营思想。④ 崔鸿雁的《建国以来我国金融监管制度思想演进研究》将新中国成立至2012年的中国金融监管制度思想进行了系统回顾，并将这一历史时期划分为五个阶段，每一时期分别从监管组织体系、监管业务以及监管立法三个方面进行分析，而其中大量内容实则是关于银行监管的思想论述。⑤ 另外，还有关于对决策者的银行制度建设思想的研究，比如王斌的《运用邓小平金融思想指导国有银行改革发展研究》⑥，以及韩建华的《陈云金融思想与实践研究》⑦。此外，王海英在博士学位论文《增量改革及产业政治：中国银行业金融形态变迁的历史制度分析（1984－2015）》中特别强调了思想层面对银行制度建设的重要影响，该文章从决策者认知、增量式战略构建和产业政治三个逻辑出发，对中国银行业形态变迁的三个阶段进行了深入分析，包括1984～2007年从国有银行专业化分割垄断变为多元商业化银行阶段、2008～2012年民间金融的兴起阶段、2013～2015年互联网金融的发展阶段。⑧

从上述文献回顾中可以发现，目前关于新中国银行制度建设思想的研究整体数量总体较少，而且相关研究成果要么研究时段较短，要么是对银

---

① 樊纪宪：《邓小平金融思想初探》，载于《金融研究》1995年第3期；于静、薛培元：《邓小平金融思想与中国金融改革》，载于《山西经济管理干部学院学报》2000年第3期；王永莉：《邓小平金融思想及其现实意义探讨》，载于《西南民族大学学报（人文社科版）》2004年第8期；唐叶萍、赵兵：《邓小平金融思想与我国金融体制改革》，载于《甘肃社会科学》1999年第4期；陈益民：《坚持邓小平金融改革思想把银行真正办成银行》，载于《金融理论与实践》1997年第5期；崔执树：《邓小平金融理论浅探》，载于《经济问题探索》2001年第9期；姜建华、邓强：《邓小平宏观经济管理思想探析》，载于《经济纵横》2009年第3期。

② 刘伟：《陈云对新中国金融安全先决条件的理论思考——纪念新中国金融创建60周年》，载于《经济论坛》2009年第19期；钟瑛：《陈云财政金融思想与实践及其现实启示》，载于《中国社会科学院研究生院学报》2017年第6期。

③ 彭俞超：《习近平金融治理思想研究》，载于《马克思主义理论学科研究》2017年第5期；吴应宁：《习近平金融思想的核心要义》，载于《党的文献》2018年第1期。

④ 李苍海：《中国商业银行民营思想的发展》，复旦大学博士学位论文，2004年。

⑤ 崔鸿雁：《建国以来我国金融监管制度思想演进研究》，复旦大学博士学位论文，2012年。

⑥ 王斌：《运用邓小平金融思想指导国有银行改革发展研究》，山西师范大学硕士学位论文，2013年。

⑦ 韩建华：《陈云金融思想与实践研究》，上海师范大学硕士学位论文，2015年。

⑧ 王海英：《增量改革及产业政治：中国银行业金融形态变迁的历史制度分析（1984－2015）》，上海大学博士学位论文，2016年。

行制度某个方面思想的研究，再要么仅仅是内含于对金融思想的研究中，故缺乏一个从较长历史视域下全面呈现银行制度建设思想演进的研究。

三、国内新中国银行制度建设的历史进程类研究

既有研究中，涉及新中国银行制度建设的历史进程类研究成果颇丰。根据研究时段的不同，可以将此类研究成果划分为三类，即针对改革开放之前的新中国银行制度历史进程类研究、聚焦改革开放之后的新中国银行制度历史进程类研究以及新中国成立以来关于银行制度的贯通性研究。

（一）针对改革开放之前的新中国银行制度历史进程类研究

通过梳理已有研究成果，发现专门针对 1949 ~ 1978 年的银行制度研究尚不多见。著作方面，张徐乐在其博士论文基础上出版了《上海私营金融业研究（1949—1952）》，该书以 1949 年 5 月上海解放至 1952 年底金融业实现全行业公私合营这一时期的上海私营金融业为研究对象，对上海私营金融业的发展历程、经营管理方式、国家相关政策等进行了详细地介绍。① 徐翀的《国民经济恢复时期的中央银行研究》聚焦于 1949 ~ 1952 年的中国人民银行，并围绕其创建和三大职能发挥展开了论述。②

在期刊论文方面，宋佩玉回顾了 1949 ~ 1953 年上海的外资银行发展情况，并就新中国政府对其管理做了详细介绍。③ 李毅介绍了新中国成立初期国家取消帝国主义在华银行的特权、整顿和改造私营金融业以及接管官僚资本主义金融业的相关政策措施。④ 武力⑤和孙尧奎专门针对新中国成立初期私营金融业的社会主义改造进行了研究。

---

① 张徐乐：《上海私营金融业研究（1949 - 1952）》，复旦大学出版社 2006 年版。

② 徐翀：《国民经济恢复时期的中央银行研究》，中国金融出版社 2016 年版。

③ 宋佩玉：《从利用到清理：建国初上海外资银行政策的嬗变》，载于《学术界》2015 年第 12 期。

④ 李毅：《建国初期我国党和政府的金融管理政策》，载于《现代商业》2007 年第 29 期。

⑤ 武力：《建国初期金融业的社会主义改造》，载于《当代中国史研究》1996 年第 4 期；孙尧奎：《建国初期中国共产党对私营金融业的社会主义改造》，载于《攀登》2005 年第 5 期。

（二）聚焦改革开放之后的新中国银行制度历史进程类研究

在著作方面，许多学者按照时间线索对中国银行业的发展历程做了阶段划分，并针对各阶段银行改革的重大问题进行了分析和论述。例如，刘明康主编的《中国银行业改革开放30年：1978—2008》，将银行业改革开放的历程分为起步（1978～1993）、探索（1994～2002）和奋进（2003～2008）三个阶段，对各阶段涉及中国银行业发展的重大问题进行了较为详细地研究，内容涉及专业银行的企业化改革、中国银行体系的多元化发展、国有银行的商业化改革以及监管体系的形成和发展等方面。[①] 又如，宋士云在《中国银行业市场化改革的历史考察：1979－2006》中，将1979年之后的银行业市场化改革分为从“大一统”到二级银行体制的改革起步阶段（1979～1984）、金融制度创新与机构扩张的改革探索阶段（1985～1997）以及市场金融体制基本确立的改革深化阶段（1998～2006），并对各阶段的银行业市场改革相关问题进行了分析。[②] 而此类著作还有刘诗平的《三十而立：中国银行业改革开放征程回放》[③] 和李志辉的《中国银行业的发展与变迁》[④]。另外，还有许多学者侧重于研究某一类银行组织的制度建设过程。郭梅亮的《中国国有银行制度变迁——适应性效率与功能演进》，通过描述国有银行制度变迁过程，在此基础上建立了对中国国有银行制度改革具有解释力的银行适应性效率理论分析框架，并以此对国有银行功能演进的内在逻辑进行了初步分析。[⑤] 吴雨珊和王海明的《变革二十年：交通银行与中国银行业嬗变》以交通银行为例，通过还原1986～2006年交通银行从重新组建，到统一法人，再到引资上市的三次变革，勾勒了交通银行的发展脉络以及中国银行业的改革历程。[⑥] 此

---

① 刘明康主编：《中国银行业改革开放30年（1978－2008）》（上册、下册），中国金融出版社2009年版。

② 宋士云：《中国银行业市场化改革的历史考察：1979－2006》，人民出版社2008年版。

③ 刘诗平：《三十而立：中国银行业改革开放征程回放》，经济科学出版社2009年版。

④ 李志辉：《中国银行业的发展与变迁》，格致出版社2008年版。

⑤ 郭梅亮：《中国国有银行制度变迁——适应性效率与功能演进》，中国经济出版社2015年版。

⑥ 吴雨珊、王海明：《变革二十年：交通银行与中国银行业嬗变》，中国金融出版社2007年版。

外，还有大量涉及银行制度变迁研究的金融类著作。[①]

在期刊论文方面，部分学者聚焦于改革开放之后银行制度的总体变迁研究。[②] 也有部分学者侧重于研究某一类银行组织的制度改革历程，如中央银行[③]、农村信用社[④]、国有银行[⑤]、其他商业银行[⑥]以及民营银行[⑦]。还有学者是针对银行监管制度变迁的研究。[⑧]

在学位论文方面，大多侧重于对某一类银行组织的制度变迁研究。张羽从政府的微观和经济改革的宏观两个视角出发分析了 1978～2007 年的国有银行的改革，并从中把握变迁的内在逻辑。[⑨] 武艳杰以新制度经济学为框架，在梳理 1979～2009 年中国国有银行的制度变迁的基础上，实证

---

① 赵海宽、郭田勇：《中国金融体制改革 20 年》，中州古籍出版社 1998 年版；吴晓灵主编：《中国金融体制改革 30 年回顾与展望》，人民出版社 2008 年版；王广谦主编：《中国经济改革 30 年·金融改革卷》，重庆大学出版社 2008 年版；江世银：《中国金融体制改革 30 年的理性思考》，京华出版社 2009 年版；曹远征：《大国大金融：中国金融体制改革 40 年》，广东经济出版社 2018 年版。

② 巫景飞、吉伶华：《中国银行业的制度变迁及其绩效分析》，载于《世界经济文汇》2001 年第 3 期；陈向阳、林悦：《我国银行体制改革的回顾与展望》，载于《广西农村金融研究》2007 年第 1 期；武艳杰：《我国银行体系制度变迁的路径选择与演变逻辑》，载于《华南师范大学学报（社会科学版）》2008 年第 6 期；宋士云：《中国银行业市场化改革的历史考察：1979—2006 年》，载于《中国经济史研究》2008 年第 4 期；谢宗藩、姜军松：《金融分权、银行制度变迁与经济增长——基于 1993～2012 年省际面板数据的实证研究》，载于《当代经济科学》2016 年第 5 期；谢宗藩、陈永志：《中国银行制度演化研究——基于政府与市场间权力博弈的视角》，载于《贵州社会科学》2016 年第 6 期；陈四清：《继往开来，勇担使命，建设新时代全球一流银行——改革开放 40 周年中国银行发展回顾与展望》，载于《国际金融》2019 年第 1 期。

③ 李德：《中国人民银行改革的历程及成效》，载于《中国金融》2008 年第 17 期。

④ 李莉莉：《农村信用社 30 年改革历程回顾及评价》，载于《银行家》2008 年第 10 期；周振海：《风雨三十载，彩虹映大地——中国农村信用社改革历程及成果》，载于《中国金融》2009 年第 2 期。

⑤ 范占军：《国有商业银行体制变迁分析》，载于《中国青年政治学院学报》2003 年第 6 期；登新：《中国国有银行改革历程全景分析》，载于《武汉科技大学学报（社会科学版）》2004 年第 2 期；邱家洪：《中国国有商业银行改革历程与发展趋势》，载于《商业研究》2005 年第 21 期；张羽、李黎：《中国国有银行改革的渐进逻辑》，载于《金融论坛》2005 年第 5 期；李黎、张羽：《渐进转轨、国家与银行制度变迁：两个视角》，载于《财经问题研究》2007 年第 7 期；武艳杰：《论我国国有银行制度变迁的路径依赖》，载于《当代经济研究》2008 年第 11 期；武艳杰：《论国有银行制度变迁中政府效用函数的动态优化》，载于《暨南学报（哲学社会科学版）》2009 年第 2 期；王霄勇：《国有商业银行组织机构变革历程回顾及思考》，载于《中央财经大学学报》2010 年第 5 期。

⑥ 刘鹏：《商业银行变革转型历程》，载于《中国金融》2015 年第 3 期。

⑦ 李鑫：《我国民营银行的昨天、今天和明天——改革开放 40 年银行业民资准入的发展历程》，载于《银行家》2018 年第 7 期。

⑧ 孟艳：《我国银行监管的制度变迁研究》，载于《中央财经大学学报》2007 年第 7 期；王忠生：《中国金融监管制度变迁的路径考察》，载于《求索》2010 年第 10 期。

⑨ 张羽：《中国国有银行制度变迁的逻辑》，东北财经大学博士学位论文，2007 年。

分析了制度变迁的绩效，同时用国家效用函数理论对其进行了解释。[①] 吴远华聚焦于对政策性银行变迁过程的研究。[②] 另有部分研究金融制度变迁的论文中也涉及了银行制度的内容。例如，周振海的《改革开放以来的中国金融体制改革研究》[③]、刘睿的《中国金融体制改革历程及发展趋势》[④]。

（三）新中国成立以来关于银行制度的贯通性研究

在著作方面，陶士贵的《中国银行业制度变迁的内在逻辑与路径选择》将新中国成立至2012 年的中国银行业制度变迁划分为五个阶段，通过研究制度变迁的路径和轨迹来揭示变迁的内在逻辑和特征。[⑤] 赵海宽的《亲历我国银行六十年》，以回忆录的方式叙述了其自 1947 年进入陕甘宁边区银行到2007 年这 60 年中银行业的发展变化。[⑥] 黄鉴晖在《中国银行业史》中详细介绍了 1680 ~ 1989 年的中国银行业发展历程，其中包括新中国成立前的根据地银行、农村信用社的建立、私营银钱业的发展情况以及新中国成立初期银行的基本任务、私营银钱业的改造、农村信用社的合作化和官办倾向、大一统银行体制的形成等，都为本书该时段的研究提供了重要的写作素材。[⑦] 由戴相龙主编的《中国人民银行五十年——中央银行制度的发展历程（1948 – 1998）》[⑧] 和由中国人民银行编著的《中国人民银行六十年：1948 – 2008》[⑨] 则将视域聚焦于中国人民银行自建立之后的发展历程。周脉伏的《农村信用社制度变迁与创新》[⑩] 和刘勇的《中国

---

① 武艳杰：《国有银行制度变迁的演进逻辑与国家效用函数的动态优化》，暨南大学博士学位论文，2009 年。

② 吴远华：《我国政策性银行发展历程：历史回顾与改革前瞻》，福建师范大学硕士学位论文，2013 年。

③ 周振海：《改革开放以来的中国金融体制改革研究》，东北师范大学博士学位论文，2007 年。

④ 刘睿：《中国金融体制改革历程及发展趋势》，武汉理工大学硕士学位论文，2003 年。

⑤ 陶士贵：《中国银行业制度变迁的内在逻辑与路径选择》，人民出版社 2014 年版。

⑥ 赵海宽：《亲历我国银行六十年》，东北财经大学出版社 2008 年版。

⑦ 黄鉴晖：《中国银行业史》，山西经济出版社 1994 年版。

⑧ 戴相龙主编：《中国人民银行五十年——中央银行制度的发展历程（1948 – 1998）》，中国金融出版社 1998 年版。

⑨ 中国人民银行编著：《中国人民银行六十年：1948 – 2008》，中国金融出版社 2008 年版。

⑩ 周脉伏：《农村信用社制度变迁与创新》，中国金融出版社 2006 年版。

农村信用社制度变迁研究》[①] 是针对 1949 年至 21 世纪初农村信用社制度建设变迁的研究。此外，还有学者将研究视角延伸至近代时期。例如，许立成的《中国银行业发展和监管：理论、历史与逻辑》简要描述了自清末至 2013 年中国银行业和银行监管的演进过程，并对演进的逻辑和未来面临挑战进行了分析。[②] 宋士云在《中国银行业：历史、现状与发展对策》中回顾了自近代至 20 世纪 90 年代后期的中国银行业发展情况。[③] 李亚玲的《中国现代银行产权制度的变迁研究：1950－》一书，通过介绍 1950 年以来中国现代银行产权制度的变迁过程，从效用函数变动角度总结了变迁的原因及特征，进而分析了变迁的动力机制和目标模式。[④] 此外，在一些金融著作的部分章节中也涉及了银行制度建设的过程，如商季光主编的《中国金融体制改革综论》[⑤]、尚明著的《新中国金融五十年》[⑥]、赵学军著的《中国金融业发展研究（1949－1957）》[⑦] 以及复旦大学中国金融史研究中心主编的《中国金融制度变迁研究》[⑧] 等。

在期刊方面，张海和万红考察了近代以来中国银行制度变迁中体现的强制性、非均衡、渐进式、不完全合同和人际化交换等特征。[⑨] 李志辉和国娇通过分析新中国成立以来中国银行体系改革变迁的逻辑机理，认为在政府主导下从体制外到体制内的改革程序符合中国渐进改革的总体思路，并由此得出中国银行业发展变迁的“中国智慧”在于政府对银行业改革的总体调动与部署。[⑩] 兰日旭通过对国有银行从单一银行到国有专业银行，再到国有商业银行商业化三个变迁阶段的分析，认为变迁主要是由政府自上而下推进的结果，同时也是其他经济制度改革倒逼的结果。[⑪] 李明贤通

---

① 刘勇：《中国农村信用社制度变迁研究》，中国财政经济出版社 2013 年版。
② 许立成：《中国银行业发展和监管：理论、历史与逻辑》，南京大学出版社 2015 年版。
③ 宋士云：《中国银行业：历史、现状与发展对策》，天津人民出版社 1997 年版。
④ 李亚玲：《中国现代银行产权制度的变迁研究：1950－》，人民出版社 2009 年版。
⑤ 商季光主编：《中国金融体制改革综论》，中国物价出版社 1993 年版。
⑥ 尚明：《新中国金融五十年》，中国财政经济出版社 2000 年版。
⑦ 赵学军：《中国金融业发展研究（1949－1957）》，福建人民出版社 2008 年版。
⑧ 复旦大学中国金融史研究中心主编：《中国金融制度变迁研究》，复旦大学出版社 2008 年版。
⑨ 张海、万红：《中国银行制度变迁的历史考察》，载于《上海金融》2002 年第 10 期。
⑩ 李志辉、国娇：《中国银行业改革发展的逻辑机理》，载于《中国金融》2009 年第 1 期。
⑪ 兰日旭：《建国 60 年以来中国国有银行制度变迁分析》，载于《中国特色社会主义研究》2009 年第 4 期。

过分析新中国成立以来农村信用社的制度变迁，从中总结出改革的路径依赖原因，并根据制度变革理论提出了农村信用社改革的新方向。[①] 吴少新和王国红描述了农村信用社自新中国成立以来从自愿合作到强制变迁，再试图回到自愿合作的“Z”型制度变迁轨迹，并提出改革的最终会由内生诱致性市场交易替代外生强制性政府行为。[②] 陈俭将农村信用社自20世纪50年代初建立以来的发展经历分为合作制时期、合作制破坏时期、恢复合作制时期、多元模式改革时期和股份制改革时期，并对每个时期进行了分析介绍。[③]

在学位论文方面，罗得志在其博士学位论文《1949—2002：中国银行制度变迁研究》中建立了一个研究银行制度变迁的新解释框架。他指出中国的银行制度是在政府主导下的强制性变迁，这种政府干预的特征将长期存在。基于此，他将政府主导性作用归纳为政府与银行之间的契约关系，并把这种关系及其变迁作为影响银行制度变迁最重要的制度环境，通过论述1949～2002年中国银行制度变迁的四个阶段，即1949～1978年的新中国银行制度的起源、1979～1992年的二元银行制度和功能转变、1993～2001年的商业化道路以及2001年之后的WTO与全球化竞争，从而揭示这种契约的变迁是如何对中国银行制度变迁产生了影响。[④] 另外，赵鑫的硕士论文《我国银行制度变迁研究（1949—2004）》也涵盖了一个长时段的研究。金运在《中国农村金融改革发展历程及改革思路》中论及了农村信用社改革的历程。[⑤]

综上可见，首先，虽然关于新中国银行制度建设的历史进程类研究数量总体上非常丰富，特别是聚焦于改革开放之后的成果以及新中国成立以来的贯通性研究较为夯实，但针对新中国成立至改革开放前这一时段的专门性研究略显薄弱。其次，以上研究大多侧重于分时段的描述银行制度变

---

① 李明贤：《我国农村信用社制度变迁的“路径依赖”及制度创新》，载于《山东农业大学学报（社会科学版）》2002年第1期。

② 吴少新、王国红：《中国农村信用社制度的变迁与创新》，载于《财贸经济》2006年第7期。

③ 陈俭：《农村信用社变迁的阶段性特征及其改革指向》，载于《江汉论坛》2016年第10期。

④ 罗得志：《1949—2002：中国银行制度变迁研究》，复旦大学博士学位论文，2003年。

⑤ 金运：《中国农村金融改革发展历程及改革思路》，吉林大学博士学位论文，2015年。

迁过程，并从中总结出变迁的特征、规律和逻辑，但忽视了对制度变迁背后思想要素的提炼。

总的来说，现有关于新中国银行制度建设过程的研究较为充分，这为本书写作提供了丰富的参考资料和素材积累，同时也增加了进一步研究的难度，使本书不应仅停留于对银行制度建设的史料梳理，而是要运用资料做出新的分析或找出新的研究视角。另外，在已有成果中仍存在一定的空白之处，具体表现为：（1）已有成果侧重对银行制度变迁历程的描述和总结，忽视了对制度建设背后思想因素的分析，难以刻画出这一人为的选择过程；（2）在仅有的思想类研究中，侧重于对改革开放之后银行制度建设思想的分析，再或者是在金融思想的长周期研究中涉及了部分关于银行的内容，致使对银行制度建设思想的研究既没有形成系统性，也缺乏对规律性的把握；（3）已有研究往往是对某些争论和探讨内容的简单归纳，尤其是对学术思想的梳理，却忽视了其与政策思想之间的互动演进关系，故难以说明哪些思想最终成为主导思想，且对银行制度的建设产生了影响；（4）既有研究缺乏对思想产生动因的进一步探索，也忽视了对思想演进的一致性线索进行提炼。以上几处不足反映了本书研究的必要性和可行性，使本书能够在一定程度上为补充该领域的研究空白做出有益尝试，同时也能丰富关于新中国银行制度建设思想上的认识。

第五节　研究创新与不足之处

通过与已有研究相比，本书在创新方面具有如下特点：（1）较全面地囊括了中国当前银行体系中的各类银行组织，即中央银行、商业性银行（包括国有商业银行和民营银行）、政策性银行以及农村信用社，以期尽可能完整地呈现中国银行制度建设思想的整体面貌；（2）本书首次将新中国银行制度的专门研究拓展到了 70 年的历史时长，因而能够更全面地展示出银行制度建设思想演进的连续性与阶段性特征；（3）本书将新中国银行制度建设嵌入中国经济体制改革的大背景下，通过对银行制度建设的学术思想和政策思想的梳理和阐释，以此总结和提炼新中国银行制度建设思想演进的总体特征以及其背后的逻辑线索。

但必须承认的是，目前研究中还存在一些难点和不足：（1）1949 年以来关于银行制度的研究数量可谓汗牛充栋，因而在研究中很难涵盖所有的思想内容，例如在本书关于商业性银行的研究中，只包含了国有银行和民营银行，缺少了对中小股份制银行的研究，又如在农村银行机构的研究中仅选取了农村信用社，缺少了农村合作银行以及新型农村金融机构的内容，虽然这并不影响本书对银行制度建设思想整体演进脉络的把握和特征的总结，但在研究广度上确有不足，而且难免遗漏某些值得称道的思想；（2）在各个历史时期，理论学者和金融工作者都针对银行的具体经营制度、机构设置方式等提出了丰富的观点与主张，但一方面限于篇幅有限，另一方面也为了更加清晰的刻画各阶段的思想特征和整体的思想演进路径，故本书仅选取了具有连续性的探讨议题以及新产生的思想内容进行阐述，若能在后续研究中加以充实，将能进一步提高本书的研究深度。

第二章

新中国银行制度建设思想的分期逻辑

思想的变迁具有连续性，但在不同阶段却呈现不同的特点。目前，不少研究从经济史角度对新中国银行历史变迁过程进行了阶段性划分[①]，以期展示不同历史时期银行发展的特征和重点。然而，现有研究中却较少论及银行制度建设思想历史分期的依据及逻辑。[②] 要对不同历史时期银行制度建设思想进行研究，首先需要对每一阶段思想演变的划分依据进行说明。本文根据政策导向和学术研究两条逻辑线索，将新中国成立70年以来银行制度建设思想的演进历程划分为三个阶段：1949～1978年以“大一统”而展开的新中国银行制度建设思想初发时期；1979～1993年以“多元化”而展开的新中国银行制度建设思想转型时期；1994～2019年以“市场化”而展开的新中国银行制度建设思想发展时期。

第一节　从政策导向上对新中国银行制度建设思想分期的认识

过去70年里，决策层为适应国家经济发展战略和国民经济发展所需，对建立怎样的银行制度进行了积极的探索。从国家颁行的银行相关政策文献，以及分管经济部门的主要负责人关于银行制度的论述中，可以透视出

① 此类研究如宋士云：《中国银行业市场化改革的历史考察（1979－2006）》，人民出版社2008年版；李志辉：《中国银行业的发展与变迁》，格致出版社、上海人民出版社2008年版；刘明康主编：《中国银行业改革开放30年：1978－2008》，中国金融出版社2009年版；王斌：《制度变迁与银行发展——中国银行业市场化进程研究（1978－2003）》，中国地质大学出版社2010年版；陶士贵：《中国银行业制度变迁的内在逻辑与路径选择》，人民出版社2014年版；林铁钢：《中国银行业改革：历史回顾与展望——访中国银行业监督管理委员会副主席唐双宁》，载于《中国金融》2005年第3期；成思危主编：《路线及关键：论中国商业银行的改革》，经济科学出版社2006年版，第8～11页；易刚、赵先信：《中国的银行竞争：机构扩展、工具创新与产权改革》，载于《经济研究》2001年第8期；杨培新：《我国金融体制的三次大变革》，载于《上海经济研究》1994年第3期；龚浩成、戴国强：《金融是现代经济的核心》，上海人民出版社1997年版，第26～29页；等等。

② 朱纯福将1978～2000年中国银行体制改革思想分为了四个阶段，首先，这一思想分期是按照银行体制改革与发展阶段进行的划分，在此基础上再去探讨每一阶段思想演进的特征；其次，由于研究时段的因素，仅仅是对22年间的银行体制改革思想进行了分期，难免少了从更长时段来看所体现出的思想的连续与阶段特性。引自朱纯福：《当代中国银行体制改革思想》，人民出版社2001年版。

这一探索过程经历了以下三个阶段的发展演变。

一、第一阶段：1949～1978年

1949年，成立之初的新中国，面临已长达12年的通货膨胀，全国经济崩溃、物价暴涨、国力衰弱。一方面，国民生产总值很低，1949年新中国成立时，全国工农业总产值相较于历史上最高的1936年，重工业、农业、轻工业三大产业分别下降了70%、25%和30%；另一方面，银行可用信贷资金极少，1950年银行所吸收的居民储蓄人均不到一元钱。[①] 基于这一现实情况，国家亟须建立新的经济秩序，以尽快恢复国民经济建设和支持重工业优先发展战略。

在当时，一个集中统一的银行制度更便于国家吸收、动员、集中和分配资金。为此，从1949年新中国成立至1956年社会主义改造完成，国家通过采取一系列政策措施，如接管没收旧中国官僚资本银行和地方银行、改造私营银钱业以及统一货币发行及外汇市场等，逐步建立起一个高度集中统一的、以行政管理为主的单一国家银行制度来执行国家统一的信贷资金管理计划，主要体现为两个方面：一是在体系上形成了中国人民银行"大一统"的格局，中国人民银行既是负责管理国家金融和货币发行的国家机关，又作为全国的信贷中心、现金出纳中心和结算中心成为经营银行业务的国家银行，虽然在此期间设立过中国人民银行以外的银行机构，但大多存在时间很短，即使在设立时期，要么是作为人民银行或财政部的一个部门，要么只是经办为其划定的部分业务；[②] 二是在业务上银行根据国家统一的信贷计划进行资金的分配与拨贷，1953年起国家建立起统一的综合信贷计划管理体制，全国信贷资金由中国人民银行总行统一掌握，银行信贷纳入国家整体经济计划，实行"统存统贷"，1962年3月中共中央、国务院颁布《关于切实加强银行工作的集中统一，严格控制货币发行的决

① 戴相龙主编：《中国人民银行五十年——中央银行制度的发展历程（1948－1998）》，中国金融出版社1998年版，第3页。

② 《中国金融年鉴》编辑部主编：《中国金融年鉴2016》，中国金融年鉴杂志社有限公司2016年版，第243页。

定》（又称“银行工作六条”），进一步加强了对银行业务的统一管理。①

这一时期中国的银行制度表现出高度集中统一的特征，与当时具有同一特征的计划经济体制相适应。在当时历史条件下，这种银行制度有利于政府对银行体系和信贷的直接控制，便于国家集中全社会金融资源进行大规模的经济建设。但在1969年，中国人民银行总行并入财政部，银行体系彻底失去了基本的独立性。直到1977年8月，国务院下发《关于整顿和加强银行工作的几项规定》，中国人民银行总行作为国务院部委一级单位才与财政部分设，并于1978年1月正式分开办公，银行职能逐渐得以恢复。②

二、第二阶段：1979～1993年

中国共产党第十一届中央委员会第三次全体会议正式确立了将全党工作重点转移到社会主义现代化建设上来，同时提出，要使国民经济快速、稳定地向前发展，就要对当前过分集中的经济管理体制进行改革。③ 1979年2月，中国人民银行召开全国分行行长会议，针对在社会主义现代化建设中如何充分发挥银行的作用进行了探讨。国务院在批转的会议纪要中指出：“在进行社会主义现代化建设中，银行具有十分重要的作用”“全党必须十分重视提高银行的作用，努力学会运用银行的经济手段，促进国民经济的高速度发展”。④ 该会议指出了银行制度改革的具体方向，即充分发挥银行作用为社会主义现代化建设而服务。同年10月，邓小平在省、市、自治区党委第一书记座谈会上提出：“银行应该抓经济，现在只是算账、当会计，没有真正起到银行的作用。银行要成为发展经济、革新技术的杠杆，要把银行真正办成银行。”⑤ 以此为指导思想，政府着手对银行制度进行改革，重点是推进银行体系的重构。

---

① 戴相龙主编：《中国人民银行五十年——中央银行制度的发展历程（1948－1998）》，中国金融出版社1998年版，第5页。

② 戴相龙主编：《中国人民银行五十年——中央银行制度的发展历程（1948－1998）》，中国金融出版社1998年版，第27页。

③ 《中国共产党第十一届中央委员会第三次全体会议公报》，资料来源：中国共产党历次全国代表大会数据库，http：//cpc. people. com. cn/GB/64162/64168/64563/65371/4441902. html。

④ 《国务院批转中国人民银行全国分行行长会议纪要》，载于《中国金融》1979年第2期，第1页。

⑤ 尚明、陈立主编：《当代中国的金融事业》，中国社会科学出版社1989年版，第182页。

在对银行制度进行改革的过程中，首先明确了银行在社会主义建设中的作用，即银行具有筹集融通资金、引导资金流向、提高资金运用效率和调节社会总需求的作用。[①] 在此基础上，对于中国具体要建立怎样一个银行制度来适应国民经济的需要逐渐形成了总体认识。时任中国人民银行行长的陈慕华在答记者问时指出："要逐步完善业务上由人行领导和管理，各专业银行为主体，多种金融机构并存的金融格局，经过几年努力，建立一个中央银行调节自如的，专业银行按有计划商品经济要求自理经营的，各种金融机构和信用形式相互补充的社会主义金融体系。"[②] 这些论述不仅确立了银行在国民经济发展中的重要作用，同时直接体现了决策层对构建一个以中央银行为领导、国家银行为主体、多种金融机构并存的多元化银行体系的整体思路。

在 1979～1993 年的这一时期，中国银行制度建设是伴随市场化的逐渐引入而发展的。国家一方面需要银行按照计划配置资金，另一方面需要利用银行的信贷杠杆进行资金调节。为实现这一目标，就必须打破以往单一且集中的银行体系，通过构建一批新的银行机构，将中央银行和商业性金融分开，使中国人民银行作为中央银行专注于宏观调控、金融监管以及为其他银行机构提供支付清算等服务，而商业性银行专门为企业和居民提供信贷业务。为此，中国逐步构建了一个以中央银行为领导、国家银行为主体、多种金融机构并存的多元化银行体系。

三、第三阶段：1994～2019 年

社会主义市场经济的确立，使政府推行了一系列相关政策措施及法律规范，以期建立一个适应社会主义市场经济体制需要，在国民经济中能更好发挥宏观调控和资源配置作用的银行制度[③]。1993 年 11 月，中国共产

---

① 中国金融学会编：《中国金融年鉴 1986》Ⅰ重要经济、金融文献，中国金融出版社 1987 年版；1985 年 9 月《中共中央关于制定国民经济和社会发展第七个五年计划的建议》。

② 《关于金融体制改革问题——国务委员兼中国人民银行行长陈慕华答〈瞭望〉杂志记者问》，载于《中国金融年鉴 1986》，第 33 页。

③ 1993 年 12 月通过的《国务院关于金融体制改革的决定》明确指出金融改革是为了"适应建立社会主义市场经济体制的需要，更好地发挥金融在国民经济中宏观调控和优化资源配置的作用，促进国民经济持续、快速、健康发展"。

党第十四届中央委员会第三次全体会议通过的《中共中央关于建立社会主义市场经济体制若干问题的决定》，对中国共产党第十四次全国代表大会提出的经济体制改革目标进行了具体部署和安排，在银行业方面的规定主要包括以下几点：一是要将中国人民银行办成真正的中央银行，主要负责金融宏观调控和各类金融机构的监管；二是银行与证券实行分业管理；三是中国人民银行分行跨行政区域设置①；四是分离政策性与商业性业务并建立政策性银行，政策性银行负责承担经严格界定的政策性业务；五是专业银行商业化改革，对商业银行实行资产负债比例管理和风险管理；六是组建农村合作银行和城市合作银行。② 同年 12 月，《国务院关于金融体制改革的决定》对中国共产党第十四届中央委员会第三次全体会议提出的银行制度改革做了进一步规定。③ 因此，以市场化改革而展开的银行制度建设，真正始于 1994 年。

值得一提的是，该时期政府首次从法律层面分别对中国人民银行和商业银行的性质职能、组织机构、业务、监管以及银行之间的关系等方面做了详细规定，即 1995 年正式颁布的《中华人民共和国中国人民银行法》和《中华人民共和国商业银行法》。这两部法律的颁行对推动中国银行制度向市场化方向的改革起了重要的作用，不仅从法理上界定了银行的性质职能并划分了银行的经营范围和业务边界，而且对具体业务的规范化管理提供了法律依据，并对其运行的独立性及权益给予了法律保护。

从 1997～2019 年，连续五次全国金融会议都聚焦于建立一个适应社会主义市场经济的现代银行制度。1997 年全国金融工作会议提出“必须根据社会主义市场经济，把银行办成真正的银行”以及“加快建立现代金融体系和金融制度”。2002 年第二次全国金融工作会议重点提出“必须把银行办成现代金融企业”，不仅将国有商业银行性质界定为

---

① 1978 年 10 月 17 日，国务院批转《人民银行省级机构改革实施方案》，撤销全国省级分行，在 9 个中心城市设立分行。

② 《中共中央关于建立社会主义市场经济体制若干问题的决定》，载于《人民日报》1993 年 11 月 17 日。

③ 《国务院关于金融体制改革的决定》，载于《中华人民共和国国务院公报》1993 年第 31 期。

“经营货币的企业”，同时也明确了其股份制的改革方向。另外，该会议上还决定成立中国银行业监督管理委员会（以下简称银监会）① 以及确立农村信用社的产权改革指导方针。2007 年第三次全国金融工作会议提出加快建设现代银行制度，推进中国农业银行股份制和政策性银行改革，完善农村金融体系等。2012 年第四次全国金融工作会议提出要着力加强金融机构的公司治理、推进股权多元化等。2017 年第五次全国金融工作会议上强调要推动国有大银行战略转型、发展中小银行和民营金融机构、完善现代金融企业制度和公司法人治理结构以及优化股权结构等。

这一时期，国家改革开放的整体推进加强了中国银行业与国际金融市场的联系。1997 年亚洲金融危机和 2008 年全球金融危机，使国家更加重视银行制度的建设。特别是加入 WTO 后，中国银行业的经营与竞争环境发生了根本性变化，促使中国银行按照市场化改革方向进一步构筑和完善具有国际竞争力的体系结构。同时，也在政策层面上积极推进与国际金融规则的接轨，让中国银行业能够更好地融入国际金融市场。

1994 ~ 2019 年是中国社会主义市场经济初步确立及发展阶段，也是中国银行业逐渐深入国际金融市场的时期。从国家一系列政策文献及法律规定中可以看出，为适应社会主义市场经济体制和提高国际竞争力的需要，国家采取了以市场化改革为导向的银行制度建设。

第二节　从学术研究上对新中国银行制度建设思想分期的讨论

1949 年以来，学术界围绕新中国应该建立怎样一个银行制度以及不同

---

① 2003 年 4 月 25 日，国家正式成立中国银行业监督管理委员会（以下简称银监会）。银监会作为国务院直属正部级单位，根据国务院授权，对全部银行业金融机构以及信托公司、金融租赁公司等实施统一监督和管理。同年 12 月颁布的《中华人民共和国银行业监督管理法》，对银行业的监管机构、职责、措施及相应法律责任做出了明确规定。

时期如何对现有制度进行改革，做出了大量的理论探索并形成了丰富的学术成果。通过对过去70年关于中国银行制度理论研究的系统梳理和归纳总结，可以发现无论是从研究成果的数量，抑或是研究内容的侧重点上，都呈现出了时间上的阶段性特征。

一、以学术研究文献数量为基础的统计分析

本文选取1949～2017年中国知网（CNKI）数据库中全部期刊文献作为统计口径，以银行为主题的期刊论文数量作为统计对象。这里之所以选择期刊论文而非学术专著，主要是基于以下考虑：一来，书籍出版往往与研究成果的形成之间存在时间上的迟滞，不能即时反映每一时期银行制度的相关研究状况；二来，期刊论文在数量上具有大样本性，在时间上具有连续性，因而统计效果更佳；三来，新中国银行制度建设思想的最初形成，往往以学术论文的形式发表于有关刊物上，各种学术争论，也是以期刊论文的形式而展开。因此，相较于书籍，期刊论文能更好地反映出新中国银行制度建设思想的演进过程。①

经统计分析，新中国成立以来与银行相关的期刊论文数量呈现为三个变化阶段，即1949～1978年、1979～1993年及1994～2017年。为进一步排除由出版事业日益繁荣带来的刊物增多引致的银行相关文献绝对数量的增加，本书另以银行相关期刊论文数量占全部期刊文章数量的比重进行再考察，发现也呈现出同样的变化态势（见图2－1）。将1979年与1994年作为分期节点，一是由于银行相关期刊论文数量在这两个年份出现了爆发式地增长（见图2－2），二是因为自这两个年份开始，论文数量的变动呈现出新的规律。② 具体而言：

① 施兵超在研究新中国金融思想史中，也发现了同样特征，他认为："从金融思想史的角度而言，这些有关的刊物及其论文，要比各种系统性的著作来得更重要，因为它们更能鲜明地反映出新中国金融思想的历史演变的本来面目。"参见施兵超：《新中国金融思想史》，上海财经大学出版社2000年版，第60页。

② 两点说明：其一，银行相关论文是指在CNKI数据库中以"银行"为主题词进行检索所得的所有期刊论文数量；其二，图2－2中两条曲线所对应的数据相同，主要差异在于，左侧纵坐标轴为线性，右侧纵坐标轴是经过对数化处理后的数值，这是基于线性坐标轴能更清楚地反映文章数量在改革开放之后的明显增长趋势，而对数化处理则能更好地反映文章数量在改革开放之前的波动情况。

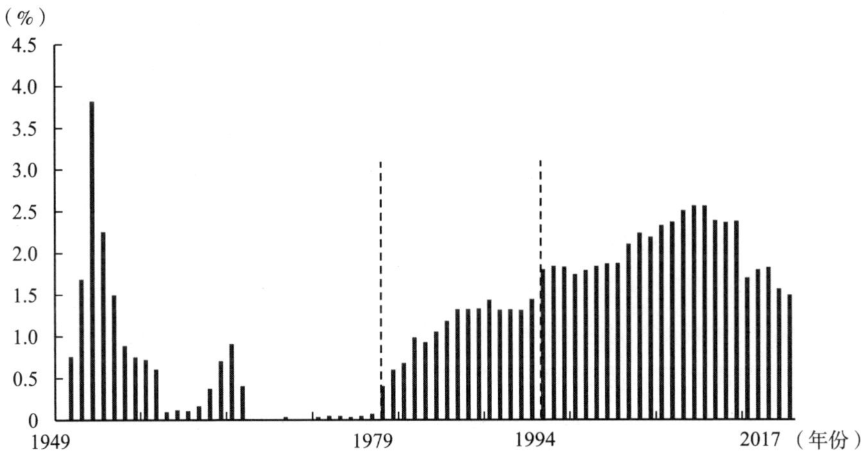

图 2－1　银行相关期刊论文数量占全部期刊论文数量比重

资料来源：CNKI 数据库。

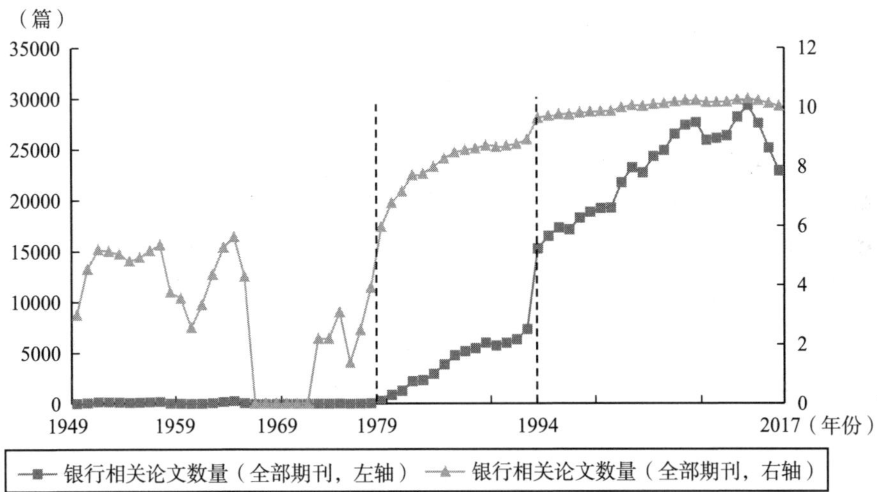

图 2－2　全部期刊中银行相关论文数量

资料来源：CNKI 数据库。

1949～1978 年，无论是银行相关期刊论文数量，还是其在全部期刊论文数量中的占比，都呈现出与后两个阶段明显的不同。其一，在总体数量上少于后两个阶段。该时期发表银行相关期刊论文数最多的为279篇，最少的为0篇，平均每年发表73.31篇。银行相关期刊论文数量占比的均值为0.56%。其二，在增长趋势上呈现出较大的波动。以银行为主题的期刊论文数量，在1950～1958年总体表现为增加趋势，1959～1961年数量减少，1962年起又逐渐增多，1965年达到了该时期最多的279篇，但从1966年开始数量再次减少，1967～1974年间仅停留在个位数字，1975年起数量再次回升（见图2－2）。银行相关期刊论文数量的占比，也表现为反复的增长和减少，新中国成立至1952年连续增长，其中1952年所占比重为该时期最大值，为3.82%，1953～1961年逐渐减少，1962～1965年再次增长，但1966年之后减少，1967～1978年始终小于0.01%（见图2－1）。

1979～1993年，银行相关期刊论文数量的变化特征，既不同于第一阶段，又与第三阶段存在差异。与第一个阶段的波动形成鲜明对比，该阶段银行相关期刊论文数量，在总体上呈现出连续的增长趋势（从1979年的394篇增至1993年的7315篇）①。并且该时期论文的整体规模也大于上一时期，即平均每年发表论文4037.93篇，是上一时期年均73.31篇的55倍。此外，本时期银行相关期刊论文数量占比的均值为1.11%，也大于上一时期的0.56%。与第三个阶段相比，虽然本时期与后一时期的大部分时段，都呈现连续的增长趋势，但本阶段的增长幅度明显大于第三阶段（见图2－2）。经计算，该时期银行相关期刊论文数量年均增长率为23.20%，而后一阶段的年均增长率为1.77%。

1994～2017年，以银行为主题的研究成果，在数量上展现出了新的特征。从银行相关期刊论文数量规模来看，本时期年均发表论文22988.25篇，是第二阶段的5.69倍，是第一阶段的313.58倍，且平均每年银行相关期刊论文数量占比为2.04%，也大于前两个阶段。从整体变化趋势来看，该时期论文数量在较长时段中表现为波浪式的递增（1994～2014年），近三年则出现递减。这种既有反复的波动形态，又在总体上呈上升的趋势，与前两个阶段的变化规律所不同。

---

① 期间仅有1990年增长率下降了4.7%，比起年均23.2%的增长率，本书认为此处可以忽略，因为并不影响总体上升的增长趋势。

二、以学术研究内容侧重为核心的归纳总结

1949 年以后，学术界在新的历史起点和思想资源下，围绕着中国应建立一个怎样的银行制度，以及在不同时期应如何完善现有制度等问题展开了深入探讨。通过梳理 70 年以来的学术研究，可以发现研究内容的侧重点呈现以下阶段性特征：

（一）1949～1978 年中国银行制度建设思想：以“大一统”而展开

1949 年以后，中国实行计划经济体制以支持重工业优先发展的战略。相应的，各界对建立适应计划经济体制的银行制度进行了相关探索。该时期的探索主要是以马克思主义银行理论为分析工具，同时大量借鉴了苏联银行制度模式。具体来说，该时期的研究主要聚焦于构建以集中统一为特征的“大一统”银行制度，根据马克思、恩格斯和列宁关于社会主义国家建立大银行必要性的论断，结合国家现实国情，思想界形成的普遍观点是：要对社会经济进行有计划的管理，就必须建立一个集中统一的银行制度为国家吸收、动员、集中和分配资金。于是，各界从国家银行性质、职能、作用和与农村信用社的关系方面进行了讨论。

总体而言，从现实层面来看，这一时期各专业银行经历了屡次撤并或取消，中国人民银行几乎是中国银行体系中唯一的银行，同时也承担了所有的银行职能，因而关于银行制度的讨论主要是围绕计划经济体制下中国人民银行的论述，研究范围较小，且未形成一定规模。一些相关问题，如国家银行的性质以及国家银行与农村信用社关系等，在 1979 年以后才成为研究的热点，因此，新中国成立初期的讨论在一定程度上为改革开放后中国的银行制度建设奠定了思想基础，也影响了后续思想的演进方向。

（二）1979～1993 年中国银行制度建设思想：以“多元化”而展开

中国共产党第十一届中央委员会第三次全体会议正式确定将全党工作

的重点转移到社会主义现代化建设上来，同时资源配置模式也开始打破高度统一的计划经济体制而逐步引入市场机制，促使已有的“大一统”银行制度启动适应性转型。特别是邓小平提出“要把银行办成真正的银行”①后，决策层与学术界共同对银行制度转型形成了一系列的探索，具体包括中央银行的性质和独立性、国家专业银行的企业化以及农村信用社与中国农业银行的关系等。

总而言之，经济体制的转型决定了银行制度建设思想的转型，本时期的思想重点，在于探索如何突破前一阶段的“大一统”银行制度框架，而构建适应于逐步引入市场机制的宏观经济体制的银行制度。与之伴随的，思想所涉及的范围显著扩大，其突破了以往较为单一的、主要针对计划经济体制下人民银行的研究，转而面向中央银行性质、国有专业银行改革及农村信用社改革等而展开。同时，诸如中央银行须从计划经济体制下执行命令的机关部门，转变为具有一定经济属性的经济部门。另外，20 世纪 80 年代以来，学术界发表了大量介绍西方银行理论和制度的研究，为该时期银行制度建设提供了新的理论来源。

（三）1994～2019 年中国银行制度建设思想：以“市场化”而展开

1994 年以来，经济体制改革和对外开放的深化，共同促使中国银行按照市场化方向进一步构筑和完善具有竞争力的银行制度。一方面，中国共产党第十四次全国代表大会作出关于建立社会主义市场经济体制的决定，另一方面，改革开放的整体推进以及 WTO 的加入，促使中国银行业与国际金融市场的联系更为紧密，国际金融市场波动带来的影响进一步加剧。基于此，各界就如何建立一个适应社会主义市场经济体制的、能够更好地发挥宏观调控和资源配置作用的银行制度，形成了对中央银行独立性的进一步探索、对国有商业银行和政策性银行改革的思考、对农村信用社产权和管理主体选择的讨论以及对发展民营银行的思索。

纵观此阶段，本时期关于银行制度的探索，围绕建立符合社会主义市

① 尚明、陈立主编：《当代中国的金融事业》，中国社会科学出版社 1989 年版，第 182 页。

场经济体制而展开，是上一个时期计划经济向市场经济过渡背景下银行制度建设思想的延续。同时，本时期银行制度建设思想又是在前一时期思想基础上的进一步发展，具体体现为：许多探讨内容是基于上一时期讨论并结合本时期现实约束的再思考。比如关于中央银行独立性的探讨等。此外，与上一时期相比，本时期政策性银行的建立为银行制度建设思想的丰富提供了素材，而有关民营银行设立的探索也充实了银行制度建设思想的内容。

综上可见，无论是从政策导向，抑或是从学术研究上，都可以反映出新中国银行制度建设思想，其演进过程不仅具有连续性，同时也呈现出阶段性的特征，即 1949 ~ 1978 年的第一阶段，1979 ~ 1993 年的第二阶段，1994 ~ 2019 年的第三阶段。在本书的第三、四和五章中，将详细地介绍这三个时期的代表性银行制度建设思想，以期勾勒出新中国银行制度建设思想的整体演进路径，为中国银行制度研究提供参考。

第三章

新中国银行制度建设思想的初发（1949~1978）：以“大一统”而展开

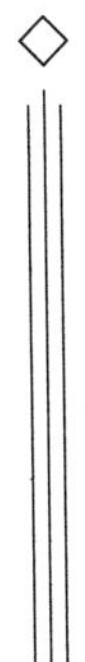

1949～1978年，是新中国银行体系建立及以“大一统”为特征的银行制度主导时期。新中国的成立标志着中国进入了新的历史时期，一个不同于旧中国的新银行体系也随之诞生。在新的禀赋结构和社会环境下，结合马克思主义金融理论和苏联经验模式，中国政策和学术界对构建适应计划经济体制的银行制度进行了探索，并对“大一统”银行体制而展开了许多讨论。同时，由于政治因素，一定时期内国家对银行及其作用进行了全面否定，导致该时期关于银行制度建设的探讨出现暂时中断，使得在新中国成立初的近30年中，新中国银行制度建设思想伴随银行制度的历史演进，经历了曲折的发展过程。另外，由于思想的演进具有连续性的特征，该时期关于银行制度建设的思想，也成为改革开放以后新中国银行制度建设思想转型及发展的逻辑起点，并对后者起到了制约或推动作用。

第一节　计划经济时期银行制度建设思想初发的历史缘由

一、根据地的银行是新中国成立以后国有银行体系建立的基础

在新中国建立之前，根据地银行“在促进工农业生产，支援人民革命战争，巩固和发展革命政权方面，发挥了有力的作用”[①]，其建立和发展伴随中国革命的进程，经历了一个较为曲折的过程。

在建立根据地之前，农民运动的兴起使部分地区建立了人民的银行。1926年冬，湖南浏阳县为解决农民生产中的资金困难，联合6个区的农民协会，根据上述决议发起创办了浏东平民银行。[②] 南昌武装起义后，中国共产党开始深入在农村地区建立革命根据地，人民的银行随着根据地的扩展而相继设立。据统计，在第二次国内革命战争期间，海陆丰、湘赣、中

① 段云：《论我国社会主义银行工作的几个问题》，载于《中国金融》1964年第3期。
② 张晋藩主编：《中华法学大辞典·法律史学卷》，中国检察出版社1999年版，第149页。

央、闽浙赣、湘鄂赣、湘鄂西－湘鄂川黔、鄂豫皖、川陕及陕甘9块革命根据地先后建立金融机构57个，发行各种货币、股票等金融品共计217种。① 然而，这些根据地银行自成体系，并且不与其他根据地银行产生直接联系。1931年秋，随着第三次反围剿的胜利，赣南、闽西根据地连成了一片。于是，中华苏维埃共和国临时中央政府宣告成立。同年11月，中华苏维埃第一次代表大会决议通过成立苏维埃共和国国家银行，并任毛泽民为行长。之后相继建立国家银行福建省分行、国家银行江西省分行以及其他各根据地银行也改为国家银行各省分行，根据地银行才出现了暂时的统一。② 但随着长征的开始，各根据地银行基本停业。1935年11月，中华苏维埃共和国国家银行改组为国家银行西北分行，“至此，最早的人民的银行，仅存这一家”。③ 抗日战争时期，根据地银行又得到了蓬勃的发展。1937年成立陕甘宁边区政府，同时将原设国家银行西北分行，改组为陕甘宁边区银行，成为抗日根据地第一家银行。④ 之后，随着抗日根据地的扩大，各根据地银行逐渐建立和发展了起来。解放战争时期，伴随解放区的建立和扩大，根据地银行逐渐发展成为连片统一的区域性地方银行。1945年11月，在沈阳成立东北银行，同一时期，大连也组建了大连银行（后改名为关东银行）。与东北毗邻的冀热辽地区自晋察冀边区划归东北后，该地区的原边区银行分行改名为长城银行。而在东北银行成立之前，东北地区就已经有合江银行、牡丹江实业银行、吉林省银行、嫩江银行以及辽东银行等。随着东北解放区的统一，该地区银行先后都并入了东北银行，使东北银行成为东北和热河地区的地方性银行。而且，如东北银行一样，该时期银行的区域性统一过程也发生在其他解放区内。⑤

但是，纵观各时期，每个根据地银行都是在其区域内发行自己的货币。比如，在土地革命战争时期，广东海陆丰建立的劳动银行发行的是银

① 刘鸿儒：《社会主义货币与银行问题》，中国财政经济出版社1980年版，第15页。
② 黄鉴晖：《中国银行业史》，山西经济出版社1994年版，第236～237页。
③ 黄鉴晖：《中国银行业史》，山西经济出版社1994年版，第239页。
④ 黄鉴晖：《中国银行业史》，山西经济出版社1994年版，第240页。
⑤ 比如，1947年11月由于石家庄的解放，晋察冀边区和晋冀鲁豫边区统一，并于1948年5月合并为华北解放区，晋察冀边区银行与冀南银行业合并成为华北银行。黄鉴晖：《中国银行业史》，山西经济出版社1994年版，第243～244页。

票，赣南东固平民银行发行的是铜元券，抗日战争时期，陕北边区的陕甘宁边区银行发行的是陕甘宁边币，晋察冀边区银行发行的是晋察冀边币，山东根据地的北海银行发行的是北海票，晋冀鲁豫边区的冀南银行发行冀南币，而晋绥边区的西北农民银行发行的是西北农民币。[①] 这样的货币制度对根据地之间的商品流通带来了严重影响，“如五台山与太行山这两个地方，十多年都是各自为政，石家庄打下来了以后，两地做生意碰了头，但是票子不过铁路，彼此货物流通都要抽税。那时这边涨价，那边落价，有几千个工作人员在斗争，而且双方都是共产党员”[②]。因此，解放区域的扩大急需在中国建立统一的货币制度，进而对全国性的银行体系提出了要求。[③] 1948 年 12 月北平解放前夕，在合并原华北银行、西北农民银行、北海银行的基础上，组建了中国人民银行，其他行作为各区区行，成为中国人民银行的分支机构。至此，银行体系在更大范围内实现了统一，并开始发行人民币和回收各解放区不同的货币，为新中国成立后的货币统一和经济恢复奠定了基础。

全国解放之时，伴随新银行体系的建立，国家对旧银行组织根据其性质也采取了必要的处置措施。具体来说：对于国民政府设立的金融机构一律采取清理没收的政策；对于地方政权开设的银行，其接管方式如上；对于国民党政府官员个人出资开设的银行，如孔祥熙开设的山西裕华银行和亚东银行，此类银行也同以上两类，采取全部没收的接管政策；而由国民政府控制的官商合办银行，如交通银行和“南小四行”[④]，则实行没收旧政权官股，在政府监管下，保留原名并继续经营的政策。前三类银行，虽然取消了组织机构，但除了高级人员去留从便外，其余人员均进行了就业安置，一定程度上起到了稳定社会的作用。而第四类中的部分银行，经过

---

① 黄鉴晖：《中国银行业史》，山西经济出版社 1994 年版，第 236～245 页。

② 刘少奇：《新中国的财政经济政策》，载于中共中央文献研究室编：《刘少奇论新中国经济建设》，中央文献出版社 1993 年版，第 129 页。

③ 《人民银行行长南汉宸在上海国家银行干部会上的讲话》，引自王海奇：《新民主主义的经济（上册）》，新潮书店 1950 年版，第 98 页。

④ “南小四行”指：中国通商银行、中国实业银行、四明商业银行、新华信托储蓄银行。

接收以后变为新中国国家银行的组成部分①，使得“国家银行在新中国的国家经济中就成为一种更广泛的细胞组织”②。

中国人民银行的成立于标志着新中国银行体系的重要开端。中国人民银行的建立始于革命根据地的银行，如果没有从土地革命时期，到抗日战争时期，再到解放战争时期，对银行体系、业务和管理等各方面长期的探索过程与实践积累，新中国银行体系就不可能顺利地建立。因此，可以说根据地银行是新中国银行体系建立的基础。

二、亟待恢复的国民经济建设对银行形成现实制度需求

新中国建立初期，面对百废待兴的国民经济，国家亟待建立新的经济秩序。但是，由于当时的社会经济异常困难，很难在物力和财力上支持国民经济的恢复和发展。

一方面，新中国成立之时面对的是中华人民共和国成立前遗留下的千疮百孔的经济局面，全国工农业产量严重萎缩③，交通运输遭受极大破坏④，货币市场也异常混乱。解放战争后期，国民政府在其统治区滥发纸币，造成恶性通货膨胀⑤。货币的滥发加剧了金融波动，出现了大量专门

---

① 此类银行在之后发展成为国家专业银行。例如中国银行，于1953年由政府指定为特许经营外汇业务的专业银行，在新中国成立初期外汇业务较少，仅在天津、上海等口岸城市设有分行，在社会主义改造完成之后，中国银行对外保留牌子，实际是中国人民银行的业务部门，在总行和有关分行设立国外业务局或国外业务处。再如交通银行，在新中国成立之后改组为基本建设投资拨款银行，负责国家基建投资拨款和监督，但主要执行的是财政职能，很少从事信贷业务。

② 莫乃群：《货币和银行》，海燕书店1949年版，第168页。

③ 与新中国成立前生产水平最高的年份相比，1949年的粮食作物产量下降了22%，经济作物产量普遍下降，其中棉花下降48%，烤烟下降76%，大家畜数量下降16%，小家畜中，羊的数量下降32%，猪数量下降26%，工业产品产量也普遍下降，其中重工业下降比率最大，为82.9%。中华人民共和国国家统计局编：《我国的国民经济建设和人民生活》，统计出版社1958年版，第7、153页。

④ 中国铁路的上万公里线路、3200多座桥梁和200多座隧道受到破坏，津浦、京汉、粤汉、陇海、浙赣等主要干线均无法全线通车。到1949年底，公路仍有原总长的20%不能通车。原民航所有飞机、器材及驾驶员，也全部转移至香港地区。柳随年、吴群敢主编：《中国社会主义经济简史（一九四九——一九八三）》，黑龙江人民出版社1985年版，第14页。

⑤ 1948年8月，发行法币总额6636946亿元，约是1937年6月14.1亿元的47万倍，若以1937年1～6月的物价指数作为基期，1948年8月上海的物价指数上涨达500万倍。吴冈：《旧中国通货膨胀史料》，上海人民出版社1958年版，第92～98页。

从事投机资本活动而追求暴利的工商业者和银行钱庄[①]，同时也阻碍了建立统一人民币市场和独立货币制度。1948 年 12 月 1 日，人民币开始发行，伴随解放区的扩大，人民币对国民政府的法币、金圆券和银元实行汇兑，但由于国民党政府恶性通胀的影响，使得人民群众对本国纸币丧失信心，在许多城市和农村仍然在流通中使用银元、外币和黄金，严重阻碍了新中国货币的统一和币制的建立。[②] 而且，国民党在战败时还对金银和货币储备进行了疯狂的掠夺[③]。可见，国民党政府遗留下的是一个生产凋敝、物资匮乏和物价飞涨的经济局面。

新中国成立初期，国家各项经济建设百废待兴，由于农民负担过于繁重且税收工作尚未步入正轨，使得政府财政收入增长非常缓慢，军费、赈灾和经济恢复的支出却非常浩大[④]，造成了财政入不敷出、收不抵支的困窘。[⑤] 若以大米作为衡量，1948 年财政总收入为 540340 万斤米，总支出为 686478 万斤米，1949 年财政总收入为 1291020 万斤米，总支出为 3785900 万斤米，赤字分别为 14618 万斤米和 2494880 万斤米。[⑥] 虽然增加税收[⑦]、发行公债等可以弥补巨额财政赤字，但这些方法很难于短期内实施和见效。面对新中国成立之初尚未稳定的战争局面，当时政府选择借助

---

① 如 1949 年上海解放前夕，从事货币炒卖者达 20 万～30 万人，北平、天津的 200 多家银行钱庄中有 90% 的资金直接或间接参与投机。柳随年、吴群敢主编：《中国社会主义经济简史（一九四九——一九八三）》，黑龙江人民出版社 1985 年版，第 15 页。

② 黄鉴晖：《中国银行业史》，山西经济出版社 1994 年版，第 260 页。

③ 据估算，当时带到华南等非解放区的黄金约 172000 千克，银元约 3644 万枚，美元 3907 万元，而带去台湾的黄金约 5500 千克，白银约 15000 千克，银元约几百万枚，合计价值 5 亿美元。孙怀仁主编：《上海社会主义经济建设发展简史（1949－1985）》，上海人民出版社 1990 年版，第 15 页。

④ 关于军费，当时中央发行货币的方针是首先保证解放战争的顺利，其次才是稳定物价。关于赈灾，1949 年中国遭受自 1931 年以来最大水灾，全国农田受灾面积达 1.2 亿亩，受灾群众约 4000 万人。关于经济恢复，当时中国开始重点恢复工农业和交通运输，也需要巨大财政开支。苏星：《新中国经济史》，中共中央党校出版社 1999 年版，第 100～201 页。

⑤ 吴承明、董志凯主编：《中华人民共和国经济史（第 1 卷）（1949－1952）》，中国财政经济出版社 2001 年版，第 326～332 页。

⑥ 中央档案馆、中国社会科学院主编：《1949－1952 中华人民共和国经济档案资料选编·财政卷》，经济管理出版社 1995 年版，第 180 页。

⑦ 农村地区农民负担过重，难以再增加税收，城市地区工厂停工减产，交通阻塞等，造成税收短期内难以完全恢复。

发行货币解决燃眉之急。据统计，1949 年，关内①共发行货币 29951 亿元，比 1948 年底货币发行量增加了 167.3 倍，平均每月上升 14 倍，其中发行货币的 57% 用于弥补财政透支，只有 43% 用于生产建设。这种以弥补财政赤字为主的货币发行，增加了流通中的资金量，刺激了物价的上涨，据测算，发行每上升 100，物价上升 50。②

但是，由于该时期中国生产萎缩、物资匮乏且交通困阻，进而造成贸易滞塞，无法进行正常的货币回笼，最终导致了通货膨胀，并引发了剧烈的物价波动。另外，在 1949 年中，国家银行存款经常不到市场上货币流通数量的 1/3，大量货币集中于大城市，通过地下钱庄等黑市进行拆放，成为投机者抢购囤积、破坏市场及引起物价波动的因素。③ 仅在 1949 年 4 月至 1950 年 2 月之间发生的较大物价波动就有四次④。一方面，物价的剧烈波动严重影响银行的吸储能力，不利于国家大规模的经济恢复和建设（见表 3－1）；另一方面，物价的剧烈波动也会引起货币购买力持续的下降，给人民生活造成直接经济损失⑤，进而威胁新政权的稳固。

表 3－1　　1949 年关内货币存款占发行比例

月份	1 月	2 月	3 月	4 月	5 月	6 月	7 月	8 月	9 月	10 月	11 月	12 月
发行额	236	309	450	595	1195	1764	2668	4196	8042	13027	18428	30130
存款数（亿元）	5	8	33	66	107	235	590	956	1745	3375	3445	7937
存款占发行比（%）	2	3	11	11	9	13	22	23	22	26	19	26

注：转引自中央档案馆、中国社会科学院主编：《1949－1952 中华人民共和国经济档案资料选编·金融卷》，中国物资出版社 1996 年版，第 170 页，表 17。

---

① 这里的关内包括中央及华北地区、华南地区、西南地区、西北地区、中南地区和华东地区。引自中央档案馆、中国社会科学院主编：《1949－1952 中华人民共和国经济档案资料选编·金融卷》，中国物资出版社 1996 年版，第 169 页。

② 中央档案馆、中国社会科学院主编：《1949－1952 中华人民共和国经济档案资料选编·金融卷》，中国物资出版社 1996 年版，第 167~168 页。

③ 郭瑞楚：《恢复时期的中国经济》，生活·读书·新知三联书店 1953 年版，第 49 页。

④ 吴承明、董志凯主编：《中华人民共和国经济史（第 1 卷）（1949－1952）》，中国财政经济出版社 2001 年版，第 332 页。

⑤ 截至 1949 年底，每月发行货币按当时米价折算，共计 2177.506 万斤，到年底仅实际值 504.936 万斤，直接贬值 1637.570 万斤，按当时人口推算（41000 万人），货币贬值造成人均 14 斤的负担。中央档案馆、中国社会科学院主编：《1949－1952 中华人民共和国经济档案资料选编·金融卷》，中国物资出版社 1996 年版，第 168~169 页。

在这样的历史条件下，新中国亟须在全国建立起一个独立的银行体系，一来可以统一货币市场，通过调节货币流通，从而抑制通货膨胀，稳定全国物价；二来能够广泛动员并积聚社会闲散资金，为恢复国民经济建设提供信贷资金援助；三来通过建立正规金融体系，打击高利贷等资本投机行为。

三、重工业优先增长的发展战略与集中统一的银行制度

在 1952 年末国民经济恢复阶段结束以后，中国进入大规模、有计划的经济建设阶段。但是，第一，中国在新中国成立之时工农业总产值已然较低（见表 3－2）；第二，第二次世界大战结束后世界范围内出现冷战局面，中国必须建立完整并自成体系的工业结构以应对严峻的国际政治和经济局势①；第三，从欧美等发达资本主义国家的经济结构和苏联等国家选择发展重工业的实践经验来看，优先发展重工业是快速提高经济实力和发展水平的一个较好选择②。

表 3－2　1952 年中国与苏联及发达资本主义国家的人均工农业产品产量比较

项目	中国	苏联	美国	日本
钢（公斤）	2.37	164.1	538.3	81.7
发电量（度）	2.76	553.5	2949	604.1
棉布（米）	5.4	23.6	55.4	—

资料来源：柳随年、吴群敢主编：《中国社会主义经济简史（一九四九——一九八三）》，黑龙江人民出版社 1985 年版，根据第 94 页相关数据整理。

基于此，中国选择了重工业优先增长的发展战略，并集中反映于中国发展国民经济的第一个五年计划中。在 1951 年 2 月 18 日中共中央发出的

① 林毅夫、蔡昉、李周：《中国的奇迹：发展战略与经济改革（增订版）》，上海人民出版社 2002 年版，第 31 页。

② 刘国光主编：《中国十个五年计划研究报告》，人民出版社 2006 年版，第 63 页。

《中共中央政治局扩大会议决议要点》的党内通报中，毛泽东便主张以重工业为中心。[1] 1952年12月22日，在中共中央发出的《关于编制1953年计划及长期计划纲要若干问题的指示》中提出：“必须以发展重工业为建设的重点，集中有限的资金和建设力量（特别是地质勘探、设计和施工力量）首先保证重工业和国防工业的基本建设，特别是确保那些对国家起决定作用的、能迅速增强国家工业基础与国防力量的主要工程的完成。”[2] 1955年7月30日，第一届全国人民代表大会第二次会议正式通过《中华人民共和国发展国民经济的第一个五年计划》，明确指出“把重工业的基本建设作为制定发展国民经济第一个五年计划的重点”，其中优先发展的重工业具体是指，建立和扩建电力工业、煤矿工业、石油工业、现代化的钢铁工业、有色金属工业和基本化学工业，以及建立制造大型金属切削机床、发电设备、冶金设备、采矿设备和汽车、拖拉机、飞机的机器制造工业。[3]

然而，重工业是资本密集产业，具有建设周期较长、发展早期需要从国外引入大量设备及初始投资规模巨大的特征，这与当时中国资金不足、外汇短缺及资金动员能力弱的经济现状产生矛盾。另外，在中国资本供给严重不足，而劳动力极为丰富的禀赋结构下，由市场形成的资本价格（或利率）较高，使得发展重工业必然带来高昂的成本，即很难依赖市场机制将资源配置给重工业部门。[4] 所以，要优先发展重工业，就必须通过适当的制度安排，人为地降低资本、外汇、能源、农产品和劳动力等生产要素的价格，以降低重工业的发展成本。[5] 在当时的中国，只有建立高度集中统一的资源计划配置制度和管理制度，才能实现该战略目标。因此，随着重工业优先发展战略的实施，中国逐步缩小了市场经济的范围，并逐渐建

---

① 《当代中国的计划工作》办公室编：《中华人民共和国国民经济和社会发展计划大事辑要（1949－1985）》，红旗出版社1987年版，第14页。

② 《当代中国的计划工作》办公室编：《中华人民共和国国民经济和社会发展计划大事辑要（1949－1985）》，红旗出版社1987年版，第32页。

③ 刘国光主编：《中国十个五年计划研究报告》，人民出版社2006年版，第60页。

④ 林毅夫、蔡昉、李周：《中国的奇迹：发展战略与经济改革（增订版）》，上海人民出版社2002年版，第35～37页。

⑤ 林毅夫、蔡昉、李周：《中国的奇迹：发展战略与经济改革（增订版）》，上海人民出版社2002年版，第29页。

立起了高度集中的计划经济体制。

在该背景下，中国各界对建立一个怎样的银行制度以适应计划经济体制，进而服务于重工业优先发展战略，进行了大量的探讨，并对建立“大一统”的银行体制形成了广泛共识，即形成一个垄断的金融体制和高度集中的资金配置制度。这是因为，如果资金的机会成本大于银行存款利率，就会降低储蓄者的存款意愿，若社会中存在其他融资渠道，资金就会流向银行之外。如前文分析，国家为优先发展重工业，必须通过人为压低利率来降低其成本，而国家控制外的金融渠道又不能执行该政策任务，所以，必须建立垄断性的金融体制。同时，由于贷款利率较低，必然使所有企业都倾向于使用更多资金，要将有限资金配置到生产周期较长的重工业部门，就需要高度集中的资金配置制度。

四、马克思主义的银行国有思想和苏联银行模式的引入

在新中国前30年的银行制度建设思想形成和发展过程中，一个区别于之后时期的显著特征是，马克思主义银行理论和苏联银行制度模式的大量引入和借鉴，并作为中国银行制度建设思想初发的重要理论来源和制度经验，成为该时期银行制度建设的主导思想。该特征从1949年至改革开放前夕的银行研究中可窥见一斑。而将马克思主义理论和苏联模式作为中国银行制度建设的理论依据和经验借鉴，主要是基于两方面原因：一则，马克思主义是中国执政党的指导思想；二则，马克思列宁的银行理论和苏联银行模式最为符合当时中国银行制度建设的需求。具体而言：

（一）马克思主义的银行国有思想

马克思主义经济学理论在中国的系统传播可以追溯到20世纪20年代，尤其在新中国建立以后，马克思主义经济学在中国进入了一个大发展时期。国内产生了一大批涉及马克思主义经济理论的译作，也涌现了大量对其进行介绍的书籍和文章。这使学者们对马克思主义经济理论进行了广

泛深入地学习，并以其作为基本原理和方法来研究中国的经济现实和问题。[①] 相应地，马克思主义银行理论也在中国得到了广泛的传播。[②] 具体来说，当时对中国银行制度建设起到深远影响的思想内容主要包括以下两个方面：

第一，马克思、恩格斯的国家银行思想。马克思在《资本论》第3卷（1966年）中详细介绍了银行的产生。由于不同国家和地区的金属铸币在规格和重量上存在不同，在相互贸易的过程中需要将本国或本地的铸币兑换为对方国家或地区的铸币。随着贸易，尤其是国际贸易的发展，一部分商人开始专门从事货币兑换业务，之后发展为汇兑，即某一个兑换业者受商人委托，通知另一个国家或地区的兑换业者，将铸币付给指定收款人，因而产生了汇兑银行。[③] 汇兑商人手中集中了大量存款，开始从事放贷业务，于是逐渐产生了真正的银行。对于资本主义为什么需要银行，马克思指出银行使资本主义生产不再受私人资本数量的局限，促进了资本主义生产力的发展。他认为，“银行制度，就其形式的组织和集中来说，正如早在1697年出版的《对英格兰利息的几点看法》一书中已经指出的，是资本主义生产方式的最精巧和最发达的产物。”[④] 但是，由于资本的分配具有盲目性，使银行和信用“成了使资本主义生产超出它本身界限的最有力的手段，也是引起危机和欺诈行为的一种最有效的工具”[⑤]。同时，马克思认为资本主义银行为向社会主义过渡提供了一个公共簿记和生产资料社会分配的形式，但由于它的资本主义私有性质，决定了它是为资产阶级统治和剥削而服务，所以，只有改变生产资料的资本主义所有制，才能使银行发挥其杠杆作用。[⑥] 可见，马克思和恩格斯首先肯定了银行具有一定积极作用，同时认为从资本主义向社会主义过渡的过程中，银行有其存在的

---

① 赵晓雷：《新中国经济理论史》，上海财经大学出版社1999年版，第53～54页。

② 此类著作如中国人民银行总行专家工作室编：《列宁论货币银行与信用》，金融出版社1957年版；解放社编辑部主编：《列宁、斯大林论社会主义经济建设》（上册），解放出版社1949年版；湖北财政金融干部学校编：《马克思恩格斯列宁斯大林论货币信用与银行》，金融出版社有限公司1960年版。此外，还包括如《马克思列宁主义原理》《列宁全集》《资本论》《马克思恩格斯全集》等中所包含的银行理论。

③ 马克思：《资本论》第3卷，人民出版社1975年版，第354～355页。

④ 马克思：《资本论》第3卷，人民出版社1975年版，第685页。

⑤⑥ 马克思：《资本论》第3卷，人民出版社1975年版，第686页。

必要性和价值。而关于建立无产阶级政权之后应该怎样处理与对待银行，马克思和恩格斯在《共产党宣言》中指出，无产阶级在建立政权以后，应通过有步骤地夺取资产阶级的全部资本，把一切生产工具集中于国家（作为统治阶级的无产阶级）手中，以尽可能快地增加生产力总量，包括“通过拥有国家资本和独享垄断权的国家银行，把信贷集中在国家手里”①。他们在《共产党在德国的要求》中也阐述了同样的主张，即：“成立国家银行来代替所有的私人银行，国家银行发行的纸币具有法定的比价。实行这一措施就能按照全体人民的利益来调节信用事业，从而破坏大金融资本家的统治。”②

第二，列宁的银行国有化思想。列宁根据苏联具体国情，运用和发展了马克思和恩格斯的银行理论，并创立了世界上第一个社会主义国家银行。列宁与马克思和恩格斯观点一样，认为银行的某些作用，使其在无产阶级政权建立伊始仍然有其存在必要性。他指出，在帝国主义阶段，银行是全部国民经济体系的神经中枢，集中了全国财富并在整个国家内进行分配。它的分支网络遍及各地，是精巧而复杂的机构。所以，“银行以及资本家的联盟准备了一个对产品的生产和分配过程实行社会调节的机构”。进而指出，无产阶级在夺取政权后，不可能对全部生产资料立即实行公有制，不能剥夺小生产者，还要保留商品和货币，故而离不开银行。因此，列宁在十月革命胜利之后，提出“没有大银行，社会主义是不能实现的”③ 这一著名论断，也成为新中国成立初期很多学者在分析新中国是否需要银行时，用来论证的主要依据。

但列宁也指出，生产资料的这种分配，是私人的，是符合大资本利益的。因此，列宁认为，无产阶级在取得政权之后，应该对银行实行“国有化”，并在《布尔什维克能保持国家政权吗?》中对此进行了具体分析。他指出：“大银行是我们实现社会主义所必需的‘国家机构’，我们可以

① 马克思、恩格斯：《共产党宣言》，中央编译出版社 1998 年版，第 77 页。

② 马克思、恩格斯：《共产党在德国的要求》，载于《马克思恩格斯全集》第 5 卷，人民出版社 1958 年版，第 4 页。

③ 列宁：《布尔什维克能保持国家政权吗?》，载于《列宁全集》第 32 卷，人民出版社 1985 年版，第 300 页。

把它当作现成的机构从资本主义那里拿过来，而我们在这方面的任务只是砍掉使这个极好机构资本主义畸形化的东西，使它成为更巨大、更民主、更包罗万象的机构。那时候量就会转化为质。统一的规模巨大无比的国家银行，连同它在各乡、各工厂中的分支机构——这已经是十分之九的社会主义机构了。这是全国性的簿记机关，全国性的产品生产和分配的计算机关，这可以说是社会主义社会的骨骼。”[①] 而关于如何实现“国有化”，列宁认为，由于银行中的职员大多数是无产阶级或半无产阶级，所以“我们下一道命令一下子就能够把它‘拿过来’，使它‘运转起来’”。[②] 他还指出，银行在资本主义制度下不完全是国家机构，但在社会主义制度下，是国家对产品生产和分配进行监督和调节的机构，同时也是从事金融活动的“统一的国营企业”[③]。关于这样的一个国家机构（银行）及其分支，列宁认为必须实行高度集中统一的管理体制，即必须遵照中央的指示和明令办事，无权制定任何地方性的规则和限制。[④] 具体来说，一是“应该逐渐地，但是不断地把银行变为统一的核算机构和调节机构，调节全国按社会主义方式组织起来的经济生活”[⑤]；二是规定所有经济单位必须在银行开立往来账户，现金必须存入国家银行，汇款只能通过银行办理，将一切货币贸易的周转集中于国家银行；[⑥] 三是采取一系列便利存款的方法，如尽量地多设银行分支机构、加快存款付款速度、简化各种手续等，设法吸纳社会闲散资金。[⑦]

按照列宁的观点，“对银行实行监督，把所有银行合并为一。这还不是社会主义，但这是过渡到社会主义的一个步骤”[⑧]，要“对所有的银行

---

①② 列宁：《布尔什维克能保持国家政权吗?》，载于《列宁全集》第32卷，人民出版社1985年版，第300页。

③ 列宁：《彼得格勒工兵代表苏维埃会议》，载于《列宁全集》第26卷，人民出版社1958年版，第221页。

④⑦ 列宁：《关于银行政策的提纲》，载于《列宁全集》第27卷，人民出版社1958年版，第205页。

⑤ 列宁：《关于银行政策的提纲》，载于《列宁全集》第27卷，人民出版社1958年版，第204页。

⑥ 列宁：《俄共（布）第七次代表大会》，载于《列宁全集》第27卷，人民出版社1958年版，第143页。

⑧ 列宁：《列宁全集》第24卷，人民出版社1958年版，第34页。

实行国家监督，把它们联合成统一的中央银行”①。这一思想也成为“大一统”银行制度形成的理论基础。

从本章后面各节的分析中将看到，新中国成立初期30年的银行制度建设思想，正是受到了马克思和恩格斯的垄断性国家银行思想，以及列宁的银行国有化思想的深刻影响，并成为新中国改革开放之前“大一统”银行体制形成的思想指导和理论来源。

（二）苏联银行模式的介绍和引入

苏联是世界上第一个社会主义国家，新中国建立之时，苏联的社会主义经济建设已有数十年实践积累。因此，苏联的经济制度模式成为中国最直接的经验借鉴。正如“中国人民银行经济丛书”的“编者序”中所指出的，中国目前经济建设的首要任务是“要在社会主义性质的国营经济的领导和积极影响之下，把一个落后的农业国逐渐转变成为一个先进的工业国”，要迅速完成该任务，除了最大限度地动员全国人民的能力和资源用于生产之外，学习苏联等社会主义国家的建设经验，“也是绝对不可缺少的”“尤其是伟大社会主义苏联的异常丰富的建设经验——它如何在千疮百孔的经济条件之下克服各种严重的困难，如何在困难重重的条件之下战胜阶级敌人的捣乱，如何把一个残破不堪的农业国家，建设成一个辉煌繁荣的先进工业国家，又如何把一个小私有经济占相当大的比重的国家，改造成为一个生产高度集中的完全的社会主义国家等等”。② 足见该时期中国学者对学习苏联经济制度的重视。而该时期对苏联银行模式的介绍和引入包括三种途径：

第一，对苏联银行相关著作的翻译。对苏联银行专著的翻译，如1949年11月出版的《苏联银行国有史论》（上册），由阿特拉斯著，季陶达译。该书为“中国人民银行经济丛书”中的一本，其中对苏联经济纲领中的银行国有主张、苏维埃政权掌握信用体系之初的革命措施、苏联银行国有的法令以及银行国有法令的实施，进行了较为详细的论述。再如，1950

① 列宁：《列宁全集》第24卷，人民出版社1958年版，第279页。

② ［俄］阿特拉斯著，季陶达译：《苏联银行国有史论·编者序》（上册），人民银行总行1949年版。

年8月出版的《苏联银行制度》，由巴狄烈夫、乌索斯金著，王运成译。该书对苏联银行制度的组织与发展、银行业务及信贷计划进行了介绍。①还有，1950年4月出版的《苏联的银行与货币》，由东北财经委员会调查统计处翻译。该书作为一本论文集，其中收录的《货币流通与国家银行的任务》和《苏联储蓄银行的任务和使命》，对苏联银行制度进行了详细的介绍。此外，在当时高等和大专院校的教学中，几乎所有金融类的教科书都是直接引自苏联。②《中华人民共和国发展国民经济的第一个五年计划》甚至规定，在高等教育中要“积极地学习苏联的先进教学经验，根据中国的具体情况，推行教学改革，制定和修改教学计划、教学大纲，编译教材，并改进教学方法”③。例如，1955年作为学校教材出版的，由苏联的布列格里所著，中国人民大学货币流通与信用教研室翻译的《资本主义国家的货币流通与信用》（上、下册）。该书中不仅详细介绍了资本主义银行及其业务，也介绍了列宁和斯大林的银行相关观点。④又如，1950年出版的《社会主义国民经济计划原理》，是由罗仲言编写的湖南大学教材。其中对苏联的银行体系、现金收支计划及资金分配原则等进行了介绍。

第二，中国学者对苏联银行模式介绍的著作。比如，1949年出版的《苏联的货币与银行》，作者为吴清友。该书系统介绍了苏联国家银行的产生与发展、苏联国家银行的信贷政策以及苏联国家银行的业务。此类著作还如《苏联的国家银行》（1950年）、《苏联国家银行的计划工作》（1953年）、《苏联国家银行放款业务》（1954年）以及《苏联短期信贷制度》（1956年）等。

---

① 此类著作还包括：《苏联银行信用制度及人民储蓄之发展》（1949年）、《苏联银行国有之史的发展》（1949年）、《苏联短期信贷制度》（1954年）、《苏联信用改革》（1955年）等等。

② 施兵超：《新中国金融思想史》，上海财经大学出版社2000年版，第27页。

③ 《中华人民共和国发展国民经济的第一个五年计划：1953－1957》，资料来源：中国共产党新闻网，http://cpc.people.com.cn/GB/64184/64186/66660/4493004.html。

④ 此类译著还如：《苏联信贷组织与计划》（1956年）、《银行国有化》（载于《苏联大百科全书选译》）（1956年）、《银行对工业的卢布监督问题》（1955年）、《苏联信用改革》（1955年）、《苏联财政与信用》（1955年）、《苏联货币流通与信用》（1955年）、《银行·苏联国家银行》（1954年）、《信贷计划和现金出纳计划的理论与实践》（1953年）、《苏联银行业务》（1950年）、《苏联国民经济中的短期信用》（1950年）、《社会主义政治经济学》（1962年）。

第三，派遣留学生赴苏联学习相关领域知识。该时期还规定，在中等专业教育中要派遣留学生和出国实习生来提高中国科学技术水平和企业管理水平，并制定了向苏联和其他人民民主国家派遣留学生和实习生的人数，且提出要“根据主要建设单位的规模和进度，及时地成套地派遣”①。

苏联在具体经济实践中，根据列宁关于社会主义制度下建立银行的政策和措施，逐步对信用制度进行了改革。例如取消商业信用，将信贷集中于国家银行，再如合并多种信用机构，由国家银行统一集中办理短期信贷业务，成立专业银行负责基本建设拨款和长期信贷业务。还有，对于企业日常经营，规定大额交易的资金收付一律通过国家银行转账结算，并将企业流动资金按来源划分为自有和借入两部分，前者由财政拨款，后者向银行借贷。对于农村信用社，也从代办国家银行业务，最终并入国家银行。②

从内容来看，苏联的银行模式集中体现高度集中统一的特点，即取消商业信用，将一切信用集中于国家银行，不允许其他银行的存在。在新中国成立初期关于银行体制构建的讨论中，苏联的这种银行制度成为当时各界主张建立“大一统”银行体制的主要依据。

总的来说，革命根据地银行作为早期人民的银行，为新中国银行体系的建立奠定了基础；新中国成立初期国民经济恢复的现实要求，对新中国集中统一银行的制度形成了制度需求；而该时期，在重工业优先增长的发展战略的选择之下，中国确立了计划经济体制，进而对与之相适应的银行制度进行了探索；新中国成立前后马克思和恩格斯的国家银行思想和列宁的银行国有思想的传播，使之成为新中国银行制度建设最主要的理论来源，而对苏联银行模式的介绍和引入，为新中国银行制度建设提供了最直接的经验模板和借鉴。

---

① 《中华人民共和国发展国民经济的第一个五年计划：1953－1957》，资料来源：中国共产党新闻网，http：//cpc. people. com. cn/GB/64184/64186/66660/4493004. html。

② 刘鸿儒等：《变革——中国金融体制发展六十年》，中国金融出版社 2009 年版，第 5 页。

第二节　新中国成立前夕关于新中国银行制度的构想

1949年，伴随解放战争的胜利，新中国立即开展了银行的国有化，一方面中国人民银行的组织机构开始广泛设立，另一方面对官僚资本银行采取没收并对民族资产阶级银行实行赎买或改造，进而形成了以中国人民银行为主体，包括民营银行和外资银行在内的新中国成立之初的银行体系。但是，中华人民共和国成立之前的银行，由于“大部操在大官僚手中”“造了许多罪孽”“一般人对银行发生不良的观感”[①]，使“银行遂成为众矢之的”[②]；同时，如中国人民银行第一任行长南汉宸指出的，当时的中国处于新民主主义向社会主义的过渡时期，新民主主义国家的金融体系，“既不是社会主义的，又不是资本主义的，而是史无前例的”。[③] 因此，在这种新旧社会的交替之际，引发了学术界和政策界对新中国银行存在必要性的讨论，也促使各界探索如何将旧有的银行变为服务大众的银行，以及构建怎样的银行制度才能适应新民主主义向社会主义的过渡等问题，令“‘新中国银行制度’的研究成为当前一个课题”[④]。

新中国成立伊始，经济恢复和建设任务繁重，无论是在管理能力，还是在资金规模上，仅中国人民银行一家难以负担全国所有的金融业务和信贷需求。但同时，在当时的所有制结构中，也有部分私营经济存在，并且是经济恢复时期国家所要争取和利用的对象。基于此，学术界和政策界，对整个银行的体系结构、国家银行的组织构成以及银行体系中各类银行的职责等提出了不同的设计方案，并从中体现出该时期学者和政策设计者关于新中国银行制度建设的思想内容。

---

① 莫乃群：《谈新中国银行制度》，载于《纵横》1949年第5期。
② 周有光：《新中国金融问题》，经济导报社1949年版，第47页。
③ 转引自王海奇：《新民主主义的经济（上册）》，新潮书店1950年版，第95页。
④ 周有光：《新中国金融问题》，经济导报社1949年版，第48页。

一、莫乃群的新中国银行制度建设思想

面对该时期对银行本质的质疑，莫乃群[①]指出，银行本身并无善恶之分，它“不仅是资本主义需要的工具，也是社会主义社会需要的工具”，因为其作用的发挥主要取决于“经济制度怎样”以及“掌握在什么人手中”，如果掌握在人民手中，“它就变成革命武器了”。因此，他认为“新中国需要银行，是毫无疑问的，不仅需要，而且还要普遍发展，成为最广泛的经济组织细胞，帮助新中国的经济建设”“新中国的银行，将是一种有益于国计民生的工具”。[②] 莫乃群首先从新中国的经济体制出发，认为在有计划的经济建设中，国家经济处于领导地位，为保证这一点，就必须动员全国人民的财力，并集中到国家手中，政府再根据建设计划将其分配到国营经济事业之中，而“只有把钱管理好、运用得当”，才能保证建设的成功。另外，社会生产物的分配是通过货币关系实现的，即经济部门根据其在社会经济中所占据的地位来获取相应数量的资金配给，因此，“对于全社会的钱如何合理运用和适当分配”，是经济建设成功的重要条件。由于“银行是管理钱和运用钱的一种工具”，因此，“新中国要把钱管理好，运用得当，就当然要健全银行制度和组织”。[③]

关于银行体系的组织构成，莫乃群认为，应该根据国家经济建设的需要、货币发行制度、人民福利事业的实施以及动员人民货币财富的需要来设计。基于此，他提出新中国银行体系应该包括国家银行、民营银行和外国银行三类。

第一，国家银行。在新中国，不仅国家经济建设少不了国家银行，而且人民福利事业、科学文化方面的建设也需要国家银行。因此，国家银行

---

① 莫乃群（1911～1990），广西藤县人。1934 年赴日本留学，期间翻译了苏联作家的《政治经济学方法论》。1941 年任广西大学教授。1946 年赴香港地区、任《新德日报》主笔、达德学院教授。新中国成立后，先后任广西交通厅副厅长、广西省副主席、副省长、自治区人民政府副主席、后任民盟主委、政协副主席等职。资料来源：中国人民政治协商会议梧州市委员会网站，http：//www. gxwzzx. gov. cn/themes/content/content_1940. htm。

② 莫乃群：《谈新中国银行制度》，载于《纵横》1949 年第 5 期。

③ 莫乃群：《货币和银行》，海燕书店 1949 年版，第 169～170 页。

除了中央银行以外，还包括专业银行和储蓄银行。具体地，中央银行负责整理和发行货币、保管金银、经理国库及公债、保管银行准备、供给短期信用、票据清算、再贴现和转质押、管理外汇、社会保险和国营商业投资；专业银行负责办理农业、工矿业、生产合作与消费合作以及公用科学、文化、福利事业的投资和贷款，可以视实际情况分别设之；储蓄银行，主要办理储蓄和投资业务。而对于组成国家银行的各个银行之间的关系，莫乃群认为应该是“各尽所能，分工合作”。这是由于新中国是实行有计划的经济建设，因此，关于工矿、交通、合作等事业的资金投放应由国家预算拨付，并通过各专业银行实行分配，而由中央银行负责短期信用供应。中央银行再根据短期信用的总计划，将之分配于各专业银行。如此，便形成了货币的发行以信用计划为依据，信用计划以商品生产和流通的需要为依据，将信用扩张与实际生产活动相联系，而不是利用信用扩张，刺激物价，压低工资，进而提高利润。①

第二，民营银行。莫乃群认为，在新中国经济中，民营的工商业“是一种需要其存在和发展的成分”，因此，“民营银行和钱庄在一定期间内仍然是可以存在和发展的”。对于民营银行和钱庄的发展，他认为应该采取管理而非压抑的政策，“使其向有利于国计民生的方向发展”，即，对此类银行既要诱导其资金向工矿业投放，同时也应规定其资金的活动范围，并防止商业投机行为。具体来说，可以通过以下三种管理政策：一是制定对工矿业投资的奖励办法，诱导其向工矿业投资；二是规定其资金活动范围，即按照一定比例承购国家公债；三是取缔商业投机。如此，既可以保护民营银行和钱庄的发展条件，又可以使其对国家经济建设作出贡献。②

第三，外国银行。莫乃群将外国银行分为两类，一类是资本主义国家的银行，另一类是社会主义或新民主主义国家的银行。他认为，在新中国（原文为新民主主义国家），资本主义国家的银行没有存在之必要，因为若允许其经营存款和汇兑业务，则“容易发展资金逃避是弊病”，至于放款业务“也没有必要”，因为如果中国需要外资，可以通过国家对外借款来

① 莫乃群：《货币和银行》，海燕书店 1949 年版，第 172～173 页。

② 莫乃群：《货币和银行》，海燕书店 1949 年版，第 175 页。

获取。但对于社会主义（苏联）或其他新民主主义国家的银行，出于和这些国家开展平等互助的贸易的需要，则可另当别论。[①]

二、《新金融体系草案》中体现的银行制度建设思想

《新金融体系草案》（以下简称《草案》）是由一部分上海经济学者集体拟定而成，其中所勾勒的新中国银行体系包括了中央银行、邮政局附设的储汇机构、农村信用合作社、私营银行和外商银行。

《草案》中规定，将国民党政权时期的中央银行、中国银行、交通银行、农业银行、中信银行和合作金库进行接收，全部合并入中央银行，并把省、市、县银行清理撤销，在全国只设立一个中央银行。同时，取消独立的储汇局，在邮政局内设储汇机构，储金交于中央银行。中央银行采取总管理处制，内设业务委员会、发行处、国库处以及稽核处等，业务委员会中又分设工矿、农业、合作、贸易、信托及一般业务等部门，中央银行分支机构则采取区域管辖行制度。中央银行负责业务包括发行、代理国库、经募公债、农矿工商合作等行业的投资及贷款、企业团体及个人的存款和汇兑、管理外汇和清算对外贸易、各金融机构重贴转抵押、票据清算、存款准备、保管金银外汇、公私信托。该中央银行则通过信用计划、存款准备比率、利率、重贴现率、公开市场运用的方式来控制金融市场。[②]

此外，为了发展农村经济，《草案》中提出要在农村地区广泛设立农村信用合作社，并由国家银行参加倡导股。对于私营银行，可允许其继续经营，并规定得兼营信托业务。而外商银行则允许其依照私营银行性质继续经营，但其投资业务必须经过政府的核准。[③]

由此可见，除了私营银行（国内私营银行和外商银行）和邮局附设的储蓄机构外，该《草案》所设计的银行制度，具有“一元化”的特征，即在组织机构上，全国仅有一个中央银行；在业务范围上，该中央银行包揽几乎全部国家的金融业务。但与中国计划经济体制确立后的“大一统”

---

① 莫乃群：《货币和银行》，海燕书店 1949 年版，第 175～177 页。

②③ 转引自周有光：《新中国金融问题》，经济导报社 1949 年版，第 95 页。

银行制度所不同的是，在该方案中，中央银行的调控手段除了采取计划的方式之外，还包括了存款准备比率、利率、贴现率及公开市场等市场调节方式，而后者仅采取指令性的计划控制方式。

三、周有光的新中国银行制度建设思想

周有光①在分析新中国银行制度时指出，虽然“银行的业务和通货膨胀的进行结着不解之缘”，但不能否认“银行在中国从来就是助长灾难的”，一来是源于中国银行是外商倾销外货和侵占国家资本的帮凶；二来是因为银行是封建独裁军阀的支持者，内战的公债和农村的破产都是其获益的途径。但是，这并不能否定银行在新民主主义时期所要发挥的作用和存在的必要，应意识到该时期需要“人民需要更普遍的为人民服务的银行机构”。基于上述原因，周有光②认为，“银行是一种社会性的机构，它跟着社会的发展而变化”，而新中国的银行制度，在部分沿用旧有机构的基础上，对内容和性质进行改造，使之成为“循环流通社会血液的心脏”，从而“有计划地提高人民的生活水平”和“平衡全国人民财富”。③

周有光依据银行所涉及的业务，认为新中国整个银行体系应该包括七类银行，分别是：其一，一个国营中央银行，负责发行保管金属、国库、国债、保管银行准备、中央清算、再贴现、管理外汇等业务；其二，一个或几个国营实业银行，负责国家交通、水利、动力、国营工矿及较大民营工矿的银行业务，鉴于新中国成立初期，交通、水利和动力将是国家最重要的经济设施，可单独设立一家银行办理该方面业务；其三，按经济地理将全国划分为若干区域，由中央及各级地方政府合资，于每个经济区设置一家地方银行，主要办理区域内农业、商业以及中小工矿业的业务，其中也可将农业单独设行；其四，为促进都市建设，在人口超过百万的大都市

---

① 周有光（1906～2017），原名周耀平，江苏常州人，中国著名语言学家。1923 年考入上海圣约翰大学主修经济和语言学。1933 年留学日本。1935 年回国后，先后任职于银行和四川省合作金库。1946 年就职于新华银行，并被派欧洲工作。中华人民共和国成立后，曾任复旦大学经济研究所和上海财经学院教授，并在上海新华银行、中国人民银行华东区行兼职。

② 周有光：《新中国金融问题》，经济导报社 1949 年版，第 47～48 页。

③ 周有光：《新中国金融问题》，经济导报社 1949 年版，第 48～49 页。

设立市银行，负责各种公用事业相关业务，例如水、电、煤气、交通及住宅等；其五，在储蓄方面，除了一个国营邮政储蓄汇兑银行外，鼓励人民设立储蓄银行，集聚社会游资为生产资本，用于指定的国营生产事业；其六，民营银行和钱庄，其主要服务于中小工商企业，以商业银行业务为主，并规定其资金的一定比例用于指定的国营生产事业；[①] 其七，对外商银行，周有光认为“外商银行是中国经济的漏洞”，但“为了顾全过去条约及已成事实”，可以保留一部分抗日战争以前上海、天津及广州等少数通商口岸设立的外商银行，其余应予以取消，而经营业务应仅限于国际汇兑及国际贸易相关服务，禁止经营存款。[②]

周有光不仅设计了以上较为详细的新中国银行制度，同时，他还对比了其与《新金融体系草案》中提出的国家银行体系结构和经营业务。周有光将《草案》所提出的国家银行体系称之为“一元化”国家银行体系，认为这种体系是“更进一步更高水平的研究”，并分别从中央银行的特殊性、信用的长短期、银行的专业化分析了“一元化”国家银行体系的优势，又从银行的区域化和“商誉”利用论述了“多元化”国家银行体系的好处。具体来说：第一，中央银行的特殊性是指，其被誉为银行的银行，因而不应与其他民营银行产生竞争。该概念是源于资本主义国家，因为资本主义国家主要为民营银行，若允许中央银行经营普通银行业务，容易使其成为民营银行的强大竞争者而妨碍后者利益。[③] 但是，在社会主义国家或新民主主义国家，金融业对社会财富具有特殊的支配力量，因此需要国营银行（除中央银行之外的由国家管控的银行）作为实现国家经济建设计划的一种手段。所以，新中国的银行不可能像英美等资本主义国家采取民营银行为主体的银行制度，也没有必要主张中央银行不能兼营普通银

① 周有光：《新中国金融问题》，经济导报社 1949 年版，第 49～50 页。

② 周有光：《新中国金融问题》，经济导报社 1949 年版，第 62 页。

③ 持有同样观点的还如谢寿天，他指出：“很多人误解国家银行是银行之银行，专做转抵押，私人银行才经营银行业务，在新民主主义经济制度下是不对的。”“新民主主义下的国家银行，不是银行之银行而是带有独占性的，要逐渐替代私人银行。”谢寿天：《实行全国财经统一与国家银行的任务》，引自民主新中国成立会上海市分会编编：《论当前经济大势》，民主新中国成立会上海市分会 1950 年版，第 56 页。

行的业务。[①] 第二，以往将长期信用与短期信用来区分不同银行，“这种长短期信用区分论是不能成立的”，因为银行的资金有提出也有存入，“必定有一部分余额是长期留在银行里”的，银行能够根据经验和社会经济变化预测存款波动情况。而对于长短期贷款的不同技术，可以用内部分工的办法解决。第三，在实行经济计划的国家，国营事业都侧重“合”的原则，即使专业分工，也是在“同一”之下进行，只有如此，“才能以超越过去历史发展的速度进行经济计划的建设”，银行也是如此。而过去中国的经验也表明，银行之间的业务竞争会使所谓的专业化银行难以实行。第四，“企业规模的大小应当以‘效率’来决定”，过大过小都会造成效率损失，而效率最高的“适度规模”取决于技术水平（包括机器设备）、人事组织水准、交通情况（包括邮电通信）和地方经济差异程度。就中国来说，“如其只有一个国家银行包罗一切国营业务，事实上会发生困难”。这是因为，第一，中国银行具有的新式机器设备极少，难以应对每日过多的业务处理量；第二，过大的银行规模必然会投入更多的职员，若“人事组织不良”，就会造成负面影响。第三，中国邮电通信落后，难以满足大规模银行系统的部分业务需求，比如年底决算等，可能由于函电纷驰而造成错误百出。第四，银行的直接服务对象为广大人民，故而应当有“适合当地情况的特殊措施与设计”。但中国面积广大，而且各地区发展极不平衡，若“把接触方面极多的银行业务集中在一个中央组织”，则“工作上可能发生缺点”。虽然在“一元化”国家银行体系中也提出中央银行的分支结构采取区域管辖行制，但在具体分工分权方面还是难以实现。第五，“商誉”指顾客对银行在认识及信仰上所具有的保守性，也就是说，对历史悠久而已得人民信赖的机构，若保留其名义及组织上的独立，可以吸引原来的顾客和业务。尤其在新中国成立初期，保留个别银行的名称与独立性，对国内工商界及这些银行的国外分行，“可能收一些处理上的方便”。[②] 通过以上分析，周有光认为两种国家银行体系的利弊不是绝对的，“一元化”的问题在如何分工分权，而“多元化”的问题在于如何协同合作，“原则

---

① 事实上，在莫乃群构建的国家银行体系中，中央银行、专业银行和储蓄银行就均兼营投资业务。

② 周有光：《新中国金融问题》，经济导报社1949年版，第98～104页。

上‘一元化’是进步的看法”，但“在实行上可能需要以‘多元化’为过渡”，或者以后者的形式来达到前者的实际。

此外，值得一提的是，周有光对区域地方银行的设想。鉴于国家地区与经济发展不平衡以及人民生活习惯的差异性，周有光提出，应该超越省界和行政区划，以区域内是否具有同一种主要生产事业为原则（如棉产区、煤产区等），将全国划分为七个经济地理区域（华北、东北、西北、华中、华东、西南、华南），在每一区设置区域地方银行，负责协助发展区域内的农业、中小工矿或国内贸易等特色产业。该银行制度具有以下几点好处：其一，不受行政区域变更的影响，能够保障银行运行的稳定性；其二，不受地方政府的支配和干预，保证了银行的独立性；其三，以发展特色产业为中心，可以利用地方资源的比较优势，逐渐缩小区域间的经济差距。但该思想却并没有被新中国成立后的银行制度所采用，而是实行了以行政区域设置国家银行的方式。[①] 直到1998年才打破行政区划，按经济情况在全国设立了9个大区分行。但是，并不能认为新中国成立初期按行政地区设立国家银行分行是落后的、错误的，因为当时中国实行的是高度集中的计划经济，银行信贷等工作严格服从国家计划，而国民经济计划是按照行政区划下达，因此，银行必须按照行政区域设置。

四、南汉宸的新中国银行制度建设思想

中央人民政府成立后，政务院通令各部门，要在短期内制定组织及任务的条例。因此，南汉宸[②]根据“进城一年以来的经验和要发展的前途”“在统一集中的原则下以中国人民银行为中心”，规划了新中国金融体系蓝图。[③] 其中银行体系的组织包括：

---

① 1950年8月25日下达的《1950年区行行长会议关于调整机构问题的决定》中规定：“（区行）设于大行政区人民政府所在地”“（省分行与支行）设行地点尽可能与行政区划配合一致”。《1950年区行行长会议关于调整机构问题的决定》，载于中国人民银行总行编：《金融法规汇编（1949－1952）》，中国财政经济出版社1956年版，第362页。

② 南汉宸（1895～1967），1948年12月中国人民银行成立时，其被任命为中国人民银行首任行长。

③ 《人民银行行长南汉宸在上海国家银行干部会上的讲话》，引自王海奇：《新民主主义的经济（上册）》，新潮书店1950年版，第95页。

第一，中国人民银行（以下简称人行）。人行作为新中国金融体系的中心，负责统一发行货币、组织货币（包括集中货币和管理其流通）、经营国库、管理外汇、管理金融行政、管理专业银行。[①] 人行的机构组织采取总行、区行、分行和支行四级制，支行再按需设立营业所和分理处，但不作为单独一级。关于机构的分布设置，南汉宸提出，以往仅考虑重点设立，但现在认为应该在全国普遍设立，并深入至县一级，必要时还可扩大到县以下的重要市镇。[②]

第二，人行领导下的专业银行。专业银行具体包括以下四个：一是办理国际清算业务的外汇银行，由旧时期的中国银行改组并划入国家银行，对其原有商股予以认可，并仍给付红利；二是经营工矿交通事业长期投资的实业银行，由旧有交通银行改组而成；三是农业投资及发展合作的农业合作银行，以专款专用为原则，负责长期的农副业贷款，而分散的农副业贷款仍然通过人民银行支行进行；四是储蓄银行，主要用于吸收社会闲散资金，南汉宸也指出，虽然“它（储蓄银行）是我们在进城之前，就考虑到了的”，但因为当前物价波动，吸收游资困难，故而仅在人行的分支行设置储蓄部或储蓄科，随着货币的稳定，储蓄银行在将来会成为分布最为广泛的一家银行。[③]

第三，私营银行。南汉宸认为，中国在新民主主义阶段，“要求公营和私营的企业都有发展”，但当前“国家银行力量有限”，只能照顾到公营企业，故而“私营银行就也还有暂时存在的必要”。[④]

五、新中国成立前夕银行制度建设思想的特征分析

通过梳理和比较上述关于新中国银行制度的设计方案，可以发现方案中所体现出的银行制度建设思想具有以下几方面特征：

---

① 《人民银行行长南汉宸在上海国家银行干部会上的讲话》，引自王海奇：《新民主主义的经济（上册）》，新潮书店1950年版，第97～107页。

② 《人民银行行长南汉宸在上海国家银行干部会上的讲话》，引自王海奇：《新民主主义的经济（上册）》，新潮书店1950年版，第95～96页。

③④ 《人民银行行长南汉宸在上海国家银行干部会上的讲话》，引自王海奇：《新民主主义的经济（上册）》，新潮书店1950年版，第96页。

第一，普遍认为国家银行是新中国银行体系的主体，但对国家银行的组织构成存在“多元化”与“一元化”争议。受银行国有化思想的影响，以上方案中均以国家银行作为新中国银行体系构建的主体。因为在有计划的经济建设中，必须动员全国财力将其集中于国家，以实现资金的统一计划分配，而只有国家银行才能做到这一点，若是民营银行，则可能为了追求更高利益，将资金配置到利润更高而非国家计划的重点部门或领域。但是，从具体内容中也可以看出，各方案中国家银行[①]的组织构成及其业务的内容却不尽相同，并可据此将这些方案分为两类。一类主张“多元化”的国家银行体系，持该观点的有周有光、莫乃群和南汉宸[②]。在周有光的银行体系设计中，中央银行、实业银行、地方银行[③]、市银行以及邮政储蓄汇兑银行组成了国家银行体系，除中央银行外，其他银行分别承担国家相应领域的生产和建设任务。在莫乃群所设计的银行体系中，国家银行包括中央银行、专业银行和储蓄银行三类，并且这三类银行都兼具投资职能。在南汉宸的方案中，国家银行包括中国人民银行及其领导下的 4 个专业银行。另一类则主张“一元化”的国家银行体系，并集中体现在《新金融体系草案》之中，即全国仅有一个包揽几乎全部国家金融业务的中央银行。

第二，对民营银行的存在必要性认识一致，但对其原因看法不一；对限制民营银行经营范围达成了共识，但对具体管理内容存在不同观点。在上述四个方案中，都肯定了民营银行在新中国初期仍然具有存在之必要。莫乃群从所有制的角度出发，认为民营工商业是新中国成立初期需要保留的经济成分，因此，作为民营经济构成部分的民营银行也在一定期间内可以存在和发展。[④] 周有光从民营银行发展方向角度，首先肯定了银行国有

① 国家银行，广义上是指由国家直接管控的银行。

② 南汉宸的原文中将中国人民银行称为国家银行，为和其他方案做横向比较，本书一律采用广义的国家银行定义，而南汉宸的方案中，不仅包含人行，还包括受人行直接领导的 4 家专业银行。因此，在本书中将南汉宸的方案归为“多元化”国家银行体系。

③ 需要指出，周有光认为，地方银行由中央政府和区域内各地方政府共同出资组建，必要时亦可酌情吸纳民营银行、钱庄及民间事业机构的股本，但以不占多数为原则。因此，本书认为，地方银行事实上是国有控股银行。周有光：《新中国金融问题》，经济导报社 1949 年版，第 56 页。

④ 莫乃群：《货币和银行》，海燕书店 1949 年版，第 175 页。

化的最终目标，并认为银行“应当在国有化的途程上放在比较工商业更前更早的次序”。但他同时也指出，“不成熟的国有化会驱散资金至许多商店或者产生地下钱庄之类的黑市场”，因此，“银行在没有走到完全国有的时候，可以用适当管制方法来利用民营银行钱庄为吸聚散在民间的资力的工具，而用之于国家的经济建设”。① 南汉宸则是从实践角度考虑，认为当前中国的国家银行只能照顾公营的企业，因此，需要暂时保留私营银行来服务国家经济中仍然存在的私营企业。② 但他也指出，“我们要一天天的把他（私人商业行庄）掌握起来”“将来做到银行国营”。③ 由上可知，允许民营银行在一定时期内存在，也是为了更好地发展国家经济建设，但鉴于民营银行的趋利性，各方案均提出必须对其经营范围加以限定。如莫乃群的方案中要求民营银行按照一定比例承购国家公债；《新金融体系草案》中规定民营银行得兼营信托业务；周有光的方案中规定民营银行资金的一定比例要用于国营生产事业；南汉宸则提出私营行庄应该将资金投入生产或者自行进行合并。

第三，关于外国银行的弊端看法相同，但对新中国银行体系是否应包含外国银行具有不同主张。中华人民共和国成立之前的外国银行，是英美等国家侵夺中国经济的工具。然而，伴随解放战争的胜利和新中国的建立，莫乃群指出，“新中国是独立自由的国家”“无允许外商银行存在的必要”④，周有光也认为，“中国走上独立自主的道路，便是外商银行的没落”⑤。但是，在具体实践中，却存在两种不同主张。一种认为，新中国作为一个新民主主义国家，应该有区别的建立外国银行。如莫乃群认为，对于英美等资本主义国家的银行，在新中国没有存在的必要，其存款、汇兑业务可能对新中国经济产生潜在危害，而其贷款业务也没有存在必要；但对如苏联和东欧等社会主义国家和新民主主义国家，为了与之开展正常

---

① 周有光：《新中国金融问题》，经济导报社 1949 年版，第 60～61 页。

② 《人民银行行长南汉宸在上海国家银行干部会上的讲话》，引自王海奇：《新民主主义的经济（上册）》，新潮书店 1950 年版，第 96 页。

③ 《人民银行行长南汉宸在上海国家银行干部会上的讲话》，引自王海奇：《新民主主义的经济（上册）》，新潮书店 1950 年版，第 102 页。

④ 莫乃群：《谈新中国银行制度》，载于《纵横》1949 年第 5 期。

⑤ 周有光：《新中国金融问题》，经济导报社 1949 年版，第 62 页。

的互助贸易，则可以允许在中国建立银行。[①] 另一种认为，新中国可以保留外国银行的存在，但必须限制其业务经营范围。例如，周有光提出，可以在少数通商口岸保留部分抗日战争以前就已设立的外国银行，其余的应予以取消。周有光认为，外国银行之业务应当仅限于国际汇兑和有关国际贸易的服务，同时必须禁止外国银行经营存款类业务。但为吸引外资协助中国建设，允许其投资国家建设事业的股票和债券并且利润可以以外汇形式汇归国外。[②]

第四，该时期在对新中国银行制度的积极探索之中，也出现一些值得称道的银行制度建设思想。从以上的四个银行制度建设方案中，不仅体现了理论界和政策界对新中国银行制度已做出了较为系统的构想，而且其中也呈现出一些较为先进的思想内容。较典型的如莫乃群提出的将信用扩张与实际生产活动相联系的思想。再如周有光的区域地方银行思想，以经济地理区域来设置地方银行，不仅能够避免行政区域变更的影响和来自地方政府的干预，也能够充分发挥同一特色产业区内的资源比较优势。

第五，以有计划的经济建设为出发对新中国银行制度的探索，是“大一统”银行制度建设思想的萌芽。在中华人民共和国成立近70年的历史中，建立在计划经济基础上的“大一统”国家银行制度占据了一个相对较长的时期。[③] 莫乃群等人正是基于探索新中国应该采取怎样的银行制度，以更好地集中全国资金，并将之分配到国家计划的重点建设领域，才提出了上述新中国银行制度建设方案。这样的方案，必然会表现出集中统一的银行国有化特征。例如，在以上方案中都体现了以国家银行为主体的银行体系，并认为仅在一定时期内允许民营银行的存在，而且强调要对其进行经营上的限制。再如，《新金融体系草案》中提出全国只建立一个中央银行并负责所有银行相关业务的思想。还有，南汉宸在分析国家银行的外汇管理和金融行政作用时，也体现出了集中统一的计划性和高度的行政管理

---

① 莫乃群：《货币和银行》，海燕书店1949年版，第176～177页。

② 周有光：《新中国金融问题》，经济导报社1949年版，第62页。

③ 学术界关于“大一统”银行制度确立的起始时间节点存在不同看法，宋士云认为该制度产生于20世纪50年代初中国开始大规模有计划地进行工业化建设时期，黄鉴晖认为该制度基本形成于1957年末。引自宋士云：《中国银行业市场化改革的历史考察：1979－2006》，人民出版社2008年版，第15页；黄鉴晖：《中国银行业史》，山西经济出版社1994年版，第286页。

性。因此，这些在计划经济基础上提出的，以集中统一为特征的银行制度建设思想，成为新中国最初银行制度确立的思想基础，也是“大一统”国家银行制度建设思想的萌芽。

总体上，新中国成立前夕学术界和政策界在对新中国银行制度的规划设计中，不仅对银行的体系结构和管理制度进行了较全面的思考，同时将银行制度的构建立足于有计划的经济建设方针上，为之后实现银行国有化和确立“大一统”银行制度奠定了基础。

第三节 “大一统”国家银行制度建设思想

“大一统”银行制度是指，在所有制结构上为单一国家所有，在体系结构上只有一家银行机构，在业务范围上包揽了几乎全部银行业务，在调节方式上以行政管理为主①，是一种高度集中统一的银行制度。② 银行的国有化只是实行“大一统”银行制度的第一步。新中国成立之后，随着计划经济体制的形成到建立③，计划程度的逐渐提高使银行领域更加强调组织机构的单一性、业务的综合性和管理的行政性，进而逐渐形成了以高度集中统一为特征的中国人民银行的“大一统”格局。在该过程中，对私营银钱业的社会主义改造思想、对国家银行性质的争论以及职能和作用的思考，共同构成了该时期对“大一统”国家银行制度的认识，也成为“大一统”银行制度建设思想的具体内容。

---

① 例如通过信贷计划对贷款实行指令性指标管理的方式控制全国贷款规模。

② 本书参照了宋士云关于“大一统”银行体制的定义，他认为，“大一统”的国家银行体制模式是指“一种高度集中统一的、以行政管理为主的、单一的国家银行体系模式”。宋士云：《中国银行业市场化改革的历史考察：1979－2006》，人民出版社2008年版，第14页。

③ 钟祥财指出，计划经济体制的形成和建立过程可以分为三个阶段：1949～1952年为第一阶段，国民经济的恢复和财政状况的好转为全国开始大规模有计划地经济建设创造了条件；1953～1955年为第二阶段，通过社会主义改造逐渐缩小了市场范围，加快了计划经济体制的建立；1956年以后，经济结构基本变为单一公有制，生产依据指令，供应统一调拨，销售统购统销，财政统收统支等，市场调节逐步被取消，计划经济体制得以确立。钟祥财：《当代中国经济改革思想》，上海社会科学院出版社2016年版，第44页。

一、私营银钱业从限制到合并的社会主义改造思想

在新中国建立之初，中国既要尽快恢复国民经济建设，同时又面临严重的通货膨胀和剧烈的物价波动，而将信用集中于国家，既能够将资金有计划地分配到国家重点建设领域或有需求的企业，也能够实现现金的全面管理从而抑制通货膨胀[①]。那么，如何才能实现信用的集中？关于这一点，马克思和恩格斯在《共产党宣言》中就已指出，无产阶级在取得政权之后，要“通过拥有国家资本和独享垄断权的国家银行，把信贷集中在国家手里”[②]，即必须通过国有化的银行来实现[③]。斯大林也提出“信用是国家手中最大的力量”“必须不让它分散，而让它集合到我们合作社的和国营的信贷机构中”。[④] 所以，新中国成立以后，一方面基于对中国现实国情的判断，另一方面源于对马克思列宁关于银行国有化理论的借鉴和苏联经验的吸收，先于资本主义工商业和手工业，在1952年完成了对私营银行和钱庄的改造，实现了银行的国有化。[⑤]

新中国的银行国有化，是以完成私营银钱业的社会主义改造为标志的。新中国成立初，新政权针对官僚资本和私营银钱业[⑥]采取了两条不同的政策路径，对前者采取了直接接管并将其资财收归国有，而对后者则实行了保留，因此，其也成为新中国成立之后社会主义改造的主要对象之一。

最初，对保留的私营银钱业，采取的是严格管理和打击投机的政策。

① 贺琦指出：“不能集中短期信用，就不能进一步实行货币管理。”贺琦：《短期信用的集中》，载于《中国金融》1951年第4期。

② 马克思、恩格斯著，中共中央编译局译：《共产党宣言》，中央编译出版社1998年版，第77页。

③ 但列宁也指出：“对银行实行监督，把所有银行合并为一。这还不是社会主义，但这是过渡到社会主义的一个步骤。”他在《关于银行政策的提纲》中强调，银行一方面要实现机构上的统一，另一方面还要实现在管理上的统一。《列宁全集》第27卷，人民出版社1958年版，第204～205页。

④ 转引自《社会主义体系的货币与流通》，中国财政经济出版社1953年版，第257页。

⑤ 刘鸿儒：《社会主义货币与银行问题》，中国财政经济出版社1980年版，第38页。

⑥ 新中国成立之前很多学者将私营银钱业称为民营银行和钱庄，但从内容来说，都是指私人资本经营的商业银行和钱庄。

1949年4月28日的《人民日报》的社论中指出，由于私营银钱业在新民主主义经济中，既可能通过正当业务起到调剂社会资金和扶助有益于国民生计的工商业的发展，也可能从事投机活动而造成物价波动，因此，必须对私营银钱业严加管理，“促使并限制其只能向有益于国民生计的方面发展，取缔其一切非法投机的行为”。[①] 同年颁布的《华北区私营银钱业管理暂行办法》[②] 和《华东区管理私营银钱业暂行办法》[③]，正是该政策思想的具体落实。1949年9月29日，中国人民政治协商会议第一届全体会议通过了在新中国成立之初起宪法作用的《中国人民政治协商会议共同纲领》，其中第三十九条也明确提出“依法经营的私人金融事业，应受国家的监督和指导。凡进行金融投机、破坏国家金融事业者，应受严厉制裁。”[④]

1950年初，对私营银钱业转为严格管理与积极疏导并重的政策。在1950年的第一届全国金融会议上指出，虽然当前国家银行已经取得领导地位，但国家银行业务“尚不够开展”，而私人行庄与私人工商业联系广泛，后者的资金活动大多透过私人行庄进行。同时，目前货币还不稳定，社会中存在大量隐蔽分散的游资，若过早取消行庄，会使游资转入地下，更加难以集中和管理。因此，对私人银钱业除了继续严格管理之外，还要采取积极疏导私人资金的政策。为此，会议上提出可以采取如下办法掌握行庄的存款：一是提高行庄存款准备金；二是通过联合贷放和银团等方式，使国家银行渗入少量资金，从内部进行监督管理，影响资金投放；三是开放证券交易以吸引游资。[⑤]

1950年8月召开的《全国金融业联席会议》，开始有步骤地调整私营银钱业的发展方向，成为私营银钱业国有化的一个重要节点。一方面，会

---

① 《我们的私营银钱业政策》，引自中央工商行政管理局秘书处主编：《私营工商业的社会主义改造政策法令选编·上辑（1949－1952年）》，中国财政经济出版社1957年版，第220页。

② 《华北区私营银钱业管理暂行办法》，载于《江西政报》1949年第1期。

③ 《华东区管理私营银钱业暂行办法》，载于《山东政报》1949年第4期。

④ 《中国人民政治协商会议共同纲领》，引自中央工商行政管理局秘书处主编：《私营工商业的社会主义改造政策法令选编·上辑（1949－1952年）》，中国财政经济出版社1957年版，第16页。

⑤ 《第一届全国金融会议综合记录》，引自中央档案馆中国社会科学院主编：《1949－1952中华人民共和国经济档案资料选编·金融卷》，中国物资出版社1996年版，第907～908页。

议中强调，中国金融业的发展尚不能满足社会经济发展所需，因此，应该团结金融业中的公私力量，在扶持生产的基础上共同发展，凡是私营行庄能够办理的业务应当准许，国家银行还可以给予必要支持；另一方面，私营行庄也应该改造自己，自求发展。在此次会议上，中小行庄认为“小不如大”，考虑联营甚至合并，大的行庄由于机构臃肿，开支庞杂，要求国家协助清理呆账。南汉宸在关于该会议的报告中指出，“中小行庄的合并，及大行庄积极靠拢国家银行，是金融事业集中化的倾向，是应该允许的方向”。① 在该政策引导下，1951 年私营行庄相继实现了联营、联管和合并。这种组织方式提高了国家资本主义的成分，也“标志着中国金融事业，在国家银行有计划的领导下，已步入了一元化”②。尤其“三反”“五反”运动后，私营银钱业（包括合营银行）暴露了诸如设暗账、偷税漏税、倒卖金钞等违法活动。同时，原本资金薄弱的行庄，又接连不断地出现新的亏损，使得与工商业的恢复发展不相适应。因此，1952 年 5 月召开的银行区行行长会议上提出，为配合 1953 年即将开始的大规模经济建设对统一国家金融体系的要求，决定坚决淘汰私营行庄，对合营银行进行彻底改造，即将所有私营行庄及合营银行合并为一个大的公私合营银行，并完全在国家银行领导下执行分配的相关任务。③ 1952 年 11 月，五个联营与合营的联合董事会④，联合申请组织全行业公私合营银行联合总管理处，并于 12 月建立了新的机构。⑤ 重新改组后的公私合营银行，属于国家银行的组成部分。⑥ 所以，到 1952 年底，私营银钱业先于私营工商业而完成了社会主义改造，中国也实现了银行的国有化。然而必须注意，国家银行的日益壮

---

① 南汉宸：《关于全国金融业联席会议的报告——一九五〇年九月八日在政务院四十九次政务会议上报告》，载于《中国金融》1951 年第 1 期。

② 《中国人民银行华东区行：第三季度工作报告》，引自中央档案馆中国社会科学院主编：《1949－1952 中华人民共和国经济档案资料选编·金融卷》，中国物资出版社 1996 年版，第 915～916 页。

③ 《三年来的金融管理及今后对合营银行管理工作》，引自中央档案馆中国社会科学院主编：《1949－1952 中华人民共和国经济档案资料选编·金融卷》，中国物资出版社 1996 年版，第 917 页。

④ 五个联营与合营的联合董事会是指：公私合营银行 11 行联合董事会、公私合营银行北五行联合董事会、公私合营上海银行董事会、第一联营联合董事会、第二联营联合董事会。

⑤ 黄鉴晖：《中国银行业史》，山西经济出版社 1994 年版，第 274 页。

⑥ 《总管理处迁京理由》，引自中国社会科学院、中央档案馆主编：《1953－1957 中华人民共和国经济档案资料选编·金融卷》，中国物价出版社 2000 年版，第 34 页。

大和广泛吸收社会游资能力的提高，也是私营银钱业能够顺利实现国有化的基础。

但是，正如前文所述，银行的国有化仅仅是“大一统”国家银行制度实现的第一步。1954 年 8 月，《中国人民银行总行关于加强领导公私合营银行的请示报告》中进一步提出，应将公私合营银行与人民银行的各级储蓄机构进行合并，对外仍保留公私合营银行的名义，对内实则作为人民银行的储蓄专业部门。① 同月即出台了《中国人民银行总行关于利用公私合营银行代理储蓄的实施方案（草案）》，对合并具体实施方案进行了安排。② 1957 年 7 月，中国人民银行颁布的《公私合营银行机构、人员、业务财产移并我行处理原则》提出，在机构上合营银行各级人员并归相应人行编制，在业务上合营银行各分支代理的储蓄及公债业务改由人行直接办理。③ 这一政策思想的提出，彻底消除了银行业中的私有成分，为中国人民银行成为“大一统”的国家银行提供了条件。

由上可见，私营银行和钱庄在新中国成立初期，作为国家银行的重要补充，为集中社会闲散资金用于国民经济恢复起到了不可替代的作用。然而，私营银行钱庄的创立“除了追求利润外，很少是为了发展生产”④，而对其进行社会主义改造是一种必然趋势。因此，从新中国成立之后，为了将信用集中于国家并用于有计划的生产建设，政府对私营银钱业采取了从严格管理、合理利用，到联营合营，再到合并的社会主义改造。通过取消银行业的私有成分，最终建立了“大一统”的国家银行制度。

---

① 《中国人民银行总行关于加强领导公私合营银行的请示报告》，引自中国社会科学院、中央档案馆主编：《1953－1957 中华人民共和国经济档案资料选编·金融卷》，中国物价出版社 2000 年版，第 43 页。

② 《中国人民银行总行关于利用公私合营银行代理储蓄的实施方案（草案）》，引自中国社会科学院、中央档案馆主编：《1953－1957 中华人民共和国经济档案资料选编·金融卷》，中国物价出版社 2000 年版，第 45 页。

③ 《公私合营银行机构、人员、业务财产移并我行处理原则》，引自中国社会科学院、中央档案馆主编：《1953－1957 中华人民共和国经济档案资料选编·金融卷》，中国物价出版社 2000 年版，第 53 页。

④ 朱福奎：《如何自救上海的金融业——一个具体意见》，载于《银行周报》1949 年第 35 期。

二、针对国家银行行政机关和经济组织的性质之争

理论界关于国家银行性质的讨论，一直从20世纪50年代初延续到80年代，争论的焦点主要围绕银行到底是国家行政机关还是经济组织。这种持续的探讨，既表明学者们关于银行性质的探讨长期以来始终未能达成共识，同时也凸显了该问题在银行领域的研究中具有重要意义。这是因为，银行性质是关乎银行制度建设的基础问题，基于对性质的不同理解，便产生了与之相应的银行制度建设思想。该时期针对国家银行性质的认识①，主要包括以下两种观点：

一种观点认为，社会主义的国家银行兼具行政机关和经济组织两种性质。例如，南汉宸在新中国成立初对新中国银行制度的构建方案中就提出，新中国银行的基本原则是统一集中和完整，它作为管理全国金融的国家机关，直属于政务院，受财经委员会指导，表现出了“金融业务和金融行政的统一”。② 再如，河南省银行干部学校编写的“银行工作基础知识”中认为，“社会主义的国家银行，既是国家管理金融的行政机关，又是国家办理信用业务的经济组织”。③ 还有，金溶认为，“新中国的国家银行，首先是国家机关的一个组成部分”，但“同时又是社会主义性质的国营企业”。④ 李瑞成和左春台也认为，“国家银行既是一个全面所有制的经济组织，按照有借有还的原则办理信贷业务，有计划地支持生产和流通短期资金周转的需要；又是国家的金融行政机关，受权发行货币，根据国家的金融政策，调节货币流通，管理和监督全国的金融活动”。⑤

持该观点的学者主要是基于以下三个方面的考虑。首先，从国家银行的职能和作用来讲，国家银行具有明显的行政机关属性。根据马克思列宁

① 由于专业银行屡次撤销，中国人民银行几乎是全国唯一的银行，因此，这一时期针对国家银行性质、职能及作用的讨论，一般即指中国人民银行。施兵超：《新中国金融思想史》，上海财经大学出版社2000年版，第151页。

② 王海奇：《新民主主义的经济（上册）》，新潮书店1950年版，第97页。

③ 河南省银行干部学校编：《中国人民银行的性质、职能和作用》，载于《中国金融》1963年第5期。

④ 金溶：《关于新中国国家银行的性质问题》，载于《经济周报》1953年第46期。

⑤ 李成瑞、左春台：《社会主义的银行工作》，中国财政经济出版社1978年版，第41页。

的银行理论，国家银行是国家的货币统一发行机关、金融市场的管理机关、财务会计机关、中心结算机关和短期信贷机关，其职责是配合各个时期的财经总任务来执行国家的金融政策。在1949年9月27日通过的《中华人民共和国中央人民政府组织法》中，第18条已明确规定了人民银行是政务院的一个组成单位。① 其次，从国家银行的业务来讲，则是带有企业属性的经济组织。具体而言：一则，国家银行是经营货币的特殊国营企业；二则，国家银行是独立的会计单位，具有独立的会计制度和会计报表；三则，国家银行的开支，如员工工资和资产购置，并不在国家财政预算以内，而是从国家银行的财务收支中进行支出；四则，国家银行与其他国营企业一样，其业务经营要有合理的盈利性，即利息收入和其他业务收入，用于抵偿利息及其他业务支出，并且银行的盈利也要按一定比例上缴国家财政。②最后，国家银行的这两种属性互相依存、互为条件。一方面，国家赋予了银行作为行政机关的金融管理权力，包括管理现金、金银外汇及私营银钱业等，使国家银行的行政机关性成为保障其金融业务正常进行的重要条件；③ 另一方面，国家银行的经济组织性，是其根据国家金融政策，调节货币流通、管理和监督金融活动所必须采取的经济手段，离开了银行经营货币的基本特征，就不可能有效地行使银行的行政管理职能。所以，“国家银行必须配合各个时期的财经总任务，正确地执行国家的金融政策”，同时“在保证国民经济计划和各项工作任务实现的前提下，国家银行还必须努力组织资金，合理而节约地使用资金，以保证盈利的实现”。④

另一种观点认为，社会主义国家银行属于国家行政机关。持该观点的主要代表者为陈仰青。他指出：“国家银行不是国家拿出一定的资本，责成我们将本求利的企业组织，而是在经济方面贯彻国家政策的国家机关之一。”陈仰青从理论层面和银行业务实践层面，分别对该观点进行了分析。他引用马克思和列宁关于国家银行的论述，认为“在资本主义社会，大银行是私人企业”“在新民主主义和社会主义社会，国家银行是国家的管理经济的机关之一”，它是“执行国家金融法令的机关，并且又是社会的簿

①②④　金溶：《关于新中国国家银行的性质问题》，载于《经济周报》1953年第46期。
③　李成瑞、左春台：《社会主义的银行工作》，中国财政经济出版社1978年版，第41页。

记机关，产品生产与分配的统计机关”。此外，陈仰青指出，新中国国家银行的有些工作“是采取业务往来形式出现的”“但不能因为有这些营业的形式就把这些工作视同一般企业的营业行为，也不能把国家银行的工作当成是按企业的方法来经营管理的”，因为在这些营业形式或银行工作中，“并不是包含盈利、核算等企业经营的要素”。他认为，如果将国家银行工作当作营业，用一般经济核算原则进行指导，则容易从本单位核算角度出发，为了增加存款而不降低储蓄利率，或过分压低现金管理单位的库存限额，或在农民中摊派储蓄，或为了增加放款收入而盲目放款，抑或违背支持国营经济的原则而不降低对公放款的利息，以及不放款给贫农和中小企业等，这就“完全丧失了社会主义性质的国家银行的作用”。① 所以，从理论来说，新中国国家银行应该成为国家的行政机关，而从经营上来讲，国家银行也不具有企业的属性。

在本时期针对银行性质的争论中，更多学者持第一种观点，即国家银行具有行政机关和经济组织的双重属性。该认识也较为符合当时中国计划经济的现实国情，这是因为：首先，在计划经济下，银行职能的发挥需要银行兼具两种属性；其次，单纯的国家机关抑或经济组织，都会对国家银行产生不利影响，前者容易使得银行工作一律按照行政命令办事、用行政方法管理②，而后者容易削弱银行执行国家经济政策的能力，进而造成金融管理的混乱；最后，对国家银行二重性质的认识，是当时人民银行既行使中央银行职能又办理商业银行业务的客观反映，但同时也为该制度在理论上提供了解释依据。

对银行性质的认识不清，也造成了该时期对银行组织地位的数次调整。1949 年 9 月 27 日中国人民政治协商会议通过了《中华人民共和国中央人民政府组织法》，其中规定人民银行隶属政务院，并受财政经济委员会指导。③ “大跃进”时期，金融管理放松，整个金融体系薄弱且缺乏管

① 陈仰青：《关于国家银行的性质问题》，载于《中国金融》1953 年第 21 期。

② 例如“大跃进”时期，银行完全按照国家行政命令办事，忽略了客观经济规律，反而对国家经济建设造成损害。刘鸿儒：《社会主义货币与银行问题》，中国财政经济出版社 1980 年版，第 99 页。

③ 国务院法制办公室编主编：《中华人民共和国法规汇编（1949－1952）》（第一卷），中国法制出版社 2014 年版，第 2 页。

理。基于此，国家在反思并治理“大跃进”经济失误的同时，也加强了对人民银行的建设。1962年6月13日，中共中央、国务院发出《关于改变中国人民银行在国家组织中地位的通知》，明确指出“中国人民银行是国家管理金融的行政机关，是国家办理信用业务的经济组织”，同时，规定人民银行总行由国务院直属机构改为同国务院所属部、委居于同样的地位。[①] 该《通知》不仅提高了人民银行在管理全国金融事业方面的作用，同时也提高了人民银行的组织地位。但是，1969年7月31日国务院批转《关于财政部和人民银行总行机构精简合并问题的请示报告》中，批准将人民银行并入财政部，成为其领导下的业务单位。[②] 再到1977年11月，国务院颁布《关于整顿和加强银行工作的几项规定》，重新将人民银行与财政部分设，人民银行又成为国务院部委级单位，为改革开放之后中央银行制度的建立奠定了组织基础。

三、“大一统”国家银行职能及其作用的理论思考

国家银行的职能与作用既有联系又有区别。前者是指，从银行的本质出发，它能够做什么；而后者是指，银行在行使其职能时所产生的效果，即对国民经济带来的影响。

（一）国家银行的职能：对“三大中心”的认识

该时期理论界普遍认为国家银行最主要的职能是成为全国的信贷中心、现金出纳中心和结算中心。[③]

全国的信贷中心。1953年开始，中国建立了集中统一的综合信贷计划

---

① 中共中央党校理论研究室主编：《历史的丰碑：中华人民共和国国史全鉴5》（经济卷），中共中央文献出版社2005年版，第638页。

② 中共中央党校理论研究室主编：《历史的丰碑：中华人民共和国国史全鉴5》（经济卷），中共中央文献出版社2005年版，第826页。

③ 如寿进文：《货币与信用讲话》，新知识出版社1955年版，第126～129页；高翔：《论国家银行在社会主义建设中的作用》，载于《经济研究》1962年第10期；河南省银行干部学校：《中国人民银行的性质、职能和作用》，载于《中国金融》1963年第5期；李成瑞、左春台：《社会主义的银行工作》，中国财政经济出版社1978年版，第35页；段云：《论我国社会主义银行工作的几个问题》，载于《中国金融》1964年第3期；等等。

管理体制，由人民银行统一掌握全国信贷资金的来源和运用，并实行“存贷分离、统存统贷”的信贷管理制度。这一制度的建立继而引起了理论界对国家银行作为全国信贷中心的思考。国家银行成为全国信贷中心的职能，是社会主义计划经济的一种体现。国家银行动员和集中国民经济中暂时闲置的资金，包括组织机关、团体和个人存款，并按照国家计划对工、农、商业发放贷款，以支持生产流通需要和促进社会主义建设事业的发展。① 所以，只有将全国信贷集中于国家银行，“才能使信贷活动本身具有高度的计划性，使信贷的计划活动同生产的计划活动相适应”。② 这种信贷工作的集中性、计划性，以及信贷资金使用的组织性、纪律性，正是“体现社会主义经济有计划发展的一个重要方面”。③ 而对于如何使国家银行成为信贷的中心，理论界认为可以通过以下两个途径来实现：其一，对一切私人银行进行社会主义改造，实现银行的社会主义国有化；④ 其二，必须严格禁止商业信用，用银行信用代替商业信用⑤，因为商业信用作为一种企业之间自发的信用形式，是脱离计划和监督的盲目分配，其存在必然对信贷的集中统一造成影响。⑥

全国的现金出纳中心。国家银行之所以能够成为全国的现金出纳中心，是因为国家赋予了其现金管理的权利和职责，包括：一是按照国家现金管理制度规定，一切机关、团体、军队、企事业单位超过规定限额的现金，必须随时存入国家银行，即用法令保证了将社会闲散资金集中于国家银行；二是国家规定了现金的使用范围，即只有职工个人工资发放和收购农副产品等的支出才能使用现金，企业间的大宗交易往来则只能通过银行转账结算的方式进行；三是对于现金收付数量较大单位，应按国家批准的现金计划办事，以保证投放和回笼计划的实现，并使国家银行通过现金收

① 高翔：《论国家银行在社会主义建设中的作用》，载于《经济研究》1962 年第 10 期。

② 李成瑞、左春台：《社会主义的银行工作》，中国财政经济出版社 1978 年版，第 35 页。

③ 段云：《论我国社会主义银行工作的几个问题》，载于《中国金融》1964 年第 3 期。

④⑥ 李成瑞、左春台：《社会主义的银行工作》，中国财政经济出版社 1978 年版，第 36～37 页；段云：《论我国社会主义银行工作的几个问题》，载于《中国金融》1964 年第 3 期。

⑤ 关于取消商业信用，是该时期学术界讨论较多的一个问题，如刘鸿儒、戴乾定：《社会主义信用的必要性及其职能》，载于《经济研究》1964 年第 10 期；黄达：《银行信贷原则和货币流通》，载于《经济研究》1962 年第 9 期。

支计划，更好地调节货币流通。[①]

全国的结算中心。国家银行成为全国的结算中心，也是源于国家严格的现金管理制度，即除了国家允许使用现金的部分外，其他款项的收付都必须通过国家银行进行转账结算。国家银行的这一职能具有以下两个优点：一来银行能够通过了解资金流动的方向和目的掌握物资的流动情况，进而“国家就能够通过银行监督产品的生产和分配”；二来通过银行转账结算的方式，“还可以减少流通中的现金”，并“保护交易双方正当的权益”。而社会主义的计划经济制度，是国家银行结算中心实现的基础，因为只有在国家计划内的单位，其资金来源才能得到保证，才能做到如期支付结算，反之，计划外的单位，尤其经营差的企业，难以按时支付货款。[②]

除了以上三个主要的职能外，也有学者认为国家银行还具有下述几种职能：货币发行机关；统一管理金银和外汇，办理国际结算；代理国家财政金库；通过信用活动，对国民经济各部门实行信贷监督。[③] 此外，还有学者提出国家银行具有领导农村信用合作社业务活动的职能。[④] 然而从具体内容来看，这些职能的划分并不是基于一个共同的逻辑范畴，有的是从不同业务角度，如国际结算，再有的是从管理对象上，如对农村信用社的管理，还有的则是与作用的概念相混同，如信贷监督。若以业务范畴作为职能的划分标准，上述职能则都可分别归纳入三大中心里面。因此，学者们对全国的信贷中心、现金出纳中心和结算中心的认识，不仅概括了该时期国家银行的全部职能，同时也体现出在思想层面上已经对国家银行总揽一切银行业务的统一认识。

---

① 李成瑞、左春台：《社会主义的银行工作》，中国财政经济出版社 1978 年版，第 37～38 页；段云：《论我国社会主义银行工作的几个问题》，载于《中国金融》1964 年第 3 期。

② 李成瑞、左春台：《社会主义的银行工作》，中国财政经济出版社 1978 年版，第 39～40 页。

③ 高翔：《论国家银行在社会主义建设中的作用》，载于《经济研究》1962 年第 10 期；河南省银行干部学校：《中国人民银行的性质、职能和作用》，载于《中国金融》1963 年第 5 期。

④ 李成瑞、左春台：《社会主义的银行工作》，中国财政经济出版社 1978 年版，第 32 页；段云：《论我国社会主义银行工作的几个问题》，载于《中国金融》1964 年第 3 期。

（二）国家银行的作用：信贷服务和监督的分歧

根据列宁对社会主义国家银行作用的论述①，该时期学术界关于国家银行作用的讨论，主要围绕国家银行的服务和监督两个作用而展开，既有对这两个作用间关系的争论，也有聚焦于监督作用的深入研究。

关于服务作用和监督作用孰轻孰重的争论。国家银行的服务作用是指，其通过信用活动聚集、分配和调剂资金，以支持有计划的生产和商品流通；而国家银行的监督作用是指，在资金的分配和调剂过程中，银行根据资金使用效果，为国家守计划、把口子。② 对于以上两个作用的内涵，在理论界并无分歧，但对于两个作用的重要性却存在不同看法。有学者认为，银行的主要作用是为生产和商品流转服务，"必须彻底根除'监督'观念"。其理由是：如果银行工作追求监督，会因过多考虑信贷资金的平衡，而片面强调节约信贷资金，既忽略了生产和商品流转的需要，也使事权过于集中并缺乏灵活性。③ 另外，也有学者认为，银行的服务与监督两个作用在实践中同样重要。④ 这是因为：一来服务和监督的目的相同，都是为了"工农业生产和商品流转的发展"；⑤二来只要一切从生产和商品流转的实际出发，"服务好了，也就起到了监督作用"，而"反映和解决问题的监督，也就是好的服务"。⑥ 事实上第二种观点更符合社会主义计划经济的要求，因为包揽了计划所有业务的国家银行，不仅能够按计划分配资金起到信贷服务作用，还应该通过信贷活动实现监督计划执行和实施情

---

① 列宁认为："只有实行银行国有化，才能使国家知道几百万以至几十亿卢布往来流动的去向，以及这种流动是怎么发生和在什么时候发生的"，"才能真正地而不是在口头上做好对全部经济生活的监督，做好对重要产品的生产和分配的监督，才能做到'调节经济生活'。"列宁：《大难临头，出路何在?》，引自《列宁全集》第25卷，人民出版社1958年版，第321页。

②⑤ 高翔：《正确认识和处理信贷服务与监督的关系》，载于《中国金融》1964年第22期。

③ 晓夫：《银行信贷业务是服务还是"监督"?》，载于《财经研究》1958年第5期。

④ 持同样观点的如周以懋、高翔、欧松江、汤庆洪，参见周以懋：《也谈银行信贷业务的服务与监督——与晓夫同志商榷》，载于《财经研究》1958年第6期；高翔：《正确认识和处理信贷服务与监督的关系》，载于《中国金融》1964年第22期；欧松江、曾祥才、王继造：《略论社会主义国家银行的作用》，载于《学术研究》1962年第4期；汤庆洪：《试论信贷监督的性质、内容和方法——兼与高翔同志商榷》，载于《中国金融》1964年第10期。

⑥ 周以懋：《也谈银行信贷业务的服务与监督——与晓夫同志商榷》，载于《财经研究》1958年第6期。

况的目的。

对信贷监督作用的认识及其性质的辨析。国家银行的监督作用主要是指银行信贷的监督作用，即国家银行通过货币形式对国民经济各部门和企业进行监督。之所以具有监督的作用，首先，因为国家银行三大中心的职能，使得国家一切信用活动、现金收支活动和交易结算活动都集中于国家银行。因此，在银行日常账簿上能直接并灵敏地反映各地区、部门和企事业单位几乎一切资金活动①，包括信贷、现金和转账结算，进而反映出其生产、采购、销售和储备等情况。② 其次，如期偿还性也是银行信贷监督作用发挥的必要条件，虽然在社会主义社会，信用活动是按计划进行，但当生产和流通的某些环节出现不平衡，贷款便无法按期归还，例如企业是否能够购买到所需原材料、按期完成生产计划、实现产品的顺利销售以及完成利润计划。③ 因此，从银行的还款和占用资金表中，就能够得出一个企业经营的好坏情况。④ 可见，国家银行的信贷监督作用在国民经济发展中能够起到重要作用。但是，学术界关于其信贷作用的性质却存在不同的声音。有学者认为，银行的信贷监督作用是通过货币形式实现的，所以，信贷监督属于经济关系范畴。⑤ 然而，也有学者基于国家银行两重性质的考虑，认为信贷作为金融的主要业务，同样具有经济监督和行政监督的两重性，并且“贯彻党和国家的政策、法令，执行国家的计划、制度的行政监督是主要的，经济监督应该服从于行政监督”。⑥ 需要指出的是，监督作用本身即已涉及了行政的范畴，因为监督作用的实现有赖于国家银行“三大中心”职能的发挥，也就需要以行政的手段将全国信贷、现金出纳和结算业务集中于国家银行，可见离开行政范畴就谈不上监督作用。但是，行政监督为主、经济监督为次的主张，也会因过于强调计划而造成负面作用。

---

① 由于银行还具有代理财政金库的职能，所以银行账簿反映了全国绝大部分资金的变动情况。

② 段云：《论我国社会主义银行工作的几个问题》，载于《中国金融》1964 年第 3 期。

③ 李佐文：《从信贷的偿还原则谈到银行的监督作用》，载于《红旗》1962 年第 6 期。

④ 李成瑞、左春台：《社会主义的银行工作》，中国财政经济出版社 1978 年版，第 44 页。

⑤ 高翔：《正确发挥信贷监督作用》，载于《大公报》1963 年 11 月 4 日。

⑥ 汤庆洪：《试论信贷监督的性质、内容和方法——兼与高翔同志商榷》，载于《中国金融》1964 年第 10 期。

从对国家银行职能和作用的讨论中可以发现，该时期理论界已经形成了高度集中统一的银行制度建设思想。一方面，对“三大中心”职能的认识，为国家银行包揽所有银行业务提供了理论支持；另一方面，对服务和监督作用的探讨，则是行政化管理的思想基础。

总之，对私营银钱业的社会主义改造思想、对国家银行性质的争论以及对职能和作用的思考，共同构成了“大一统”银行制度建设思想的主要内容。这些思想既鲜明地反映了当时计划经济的特征，同时也为建立与该经济体制相适应的高度集中统一的银行制度提供了依据。

第四节　建立农村信用合作社的思想主张

新中国关于建立农村信用合作社（以下简称农信社）制度的思想，可以追溯到抗日战争时期。1927 年毛泽东在《湖南农民运动考察报告》中指出：“合作社，特别是消费、贩卖、信用三种合作社，的的确确是农民的需要。他们买进货物要受商人的剥削，卖出农产要受商人的勒抑，钱米借贷要受重利盘剥者的剥削，他们很迫切地要解决这三个问题。”① 在该思想影响下，根据地时期在农村建立并发展了信用合作社。1949 年 3 月，毛泽东在中国共产党第七届中央委员会第二次全体会议报告中进一步发展了其合作经济思想，他提出没有合作社经济就“不可能领导劳动人民的个体经济逐步走向集体化”，进而不可能实现新民主主义社会到社会主义社会的过渡，因而必须组织包括信用在内的合作社。② 毛泽东关于农信社的

① 毛泽东：《湖南农民运动考察报告》，引自《毛泽东选集（卷一）》，东北书店 1948 年版，第 49 页。

② 毛泽东：《在中国共产党第七届中央委员会第二次全体会议上的报告》，载于《毛泽东选集》（第四卷），人民出版社 1991 年版，第 1431～1433 页。1949 年 3 月，毛泽东在中共七届二中全会报告中指出，“必须组织生产的、消费的和信用的合作社，和中央、省、市、县、区的合作社的领导机关。这种合作社是以私有制为基础的在无产阶级领导的国家政权管理之下的劳动人民群众的集体经济组织”，因为当前 90% 的国民经济总产值掌握在个体的农业经济和手工业经济中，若没有合作社经济，单纯的国营经济则“不可能领导劳动人民的个体经济逐步走向集体化”，进而不可能实现新民主主义社会到社会主义社会的过渡。

论述，不仅指出了中国建立农信社的必要性，同时为新中国成立之后农信社的广泛建立提供了理论基础。1949 年 9 月 29 日，中国人民政治协商会议通过了《中国人民政治协商会议共同纲领》（以下简称《共同纲领》），其中明确提出要鼓励和扶助广大人民群众根据自愿的原则发展合作事业，在城镇和乡村中组建包括信用合作社在内的合作组织。① 新中国成立以后，于 1951 年开始试办农信社，1955 年底基本实现了乡乡有社的目标。从 1951 年到 1970 年末，农信社在筹集和调剂农业资金中发挥了重要作用，不仅是中国重要的农村金融机构，甚至在某些时期是中国唯一的金融机构。② 然而，农信社作为合作性金融组织，其在该时期的发展过程并不是一帆风顺，既被并入过国家银行，也被当做过国家银行的基层机构。与农信社曲折的发展过程相伴的，是该时期产生的大量关于建立农信社的思想主张。

一、农信社与国家银行互补关系的认识

1956 年合作化完成之前，理论界普遍认为农信社是国家银行在农村金融中的重要补充。毛泽东在《中国农村的社会主义高潮》一书按语中指出，在筹集农业资金方面，国家应给予农民必要的援助，但是资金的大部分“还是应当依靠农民自己筹集”，而且“这是完全可能的”。③ 也就是说，农村信用社与国家银行是解决农村资金问题的两条渠道，并且是以国家援助为辅、农民自力更生为主。对此，理论界也进行了讨论，认为信用合作社作为群众性资金互助合作组织，在农村地区具有国家银行所不具备的优越性。具体而言，一方面，国家银行机构数量有限，在中国广大分散的农村个体经济中，银行机构难以遍及所有农村地区，这种地理空间上的

① 国务院法制办公室主编：《中华人民共和国法规汇编（1949－1952）》（第一卷），中国法制出版社 2014 年版，第 9 页。《共同纲领》第三十八条提出：“关于合作社：鼓励和扶助广大劳动人民根据自愿的原则，发展合作事业。在城镇和乡村中组织供销合作社、消费合作社、信用合作社、生产合作社和运输合作社。”

② 施兵超：《新中国金融思想史》，上海财经大学出版社 2000 年版，第 37 页。

③ 《合作社自己可以解放生产资金》一文按语，引自辽宁省革命委员会宣传组编：《〈中国农村的社会主义高潮〉序言和按语》，辽宁省革命委员会宣传组，1975 年，第 23 页。

局限使其无法充分满足农民普遍且经常的融资需求，然而农信社易于在农村地区广泛设立的，具有组织农民分散且零星资金的功能，进而能使农民依靠自身力量调节资金并互通有无；另一方面，信用社也可以起到国家银行与农民之间的“桥梁”作用，国家可以通过农信社与“分散的个体农民发生更密切的有组织的联系”。① 但是，也有学者指出，农村信用社并不能完全代替国家银行的作用，因为随着农业经济的发展，农民为扩大再生产将需要巨大的、长期的资金扶持，信用社只能提供短期的、零星的资金，因此必须通过国家银行解决这一问题。②

此外，有学者认为，银行对信用社具有金融政策上的领导、业务上的支持以及资金周转上的帮助，这是由于信用社在资金调剂时地域性和季节性不平衡会造成资金差额，需要国家银行帮助其调节资金。但是，信用社是群众性的组织，与银行不存在行政上的领导与被领导关系，故信用社应由自己管理，银行不能进行包办代替。③ 而对于银行与农信社之间关系的约束，有学者指出应该通过合同来实现。④ 在与银行的具体业务分工上，也有学者认为在已建有农信社的地区，银行一般不在该区域内吸收储蓄，但放款可视情况分为两种，一般农贷由农信社贷放，长期的设备性贷款及救济性贷款由国家银行负责。⑤

1951 年、1953 年先后制定《农村信用合作社章程准则（草案）》⑥ 和

---

① 芦华：《目前农村金融工作中的情况和问题》，载于《中国金融》1951 年第 11 期；孙放：《农村金融工作中银行与信用合作的关系》，载于《中国金融》1951 年第 8 期；《中南区信用合作问题座谈会记录》，载于《中国金融》1952 年第 15 期。

② 《中南区信用合作问题座谈会记录》，载于《中国金融》1952 年第 15 期，第 7 页。

③ 孙放：《农村金融工作中银行与信用合作的关系》，载于《中国金融》1951 年第 8 期，第 26 页；《对农村信用合作社的一些体会》，载于《中国金融》1952 年第 15 期，第 11 页；中国人民银行河南省分行农村金融科：《目前信用合作社业务中几个问题的商榷》，载于《中国金融》1953 年第 5 期，第 14～15 页。

④ 《中南区信用合作问题座谈会记录》，载于《中国金融》1952 年第 15 期，第 7 页。

⑤ 《信用合作座谈会总结》，载于《中国金融》1954 年第 10 期，第 7 页。

⑥ 章程共 6 章 32 条，分为“总则”“业务”“社员”“组织”“资金和结算”“附则”等部分。主要内容有：①信用合作社的宗旨是根据自愿两利的原则，吸收资金，互通有无，解决社员生产和生活上的困难；②实行社员有限责任制；③除社员外，在必要和可能时可吸收非社员存款，给予非社员贷款；④社员入社需缴入社费和社股金，退社须于年终结算一个月前提出申请；⑤信用合作社年终盈余分配，除按一定比例提取公积金、公益金、奖励金、教育基金外，社员股金以不分红为原则，如必须分红时，不得超过 20%。引自戴相龙、黄达主编：《中华金融辞库》，中国金融出版社 1998 年版，第 635 页。

《中共中央关于发展农业生产合作社的决议》[①]，对大力发展农信社给予了制度上的保障。1962年中国人民银行《关于农村信用合作社若干问题的规定（试行草案）的报告》中明确提出，农村信用社是农村人民的资金互助组织、是国家银行的助手、是中国社会主义金融体系的重要组成部分，并规定信用社的主要任务是在本社范围内吸收农村中的闲散资金、帮助农民解决副业生产和生活上的某些临时性的资金困难，促进农业生产的发展和人民公社的巩固与提高。之后随着“人民公社化”运动的进行，一直到“文化大革命”结束之前，信用社先后隶属于人民公社、生产大队，已经丧失了农信社合作金融的性质。“文化大革命”结束之后，为恢复农村信用社在农村经济发展中的作用，对其性质重新做了界定，规定农村信用社“是集体金融组织，又是国家银行在农村的基层机构”[②]。

二、对农村信用社存留问题的理论辨析

中国农村信用社在办社过程中参照了苏联的经验模式，然而苏联在社会主义改造完成以后便逐步取消了农村信用社。[③] 因此，伴随中国社会主义改造的完成，学术界对中国是否需要继续保留农信社产生了争议。

第一种意见认为，合作化以后信用社就失去了单独存在的必要性。而对撤销后的农信社又存在不同意见：一是认为信用社应该并入国家银行，理由有二：第一，农村信用社的本质是为了帮助农民解决资金困难，避免高利贷的盘剥，合作化完成后农业实现了集体化，社员在生产及生活中的困难将由农业社集体经济组织帮助解决，并且农业集体化之后生产资料将转为集体所有，高利贷存在的私有制基础将不复存在，信用社也失去了存在的意义；第二，集体化后的农业社所需资金一般数量较大、期限较长，

① 中共中央文献研究室编：《建国以来重要文献选编》第四册，中央文献出版社1993年版，第357页。

② 1977年国务院《关于整顿和加强银行工作的几项规定》中提出：“信用社是集体金融组织，又是国家银行在农村的基层机构。”1979年2月，国务院《关于恢复中国农业银行的通知》中规定：“农村信用合作社是集体所有制的金融组织，又是农业银行的基层机构。”

③ 寸木：《苏联在过渡时期中的农村信用合作社（续完）》，载于《中国金融》1955年第14期，第22页。

只有国家银行具备借贷能力。在该思想影响下，湖北省和黑龙江省个别县试行了信用社改革，取消信用社或将其并入银行营业所，并将区一级银行业务下推一级至乡。二是认为只需要在农业社中设立信用部兼办存、贷业务，该方式一则能够精简机构，二则有利于将生产和信贷计划相结合，三则便于农民群众办理存取业务。广西壮族自治区和河南省部分地区按照该思路将信用社改为农业社的信用部。然而，以上两种改革措施出现同样的问题，即，不利于组织与调剂农村资金，也削弱了与农民群众的联系。①

第二种意见认为，应继续保留信用社的独立存在。因为信用社在新中国成立以来的实践中在调剂农村资金方面发挥了不可替代的作用，其群众互助的性质能够刺激农民的积极性，而目前农业生产水平整体较低，农村仍然需要信用社发挥其调剂资金的作用。②

在政策层面上，也对农信社的存留进行了深入的探索。1956 年 1 月 23 日，中共中央政治局提出《全国农业发展纲要（草案)》，其中第三十六条指出，要巩固农村信用合作社以帮助农业合作社和农民解决短期资金周转的需要。③ 1956 年 7 月，邓子恢在全国农村金融先进工作者代表会议的发言中，针对当前信用社没有独立存在必要性的认识做了回应，他指出若将信用社并入银行，虽然可以统一管理，但将使信用社失去信贷工作中的灵活性，即很难及时给农民提供帮助，若撤销信用社改为在农业生产社建立，虽然可以“减少组织，节省干部”，但容易造成社员在动员投资时的强迫命令性，也会失去业务经营上的独立性，且农业合作社兼办信贷业务，还会分散农业合作社领导生产的精力。更进一步，他认为信用社在多年实践中具有方便存贷的优势，农民自己管理也能够根据需要因地制宜制订计划。这种组织模式能够帮助农民解决资金周转需求，同时有效吸收农民剩余资金。因此，邓子恢认为，农信社在长时期内都有存在的必要性，而且也将发挥更大的作用。④ 1957 年 1 月，中国人民银行召开全国信用合

①② 转引自陆建祥：《新中国信用合作发展简史》，农业出版社 1981 年版，第 76～79 页。

③ 《1956 年到 1967 年全国农业发展纲要（草案)》，引自《中华人民共和国农业生产合作社法参考资料汇编（上册)》，法律出版社 1957 年版，第 251～262 页。

④ 《国务院邓子恢副总理在全国农业金融先进工作者代表会议上的发言》，载于《中国金融》1956 年第 17 期，第 2 页。

作会议，指出生产合作化以后，在长时间内农村信用社仍然具有存在的必要。至此，关于农村信用社留存问题的争议有了最终定论。

第五节　计划经济时期的银行监管制度建设思想

自中国人民银行成立起，国家就非常重视对银行的监督管理，并制定了一系列银行管理政策法规，从而也形成了较为丰富的具有计划经济特征的银行监管制度建设思想。

1948 年 12 月中国人民银行成立后，即肩负起了国家金融监管的职责。华北解放后，华北人民政府于 1949 年 4 月 27 日颁布了《华北区私营银钱业管理暂行办法》，其中第三条规定：“本府授权各地中国人民银行为银钱业之管理检查机关，协助各级政府执行管理银钱业事宜。”① 可见，中国人民银行在新中国成立前夕就负责对私营银行和钱庄的监管。此外，中国人民银行还承担着接收官僚资本金融机构和取消外国银行在华特权的工作。但是，1958 年后，在中国人民银行中撤销了专门的金融监管部门。“文化大革命”期间，中国人民银行总行并入财政部，各级分支机构或与当地财政单位合并，或成立财政金融局，银行成为完全的财政会计和出纳机构，金融监管职能也被削弱。

在《共同纲领》中，对国家金融监管②做了初步规定：一是全国金融事业受国家严格管理；二是限定货币的发行权属于国家；三是禁止外币在国内流通；四是外汇、外币及金银的买卖业务交由国家银行经理；五是对依法经营的私人金融事业应受国家监督指导；六是对金融投机和破坏国家金融事业者予以严厉制裁。③ 从《共同纲领》规定的内容来看，既没有明

---

① 中央工商行政管理局秘书处主编：《私营工商业的社会主义改造政策法令选编・上辑（1949－1952 年）》，中国财政经济出版社 1957 年版，第 222 页。

② 这一时期中国的金融体系以银行业为主，同时包括保险业。

③ 国务院法制办公室主编：《中华人民共和国法规汇编（1949－1952）》（第一卷），中国法制出版社 2014 年版，第 9 页。

确监管实施主体，也没有规定具体监管组织机构等。但是，作为在新中国成立初期起临时宪法作用的纲领性文件，以其为指导思想，在新中国成立之后制定了一系列政策措施，逐步完善了对银行的监督和管理制度。

一、《中国人民银行试行组织条例》的颁布及其金融行政管理思想

1950年11月21日，政务院批准通过了《中国人民银行试行组织条例》，成为新中国成立之后第一个专门的银行法规准则。该条例的制定是以《共同纲领》为基础，同时又对其内容做了具体补充和完善，一方面明确了中国人民银行在新中国金融事业中的监管主体地位，以及规定了中国人民银行的监管范围、对象和机构；另一方面也蕴含了计划经济时期以行政管理为特征的监管制度思想，具体表现为以下几点。

第一，在监管主体方面，规定中国人民银行受政务院及政务院财政经济委员会的领导，并与财政部保持密切联系。另外，中国人民银行的分支机构规定按照行政区划进行设置，在大行政区设区行、省设分行、县设支行、镇设营业所，在中央和大行政区直辖市设分行或支行。

第二，在监管范围方面，中国人民银行“主管全国货币金融事宜”，包括货币印制和发行、长短期贷款和投资、管理经营外汇和贵金属、办理国际收支清算、经理国库、办理国家债券及其他金融有关事宜。

第三，在监管对象方面，主要包括：对国家机关、国营企业和合作社，通过现金管理和划拨清算的方式进行统计监督；对私营、公私合营及外商金融业，通过金融行政进行监督；对专业银行和国营保险公司，通过直接领导的方式进行管理。

第四，在监管组织方面，中国人民银行总行内设检查处，“掌管全行执行政策、法令、制度、工作计划及金融纪律等之监察事宜”。另外，还设有金融行政管理处负责“掌管私营与公私合营金融业及金融市场管理办法之拟定”，国外业务处负责“国外机构设废纸审查，外汇基金、牌价之

掌握及外汇管理办法之拟定”。①

从第一条对中国人民银行的行政隶属关系和体系结构的规定中可以看出，中国人民银行不仅直接隶属政府及其相关部门，而且按照行政区划设置的各分支机构也必然受到地方政府的影响，中国人民银行在实际运行中难免受到政府部门的干预，从而失去其运作和决策的独立性。然而要使监管主体能够有效履行职责及实现监管目标，该主体就必须具有充分的独立自主权，以避免来自政治层面的影响。第二条对监管范围的规定，反映出中国人民银行业务的统一性特征，包括了几乎所有金融业务。而第三条，一来显示出中国人民银行监管对象的广泛性，不仅包括所有金融机构，还有国家机关、国营企业及合作社；二来在对金融机构（私营、公私合营及外商金融业、专业银行和国营保险公司）的监管中则体现出较强的行政管理性。在第四条中对监管组织部门的设置以及对其制定相关政策、法令或办法的职能规定，也体现出了该时期对金融监管法制环境的重视。值得一提的是，中国人民银行检查处的设置是新中国成立之后第一个真正的金融监管组织部门，为以后中国人民银行监管体系的形成奠定了组织基础并积累了管理经验。从以上分析中可以得出，无论是从监管主体本身的性质来看，还是从监管范围、对象及方式上，《中国人民银行试行组织条例》所体现的银行监管思想都表现为高度的行政管理性，也成为计划经济时期特有的思想特征。

二、《中国人民银行监察工作条例》：行政监察思想及制度化

在检查处的基础上，中国人民银行于1954年7月24日颁发了《中国人民银行监察工作条例》（以下简称《工作条例》），其内容主要包括在中国人民银行及其分支机构、下属管理单位中设置监察组织。

第一，关于监察组织机构的设立，《工作条例》规定自上而下分别在总行、区行、省（市、自治区）分行、人口在50万以上省辖市行、总行

① 中国人民银行总行主编：《金融法规汇编（1949－1952）》，中国财政经济出版社1956年版，第357～358页。

印制局及所属工厂、专业行设立监察室。

第二，关于监察室的工作任务，《工作条例》中包括：一是负责监督检查各单位与所属单位及其工作人员，对国家金融政策法令和银行本身任务、计划、决定、指示的贯彻执行情况；二是监督检查各单位与所属单位及其工作人员资本与财物的收入、统计、管理和使用；三是受理人民的检举和控告，监督信访工作的执行情况；四是分析研究银行工作中存在的主要倾向和问题，并提供参考。

第三，关于监察室的组织领导，《工作条例》规定总行监察室受总行行长及中央人民政府政务院人民监察委员会的双重领导；各区、省（市、自治区）分行和省辖市行监察室受各行行长及当地人民监察委员会双重领导，并受上级行监察室的指导；总行印制局及所属工厂、专业行监察室受各行行长及上级单位监察室双重领导。同时规定，在双重领导中"以首长领导为主"。①

之后，中国人民银行监察会议对《工作条例》进行了讨论修改，并于1955年9月8日颁行《中国人民银行监察工作制度》（以下简称《工作制度》）。具体而言，《工作制度》在监察组织机构设置和组织领导关系上进行了调整：其一，对中国人民银行总行监察组织机构的设置改为监察局，受总行行长领导，并接受监察部指导；其二，区、省（市、自治区）分行、省辖市分行等中国人民银行分支机构及印制局与所属工厂内仍为监察室，受各单位首长及上级行监察局或监察室双重领导，并接受同级人民委员会监察机关的指导；其三，农业银行、国外业务局及印制局监察室受该单位首长及总行监察局的双重领导。与《工作条例》最大的区别在于，《工作制度》在对组织领导的规定中，加强了中国人民银行内部监察体系自上而下的管理，而相对弱化了政府监察机关的作用。这种管理方式便于中国人民银行的集中领导，因为银行工作具有较强的业务性，如果对银行工作没有全面的了解，则很难作出有效的监督检查，因此监察机关只能起到指导作用，不能起到领导作用。

从先后两次颁行的监察工作条例和制度中，反映了计划经济时期银行

① 中国人民银行总行主编：《金融法令汇编1954》，中国财政经济出版社1955年版，第468页。

监管制度在计划经济下带有较强的行政管理色彩，并通过在中国人民银行内部建立自上而下的行政监察体系，将该思想以规范性文件的形式做了具体的制度化落实。具体来说：一方面，各级别监管主体都受到多头领导或指导，使监管主体缺乏充分的独立性，进而影响其职能的有效发挥；另一方面，从监管工作的指导原则来看，将对国家政策的执行情况放在首要位置，使银行运行缺乏灵活性和经济职能性。

总的来说，改革开放之前的新中国银行监管制度建设的思想呈现出较强的行政管理性质，不仅使得监管主体缺乏独立性，而且监管任务中也因强调国家政策而忽略了经济原则。值得一提的是，该时期银行监管制度建设思想主要体现于颁布的相关政策文件和规章制度之中，既没有法律层面的强约束性，也缺乏理论层面的充分探讨。

第四章

新中国银行制度建设思想的转型（1979~1993）：以“多元化”而展开

1979～1993年，是新中国银行制度的多元化重构时期。1978年12月中国共产党第十一届中央委员会第三次全体会议的召开，标志着新中国开始从计划经济向社会主义市场经济过渡，资源配置模式也从高度集中统一转向逐步引入市场要素。同时，改革开放为现代经济金融理论的大量引进创造了条件，并给思想领域增添了新的内容。为适应计划和市场并存的经济体制，在新的制度模式、社会环境和思想冲击下，理论界和决策层以"多元化"对银行制度展开了积极的探索，并较之前一个时期形成了思想层面上的转型，这不仅表现为体系结构上的一元到多元重构，同时也表现为产权主体等方面的多元化。

第一节　经济体制过渡时期银行制度建设思想转型的历史背景

一、思想的解放引致微观层面对银行作用的重视

银行是商品货币发展到一定阶段的产物。中国自20世纪50年代中期开始展开对商品经济及其相关问题（如价值规律、计划与市场的关系等问题）的讨论，对银行作用的认识产生了重要的影响。国民经济恢复时期，在多种经济成分并存的背景下，国家承认并大力发展商品经济，运用银行的经济杠杆作用有力地打击了投机倒把，稳定了物价波动。[①] 从"一五"计划开始，中国照搬苏联高度集中的经济模式，并以"苏联范式"作为经济理论基础。特别是斯大林在1952年出版的《苏联社会主义经济问题》一书中对全民所有制内部交换的生产资料是商品的否定，以及对价值规律和市场机制的排斥，在中国改革开放之前很长一段时期内对人们的思想产生了禁锢，同时也束缚了经济管理体制的改革。[②] 具体来说，这种经济理

① 刘鸿儒：《发展商品经济与银行体制改革》，载于《金融研究》1981年第1期。

② 张卓元等：《新中国经济学史纲（1949－2011）》，中国社会科学出版社2012年版，第60页。

论忽视了对经济运行和发展的研究，排斥与市场经济相关联的经济范畴、机制和规律，并把社会经济运动中与市场相关的一般性东西归结为资本主义所特有。[①] 尤其在“大跃进”和“文化大革命”期间的“左”倾思想下，将商品经济完全等同于资本主义，强调计划经济和行政管理方式，排斥商品货币关系和价值规律。[②] 而该时期对商品经济的否定直接影响了对银行作用的认识，“把银行看作是一个办理收收付付的‘大钱库’”“把财政资金和信贷资金混同起来”[③]，使得银行的经济调节作用难以发挥。

“文化大革命”结束后，各界开始重新思考中国经济的发展道路。在冲破“两个凡是”的思想解放过程中，以计划与市场、商品经济、价值规律等问题为中心[④]，展开了经济理论上的拨乱反正。[⑤] 在政策层面，1978年7～9月国务院召开了务虚会和全国计划会议，指出要按照经济规律办事，改变用单纯行政办法管理经济的方式，要自觉地运用价值规律，充分发挥经济手段和经济组织的作用。[⑥] 而在中央正式文件中最早提出将市场机制引入计划经济中的是李先念于1979年4月5日发表的《在中央工作会议上的讲话》，他提出在国民经济中既要以计划经济为主，同时也要重视市场调节的辅助作用。[⑦] 中国共产党第十一届中央委员会第三次全体会议的召开，正式将工作重心从“以阶级斗争为纲”转向社会主义现代化建设，彻底冲破了长期以来“左”倾思想的束缚，并提出要进行经济管理体制的改革。1984年10月中国共产党第十二届中央委员会第三次全体会议

---

① 刘国光主编：《中国十个五年计划研究报告》，人民出版社2006年版，第390～391页。

② 刘鸿儒：《我国金融体制改革讲座第二讲我国金融体制改革的指导思想和方向》，载于《金融研究》1986年第2期。

③ 《全党要十分重视提高银行的作用》，载于《中国金融》1979年第1期，原载于《人民日报》1979年3月18日。

④ 理论界从20世纪50年代中期开始对此类问题展开了长期的探讨，虽然以孙冶方、顾准、陈云为代表的学者从一开始便强调了市场、价值规律和商品经济在社会主义经济中的作用，然而在“大跃进”和“文化大革命”时期，否定观点在当时的意识形态中占据了主流。引自张卓元等：《新中国经济学史纲（1949－2011）》，中国社会科学出版社2012年版。

⑤ 薛暮桥：《研究和运用社会主义经济发展的客观规律》，载于《经济研究》1979年第6期；李功豪：《关于自觉运用价值规律问题》，载于《经济研究》1978年第10期；许涤新：《有关运用价值规律的几个问题》，载于《经济研究》1978年第8期；等等。

⑥ 刘国光主编：《中国十个五年计划研究报告》，人民出版社2006年版，第394页。

⑦ 参见卫兴华：《中国特色社会主义经济理论体系研究》，载于《经济学动态》2011年第5期。

通过的《中共中央关于经济体制改革的决定》中，明确了社会主义计划经济是在公有制基础上的有计划的商品经济，该论断在政策层面上突破将计划经济同商品经济对立起来的传统观念，真正实现了经济领域的思想解放，同时为经济体制改革提出了具体方向和步骤。1992 年邓小平南方谈话提出计划和市场都是经济手段，社会主义社会也可以搞市场经济，这一论断真正突破了思想层面对社会主义与市场经济关系认识的藩篱。中国共产党第十四次全国代表大会报告中明确提出，“我国经济体制改革的目标是建立社会主义市场经济体制”，为中国市场化改革指明了方向。①

与宏观上的思想解放相伴随的，是微观层面对资源配置方式的思考，进而引致各界对银行经济调节作用的重视。在理论层面较具代表性的，如胡乔木提出要扩大经济组织和经济手段的作用，其中一条即是恢复和加强银行的作用。② 再如，刘鸿儒认为国家要将计划调节与市场调节相结合，重要的是运用好经济杠杆来调节经济，“这也是用经济办法管理经济的核心问题”。他指出银行通过货币、信贷、利息、结算、外汇等多种经济手段与日常经济活动发生着大量的联系，对社会中各种资金进行集中和分配，进而发挥调节经济的作用。③ 还有，许多学者认为价值规律是商品经济的普遍规律，而社会主义社会发挥价值规律的调节作用基本上是通过银行来实现的。④ 在决策层面，华国锋于 1978 年 7 月全国财贸“双学”会议中强调信贷作为经济杠杆之一，能够发挥重大的作用。⑤ 1979 年 2 月中国人民银行召开了全国分行行长会议，针对在社会主义现代化建设中如何充分发挥银行的作用进行了探讨。在会后国务院转批的《会议纪要》中明

---

① 中国共产党历次全国代表大会数据库，http：//cpc. people. com. cn/GB/64162/64168/64567/65446/4526311. html。

② 胡乔木：《按照经济规律办事，加快实现四个现代化》，载于《新华月报》1978 年第 10 期。

③ 刘鸿儒：《发展商品经济与银行体制改革》，载于《金融研究》1981 年第 1 期；刘鸿儒：《按照经济规律办事把银行办成真正的银行》，载于《中国金融》1980 年第 1 期；刘鸿儒：《社会主义银行在现代化建设中的作用》，载于《金融研究动态》1980 年第 S1 期。

④ 曹世儒、张贵乐：《银行信用与价值规律》，载于《财经问题研究》1980 年第 2 期；卓炯：《价值规律与银行在宏观经济中的调节作用》，载于《广东金融研究》1984 年第 1 期；王荫乔、朱新天、张平：《关于改革银行体制的几点意见》，载于陈茂铉编：《天津财经学院第三届学术报告会论文集》（内部资料）1979 年，第 2 页。

⑤ 参见曹世儒、张贵乐：《银行信用与价值规律》，载于《财经问题研究》1980 年第 2 期。

确指出，“在进行社会主义现代化建设中，银行具有十分重要的作用”“全党必须十分重视提高银行的作用，努力学会运用银行的经济手段，促进国民经济的高速度发展”。① 3 月 18 日的《人民日报》社论文章提出，中国人民银行是国民经济的综合部门，是国家管理经济的重要杠杆。② 尤其是邓小平在 1979 年 10 月 4 日的中共省、市、自治区委员会第一书记座谈会上，明确提出“必须把银行真正办成银行”③，该论断直接将银行同市场经济联系起来，为银行制度的改革指明了探索方向。可见，20 世纪 70 年代末至 80 年代初，思想的解放打破了“苏联范式”下高度集中统一的计划经济和单纯的行政管理模式，并强调将计划经济与商品经济相结合，遵循客观经济规律，进而引起了理论界和决策层对银行作用的重视。

二、经济建设的现实需求推动银行业的全面发展

自 1979 年起，国家的工作重心由阶级斗争转向社会主义经济建设。但是，在任何国家和地区，要形成有效生产能力，资本、劳动力和自然资源是不可或缺的生产要素。④ 特别是对于刚结束“文化大革命”而步入改革开放的中国来说，最为稀缺的即是资本，若要突破经济增长的资本“瓶颈”，就需要充分发挥银行的作用。

在当时资本市场还不发达的中国，财政和银行是资本配置的两条主要渠道。1979 年之前，中国的资金配置以财政方式为主，银行仅仅起着国家会计、出纳和结算中心的职能，因此，形成了“大财政、小银行”以及在资金上吃“大锅饭”的情况。但是，伴随着国家工作重点的转移，单纯依靠财政分配资金逐渐暴露出了许多弊端，已经不能满足经济建设的需求。例如，单纯财政拨款造成了重复建设与严重浪费。邓小平就曾经指出中国

---

① 《国务院批转中国人民银行全国分行行长会议纪要》，载于《中国金融》1979 年第 2 期。

② 《全党要十分重视提高银行的作用》，载于《中国金融》1979 年第 1 期，原载于《人民日报》1979 年 3 月 18 日。

③ 中国人民银行、中共中央文献研究室主编：《金融工作文献选编（一九七八—二〇〇五）》，中国金融出版社 2007 年版，第 9 页。

④ 林毅夫、蔡昉、李周：《中国的奇迹：发展战略与经济改革（增订版）》，上海人民出版社 2002 年版，第 160 页。

当前每个省市存在大量的产品积压，“一个原因就是过去我们的制度是采取拨款的形式，而不是银行贷款的性质”。[①] 中国1952～1978年的基建拨款为5982亿元，但仅形成4095亿元的固定资产，浪费了1890亿元，约占拨款总额的31.6%。[②] 再如，财政挤占银行资金，导致信贷差额扩大，进而迫使银行增加货币发行。具体挤占途径有：基建下马，为其制造的设备即占用了银行贷款；企业的亏损财政不能及时拨补则占用银行贷款；提价的农副产品，只有在销售之后财政才予以补贴，而在收购、调运期间都占用了银行贷款等。[③] 这一点也可以从企业的定额流动资金中看出，从“一五”到“四五”时期，财政用于企业流动资金支出在财政支出总额中所占比例越来越少，但生产在不断增长，显然财政对定额资金没有如数拨足，只能由银行用贷款填补该缺口。此外，财政的统收统支容易挫伤企业的生产积极性，因为企业利润几乎全部上交财政，所需资金再由财政统一拨款，亏损由财政补贴，在这种“大锅饭”式的资金分配方式下，企业既没有经济利益，也不存在经济责任，因此造成企业缺乏提高生产效益的动力或压力。

因此，为解决社会主义经济建设资金不足的问题，国家需要调整财政与银行的关系，充分发挥银行的经济杠杆作用来筹集、管理和调节所需资金。具体来说，首先，伴随经济调整政策的实施，使得国家预算内资金减少而预算外资金增多，中央财政资金少而地方财政资金多，进而导致国家直接掌握的资金变少，更多资金分散于地方、企业和个人手中，尤其是广大农民。但是，对于预算外的资金，无法通过财政聚集，必须依靠银行吸收存款的方式来筹集资金。其次，银行与财政不同，前者具有偿还性，而后者是无偿拨付，所以，银行资金可以通过反复借贷进行周转，进一步还可以通过加快资金周转以节约资金使用。事实上，从1979～1981年，工业贷款余额增加169亿元，商业贷款余额增加407亿元，弥补财政赤字

---

① 邓小平：《关于经济工作的几点意见》，引自《邓小平文选》（第二卷），人民出版社1994年版，第200页。

② 杨培新：《银行是社会主义经济的自动调节机构——论银行在当前解决财政赤字、重复建设、消费品不足等问题中的作用》，载于《金融研究》1981年第6期。

③ 《财政挤占银行资金的渠道》，载于《金融研究》1981年第4期。

200多亿元，但这期间仅发行钞票180多亿元，充分说明银行在分配资金方面确实发挥了巨大作用。① 还有，在经济体制改革全面展开的进程中，如下放企业自主权以及农村承包责任制等，对银行作用的需求愈发凸显。比如在企业实行经济责任制以后，企业基本建设资金和生产所需的最低限度的流动资金由企业利润留存解决，但由于许多原因②，企业会发生临时性资金困难，必须借助银行贷款解决。

然而，从银行业务范围来讲，以往所有基本建设投资和企业定额流动资金都由财政分配，银行仅负责临时性、季节性超定额流动资金，即所有扩大再生产的资金和维持简单再生产的定额资金全都与银行无关③，因此，难以满足各个方面对银行资金的需求。从银行体系结构来讲，只有中国人民银行一家，既负责货币发行，又兼营商业银行业务，容易造成“财政挤银行，银行发票子”的情况。同时，单一的银行组织机构，也不利于银行对农业、基建等不同资金投入方向实施监督。从管理方式来讲，银行长期以来完全依照行政化管理，缺乏经营自主权，使银行无法依据经济规律来调节资金，也就发挥不了经济杠杆的作用。

现实层面的问题也引发理论界围绕如何调整财政和银行关系展开了一场争论。一种观点为“大财政、小银行”，持该观点的学者认为财政是筹集和分配国家资金的主要渠道，银行仅需要起到补充的作用；另一种观点为“小财政、大银行”，持该观点的学者认为银行是国民经济的中枢，其应该成为筹集和分配资金的主要渠道。④ 经过这场争论，理论界对银行改革也形成了一些基本认识，这些思想也为该时期制订银行制度改革方案提供了依据。⑤ 1979年以后，银行贷款范围从流动资金拓展到固定资产，从生产流通领域拓宽到各行各业；银行贷款对象从物质生产领域企业放宽到非物质生产行业（如科技、文教、卫生、服务等）；组织机构上建立了中

---

① 喻瑞祥：《财政银行关系中几个值得研究的问题》，载于《金融研究》1982年第6期。

② 例如先支后收，或由于产销不衔接造成产品积压等。

③ 喻瑞祥：《改革财政银行体制，充分发挥银行调节经济的作用》，载于《金融研究》1981年第1期。

④ 《关于财政与银行的分工关系问题讨论情况简介——中国财政学会年会学术讨论侧记》，载于《金融研究》1982年第1期。

⑤ 刘鸿儒等：《变革——中国金融体制发展六十年》，中国金融出版社2009年版，第60～61页；淑茂：《财政与银行分工协作讨论会情况综述》，载于《金融研究》1982年第6期。

央银行，恢复了专业银行，并扩大了银行自主权。可见，银行业在该时期迎来了一个快速的全面发展阶段。

三、马克思主义经济学的中国化与西方金融理论的借鉴

得益于经济理论的拨乱反正和改革开放政策的实施，中国在思想和现实层面为经济理论研究提供了一个宽松开放的学术环境。同时，由于恢复了“文化大革命”期间中断的出版业，该时期经济理论研究的书籍和学术论文数量呈现了爆发式的增长。在这一背景下，1979 年之后的中国经济理论呈现出两条发展线索：一条是将马克思主义经济学与中国经济现实相结合而形成的中国化理论创新；另一条是自 20 世纪 80 年代初起对现代西方经济学的引进和借鉴，并在该时期表现出了强劲的发展势头。① 而以上两个方面，也形成了该时期中国银行理论研究的思想来源。

一方面，新中国成立之初的经济研究中比较重视将马克思主义经济学与中国经济现实相结合，虽从“一五”计划起，理论界开始完全照搬苏联政治经济学的研究范式，但在 1979 年之后，再次强调经济理论与经济实践的结合。具体涉及银行的研究中，呈现出两个基本的特征：一是用马克思主义经济理论研究中国银行问题，继而为中国银行改革提出相应的路线、方针和政策；② 二是通过反思过去银行研究中对马克思主义银行理论的片面理解，并提出更符合中国经济实践的银行发展模式，例如刘鸿儒认为，过去对马克思和列宁关于资本主义银行提供公共簿记和产品分配形式

---

① 胡寄窗、谈敏主编：《新中国经济思想史纲要（1949 - 1989）》，上海财经大学出版社 1997 年版，第 42 页。

② 代表性成果如喻瑞祥：《货币、信用与银行》，中国财政经济出版社 1980 年版；刘鸿儒：《社会主义货币与银行问题》，中国财政经济出版社 1980 年版；黄芳泉：《简明货币银行学》，华中工学院出版社 1983 年版；王克华、王佩真：《货币银行学（下）》，中央广播电视大学出版社 1984 年版；杨培新：《我国社会主义银行》，经济科学出版社 1984 年版；刘光第：《中国的银行》，北京出版社 1984 年版；王克华、王佩真主编：《中国货币银行学》，中央广播电视大学出版社 1986 年版；刘益民、吴永名主编：《社会主义货币银行学》，四川科学技术出版社 1986 年版；洪文金、高路明：《马克思信用和银行的理论与应用》，厦门大学出版社 1988 年版；赵万章：《马克思主义货币银行学原理》，兰州大学出版社 1988 年版；王克华主编：《社会主义货币银行学》，武汉大学出版社 1990 年版；邱兆祥：《马克思的货币、信用和银行理论》，中国金融出版社 1993 年版；等等。

的思想，只是片面地接受了公共簿记，却忽视了银行在产品生产和分配中的作用，所以“从理论上就把银行作用限制在会计、出纳的简单中介人的框框里”，说明“马列主义关于社会主义银行建设的思想，在实践中并没有得以真正实现”，因此他提出应当重视发挥银行管理和调节经济的作用。

另一方面，伴随思想的解放，中国开始强调学习外国理论和经验，如华国锋在1979年第五届全国人民代表大会第二次会议上提出，为加快实现四个现代化，必须在自力更生的前提下“努力学习一切外国的好东西”。[①] 薛暮桥也提出，“社会主义银行还要学资本主义银行的一些做法”。[②] 基于此，中国在该时期通过翻译和介绍西方经济学著作、邀请西方经济学家访华以及外派考察团和留学生等方式，大量引进了西方现代金融理论，进而成为该时期中国银行制度建设新的思想来源。从具体内容来讲主要包括以下两类：一类是对西方现代银行理论的介绍，其中具有代表性的学术成果：如饶余庆的《现代货币银行学》着重介绍了现代货币银行学的基本理论知识[③]，再如盛慕杰主编的《中央银行学》对西方中央银行理论做了详细论述[④]，而于1981年8月由中国金融学会在烟台举办的“外国中央银行学术讨论会”，聚集了一批当时的金融理论工作者，从理论探讨的角度集中阐述了英国、美国、法国、日本、联邦德国、澳大利亚等国的中央银行体制[⑤]；另一类是对西方银行体系、管理方式和具体业务的介绍，如中国学者甘培根和林志琦的《外国银行制度与业务》、孙树茜和张贵乐的《比较银行制度》，全面地阐述了苏联等社会主义国家以及美国、英国、法国、德国、日本等资本主义国家的银行体系，以及组成各体系的

① 转引自项克方：《中国银行在实现四个现代化中的任务》，载于《金融研究动态》1980年第S1期。

② 薛暮桥：《薛暮桥同志谈如何发挥银行作用问题》，载于《上海金融研究》1980年第2期。

③ 饶余庆：《现代货币银行学》，中国社会科学出版社1983年版。

④ 盛慕杰主编：《中央银行学》，中国金融出版社1989年版。此类著作还如张玉文主编：《货币银行学原理》，中央广播电视大学出版社1986年版；张铁城编：《西方金融理论和银行业务》，能源出版社1987年版；等等。

⑤ 中国金融学会编：《中央银行制度比较研究——附北京大学经济系厉以宁的学术报告“当前西方经济理论的动向”》（内部发行），1981年。

银行组织及其管理制度[①]，另外还有大量介绍此类内容的翻译类著作，如由美国托马斯·梅耶等著，洪文全等译的《货币、银行与经济》，以及由美国贝克斯莱著，林继肯译的《银行管理》。[②] 西方金融理论在中国传播，不仅在内容上拓宽了中国银行理论研究的视角，而且还为银行研究提供了新的数量分析方法，典型的如徐雪寒和黄旭在《当前金融形势和银行进一步改革的方向》中对货币需求量的实证分析[③]。因此，西方金融理论是该时期除马克思主义经济学之外，银行制度建设思想的另一个重要理论来源。

总之，对马克思主义经济学的反思和中国化，以及对西方金融理论的引进、消化和吸收，共同促进了这一时期中国银行制度建设思想的转型，并成为影响中国银行制度演进过程和方向的重要因素。

第二节　以“多元化”而展开的银行体制改革思想

银行体制改革作为中国经济体制改革的一个重要组成部分，并不是依照一个事先设计好的固定方案来推进，而是伴随经济的发展和经济体制改

① 甘培根、林志琦：《外国银行制度与业务》，中央广播电视大学出版社 1985 年版；孙树茜、张贵乐：《比较银行制度》，中国金融出版社 1988 年版。此类代表性成果还有《中国银行代表团对法、意情况的三个考察报告》，载于《金融研究动态》1979 年第 S4 期；虞关涛：《当前世界各国的银行体制》，载于《金融研究动态》1980 年第 5 期；中国银行国际金融研究所编：《法国的货币与银行》，中国财政经济出版社 1981 年版；中国银行国际金融研究所编：《美国的银行》，中国财政经济出版社 1982 年版；中国银行国际金融研究所、吉林大学日本研究所编：《日本的银行》，中国财政经济出版社 1981 年版；万红：《美国金融管理制度和银行法》，中国金融出版社 1987 年版；刘鸿儒主编：《中国金融体制改革问题研究》，中国金融出版社 1987 年版；李兰、章济平：《美国银行体系和支付制度》，中国金融出版社 1993 年版；等等。

② ［美］T. 梅耶、J. S. 杜森贝里、R. Z. 阿利伯著，洪文全、林志军等译：《货币、银行与经济》，三联书店上海分店 1988 年版；［美］詹姆斯·B. 贝克斯莱著，林继肯译：《银行管理》，东北财经大学出版社 1987 年版。此类著作还有［美］蒂莫西·W. 科克著，中国农业银行研究室译：《银行管理》，中国金融出版社 1991 年版；［意］萨瓦托·马斯特罗派斯奎著，虞关涛、钱曾慰译：《欧洲经济共同体国家的银行制度（机构与体制）》，中国财政经济出版社 1982 年版；等等。

③ 徐雪寒、黄旭：《当前金融形势和银行进一步改革的方向》，载于《财贸经济》1987 年第 6 期。

革的需要逐步提高认识和明确的。首次提出中国银行体制改革的是改革开放的总设计师邓小平。1979 年 10 月 4 日，邓小平在中共省、市、自治区委员会第一书记座谈会上所做的《关于经济工作的几点意见》中指出，过去的制度统得过死，不利于经济发展，因此，他提出必须将过去的拨款改为银行贷款的形式，“必须把银行真正办成银行”。[①] 邓小平的这一论述，掀开了中国探索银行体制改革的序幕，各界对在逐渐引入市场要素的经济体制下应该构建怎样的银行制度进行了大量讨论，并就不同时期银行体制改革的方案、思路以及改革原则和切入点形成了丰富的观点和主张。

一、20 世纪 80 年代初期关于银行体制改革的三种方案

中国共产党第十一届中央委员会第三次全体会议后，各界对银行的重要性有了深入认识，虽然“大方向清楚了”，但“银行向什么方向去改并不十分清楚”，所有文件和报刊社论等对银行的作用依然没有突破计划经济时期的认识。[②] 事实上，“文化大革命”结束后，一方面中国快速恢复了中国人民银行，并仍兼具中央银行任务和办理商业银行业务的双重职能；另一方面又在 1979 年相继恢复了中国农业银行、将中国银行从中国人民银行中剥离并分设、加强了中国人民建设银行的职能，并且将农业银行、中国银行和建设银行共同列为国务院总局级经济实体。当时设立几家专业银行的目的，是为了满足不同产业部门的需要，所以其业务范围也受到严格划分。[③] 中国银行体制的改革，正是基于以上背景而展开的。

当时理论界从不同角度提出了银行体制改革的必要性。许多学者认为改革开放之前的银行体制存在许多弊端，不利于当前经济体制改革整体推进，因而需要对其进行改革。例如，关广富通过回顾中国社会主义银行发展历程，认为中国的银行由于缺乏作为经济组织的相对独立性和业务自主权，信贷活动范围狭小，信贷和利率等经济杠杆不灵，即便在国家比较重

① 邓小平：《关于经济工作的几点意见》，引自《邓小平文选（第二卷）》，人民出版社 1994 年版，第 200 页。

② 刘鸿儒等：《变革——中国金融体制发展六十年》，中国金融出版社 2009 年版，第 51 页。

③ 刘鸿儒：《中国金融体制改革问题研究》，中国金融出版社 1987 年版，第 134 页。

视和运用它的时候，其作用也没有得以充分发挥，故需要对其进行改革。[①] 王荫乔、朱新天和张平认为，多年来中国银行体制单一，信贷管理过死，过多依仗行政命令，“抑制了银行利用经济规律对商品生产所能起到的计划调节和市场调节作用”，因此，必须改革现有银行体制。[②] 赵海宽等认为，伴随经济体制的改革，商品经济得到了快速地发展，客观上要求银行突破以往总会计和总出纳的限制而发挥更大的作用，也就“要求银行革除那些不利于经济体制改革，妨碍搞活经济的旧体制、旧制度和旧做法”。[③] 另外，还有学者通过分析当前人民银行、农业银行、建设银行和中国银行这种“混合体制”的缺点，进而认为存在改革之必要。如易宏仁指出，当前这种“四龙治水”“群龙无首”的银行格局，使得各行之间工作步调难以协调，业务上存在矛盾，由此造成资金分散、抵消力量、机构重叠、结算环节增加以及延误资金周转等不利影响，所以需要对银行体制进行改革。[④] 刘鸿儒也认为，分设的几家专业银行都属于国家的银行，而且从中央到地方普遍设立了分支机构，用行政方式强制进行业务划分经常遭到冲击并产生业务交叉，进而造成银行间的相互扯皮。另外，身兼两职的中央银行，在商业银行业务方面与专业银行存在竞争，分散了精力导致不能很好地履行中央银行职能。[⑤] 基于对银行体制改革必要性的分析，理论界也提出了具体改革方案，主要可以概括为以下三种。[⑥]

第一，“大一统”银行体制。持该观点的学者，主张恢复大而全的银

---

① 关广富：《社会主义银行理论与实践问题》，中国金融出版社1984年版，第310、312页。

② 王荫乔、朱新天、张平：《关于改革银行体制的几点意见》，载于陈茂铉编：《天津财经学院第三届学术报告会论文集》（内部资料），1979年，第1页。

③ 赵海宽等编著：《银行体制改革》，天津人民出版社1988年版，第7页。

④ 易宏仁：《谈谈对银行体制改革的一点看法》，引自河南省金融学会、中国人民银行河南省分行金融研究所主编：《论银行体制改革——中南五省（区）人民银行第二次金融理论研讨会论文选集》（内部发行），1983年，第126页。持同样观点的还有冯锦江：《建设有中国特色的社会主义金融体系——对银行体制改革问题的探讨》，引自河南省金融学会、中国人民银行河南省分行金融研究所主编：《论银行体制改革——中南五省（区）人民银行第二次金融理论研讨会论文选集》（内部发行），1983年，第134页。

⑤ 刘鸿儒主编：《中国金融体制改革问题研究》，中国金融出版社1987年版，第134页。

⑥ 中国金融学会编：《中央银行制度比较研究——附北京大学经济系厉以宁的学术报告“当前西方经济理论的动向”》（内部发行），1981年，第3～4页。

行体制，即由一家银行统一管理货币发行和全部信贷活动。① 比如，冯锦江认为当前的混合银行体制需要改革，但中央银行体制存在如下问题：一是中央银行体制的建立并不能必然摆脱通货膨胀的发生；二是中央银行由于不直接对企业发放贷款，其经济调节作用有限；三是发达资本主义国家各类银行逐渐合并且打破专业化分工的趋向表明，银行体制的专业化并非普遍规律，而随着市场机制的发展，集中化才是银行体制发展的方向。因此，他主张建立“大一统”银行体制。但他同时指出，该体制不同于改革开放之前高度集中统一的体制，这里指的是一种“大而全”且保留了必要专业金融机构的银行体制，并强调要加强农村信用合作社的职能以弥补农村金融工作。冯锦江认为，这种银行制度能够“把宏观经济决策贯彻到微观经济中去”，能够高度集中并有效运用和调节资金，能及时且全面反映经济情况，还能有效管理金银外汇。② 另外，也有学者指出，在专业银行分设之前，中国人民银行已基本起到了中央银行的作用，而专业银行的分设反而使得资金分散，货币流通分割，不仅削弱了中央银行职能，也影响了银行的经济调节作用，而如果再增设信贷、储蓄等银行，更可能架空中国人民银行。因此，他们也主张建立单一的“大一统”银行体制。③

第二，混合银行体制。该银行体制的特点是，中国人民银行既执行中央银行职能，又兼营工商类信贷和储蓄业务，同时保留必要的专业银行，也就是说，一部分专业业务单独设行经营，还有一部分仍由中国人民银行经营。中国改革开放之初即是这种混合银行体制，即一个大而全的国家银行，周围分设数家专业银行，各专业银行总行为总局级单位且直属国务院管理，与中国人民银行属于同级别，也就是很多学者所谓的“群龙无首”。在银行体制改革过程中，有学者主张维持这种体制，其理由是：一是在中国工商信贷和储蓄业务是中国人民银行用来控制信用的有效手段，若将其

---

① 易宏仁：《谈谈对银行体制改革的一点看法》，引自河南省金融学会、中国人民银行河南省分行金融研究所主编：《论银行体制改革——中南五省（区）人民银行第二次金融理论研讨会论文选集》（内部发行），1983 年，第 126 页。

② 冯锦江：《建设有中国特色的社会主义金融体系——对银行体制改革问题的探讨》，引自河南省金融学会、中国人民银行河南省分行金融研究所主编：《论银行体制改革——中南五省（区）人民银行第二次金融理论研讨会论文选集》（内部发行），1983 年，第 137～141 页。

③ 《关于完善我国金融体系实行中央银行建制的具体建议——外国中央银行学术讨论会综述》，载于《金融研究》1981 年第 10 期。

剥离，可能对中国人民银行控制货币发行，进而管理通货膨胀造成影响；二是中国人民银行兼具代理国库及信息中心等职能，而该职能的发挥依赖于庞大的基层网络组织。所以，混合银行体制是目前可行的方案。①

第三，中央银行体制。该体制是指，以中央银行为领导、以专业银行为主体的银行体制。② 这种体制与混合体制的主要区别在于，从中国人民银行中剥离信贷业务，使其作为发行的银行、银行的银行和政府的银行来独立行使中央银行职能。持该观点的学者认为，建立一个专门的中央银行，既符合中国经济发展的需要，也符合经济体制改革的要求，理由有三：其一，在计划指导下的市场机制条件下，需要国家对经济生产进行有效干预，所以必须有一个能够执行和监督国家统一金融政策的职能机构；其二，中央银行体制能够摆脱由当时“群龙无首”的银行体制所造成的资金分散、多头管理等局面；其三，中央银行体制的建立也能够有效避免中国人民银行因一身二职而顾此失彼，不仅可以在处理各专业银行业务时做到“一碗水端平”，而且可以集中精力发挥好宏观调控作用。③ 与理论界的讨论相伴的是，银行业界从一开始也注意到了建立中央银行体制的必要。乔培新在1980年1月中国人民银行全国分行行长会议上就指出，几个银行平行的状况会造成很多问题，“银行体系，要有个牵头的，各级银行都应当有个头，才便于管理，协调工作”“中国人民银行是银行的银行，这个

① 《关于完善我国金融体系实行中央银行建制的具体建议——外国中央银行学术讨论会综述》，载于《金融研究》1981年第10期。

② 持该观点的还有贾灿宇：《关于银行体制改革的几个认识问题》，引自河南省金融学会、中国人民银行河南省分行金融研究所主编：《论银行体制改革——中南五省（区）人民银行第二次金融理论研讨会论文选集》（内部发行），1983年，第142页。

③ 宋汝纪、曹凤岐：《如何建立我国中央银行体制》，载于《经济与管理研究》1981年第5期；洪文金：《从银行的聚财、用财谈中央银行的建立》，载于《金融研究》1982年第4期；易宏仁：《谈谈对银行体制改革的一点看法》，引自河南省金融学会、中国人民银行河南省分行金融研究所主编：《论银行体制改革——中南五省（区）人民银行第二次金融理论研讨会论文选集》（内部发行），1983年，第130页；贾灿宇：《关于银行体制改革的几个认识问题》，引自河南省金融学会、中国人民银行河南省分行金融研究所主编：《论银行体制改革——中南五省（区）人民银行第二次金融理论研讨会论文选集》（内部发行），1983年，第142页；《关于完善我国金融体系实行中央银行建制的具体建议——外国中央银行学术讨论会综述》，载于《金融研究》1981年第10期；关广富：《社会主义银行理论与实践问题》，中国金融出版社1984年版，第323～324页；刘鸿儒主编：《中国金融体制改革问题研究》，中国金融出版社1987年版，第149～151页。

头应当由中国人民银行来牵”。①

在政策层面上，国家为维护专业银行的独立经营，同时又必须坚持中央银行业务领导和管理权力，因此逐渐引入了中央银行制度。1982年7月14日，在《国务院批转中国人民银行〈关于人民银行的中央银行职能及其与专业银行的关系问题的请示〉的通知》中，虽然指出中国人民银行仍兼具中央银行和工商银行两种职能，但明确规定了“中国人民银行是我国的中央银行”。② 1983年9月17日，在《国务院关于中国人民银行专门行使中央银行职能的决定》中，进一步确立了“中国人民银行专门行使中央银行职能”，并为加强信贷资金管理和更好地为宏观经济决策服务，规定其“不再兼办工商信贷和储蓄业务”。③ 以该文件的发布为标志，中国正式确立了中央银行体制。

二、1983年后以扩大市场要素为主的银行体制改革思路

在中央银行体制确立之后，从社会主义有计划商品经济体制的建立到社会主义市场经济体制的确立④，市场作用在中国进一步扩大，而城乡集体、民营经济和中小型企业的蓬勃发展，也需要银行体制做出进一步的适应性改革，建立具有较大市场要素的银行体制。虽然在有计划的商品经济体制确立后，决策层面提出要进一步改革金融体制，但并没有形成具体的改革思路。⑤ 所以，这引起了理论界的广泛讨论，讨论核心则聚焦于银行体制改革是否应该沿着机构和业务的多元化方向而展开，即银行产权多元

① 乔培新：《关于体制改革问题——在一九八〇年一月人民银行全国分行行长会议上的发言》，载于《金融研究动态》1980年第S1期；中国金融学会编：《中央银行制度比较研究——附北京大学经济系厉以宁的学术报告“当前西方经济理论的动向”》（内部发行），1981年，第2页。

② 《国务院批转中国人民银行关于人民银行的中央银行职能及其与专业银行的关系问题的请示的通知》，载于《中华人民共和国国务院公报》1982年第13期。

③ 《国务院关于中国人民银行专门行使中央银行职能的决定》，载于《中华人民共和国国务院公报》1983年第21期。

④ 1984年中国共产党第十二届中央委员会第三次全体会议通过《关于经济体制改革的决定》，明确提出在中国建立社会主义有计划商品经济新体制。1992年中国共产党第十四次全国代表大会提出建立社会主义市场经济体制。

⑤ 刘鸿儒等：《变革——中国金融体制发展六十年》，中国金融出版社2009年版，第69页。

化和银行业务交叉竞争问题。

在这场讨论中，有个别学者持反对意见，他们认为应该健全现有各专业银行的体制，且继续用行政办法划分业务范围。但大多数学者对此持肯定态度，因为过去垄断和僵化的银行管理体制已不适应所有制结构和经营方式的多元变化，因此需要银行体制也做出相应改革，不仅需要发展多种金融组织，而且应该允许银行间的业务交叉和竞争，从而打破几家大银行的垄断局面，进而提高银行业的运行效率。

关于发展多元化银行组织机构，理论界存在以下主张：一是坚持以国有金融机构为主体，因为国家能够通过它们来执行国家的方针政策，进而实现国民经济发展战略；二是试办以公有制为主的股份制金融机构，将所有权和经营权相分离，比如成立交通银行，既允许其展开同其他专业银行的业务竞争，还允许其分支机构按经济区划设置而不是采用专业银行的垂直管理模式，在产权模式上可以按照股份制银行经营；三是发展如农村信用合作社、城市信用合作社等集体所有制合作金融机构，在保证其合作性质和民主管理基础上，将其办成独立核算、自主经营和自负盈亏的经济实体；四是在经济特区试办外资银行或合资银行，以积累相关管理经验；五是组建政策性银行，专管政策性资金的使用。但是对于私人银行，许多学者却持否定意见。因为银行经营的是货币和资金，其强大的渗透力直接关系到国民经济的发展全局，需要严格依照国家政策执行信用活动，而且银行信贷活动实质是，“用别人的钱办别人的事”，因此必须确保资金运行的安全和可靠，然而在当前中国这两点都是私人银行难以做到的。[①] 值得一提的是，青木昌彦和钱颖一认为，中国在由计划向市场经济的转轨的当时，应优先考虑重造中国商业银行体系。这是因为，一来考虑到银行存在较大不确定性，二来缺乏法律和管制及执法问题，三来大批国有企业有待

① 赵海宽等编著：《银行体制改革》，天津人民出版社 1988 年版，第 24～25 页；刘鸿儒：《中国金融体制改革问题研究》，中国金融出版社 1987 年版，第 137～143 页；王珏等编：《金融体制改革初探》，山西人民出版社 1987 年版，第 214 页；王克华：《金融体制改革的内容和突破口》，载于《金融研究》1985 年第 1 期；中国人民银行武汉市分行金融研究所课题组：《九十年代中国金融改革的若干思考》，载于《经济研究》1991 年第 7 期；邝厚钧：《关于我国金融机构改革的反思与构想》，载于《金融研究》1989 年第 11 期；俞建国：《对金融体制改革几个问题的思考》，载于《金融研究》1990 年第 7 期。

改造以及大量坏账有待处理等，但如果能够重建商业银行体系，就能够利用现有组织能力，减少制度变迁中的社会成本。基于此，他们认为中国银行体制改革，一方面需要建立新的中央银行和金融管制框架；另一方面应该建立包括发展银行和长期信贷银行、国家商业银行、地区商业银行以及合作私有、合资、外资银行和信用社的多层次银行机构。①

关于银行间的业务交叉和竞争，其实理论界早已对此有所认识。在新中国成立后的前30年，中国的资金都是由国家财政统收统支，银行信贷资金的供应也采取供给制方式，因此，银行间不存在业务上的竞争。但伴随思想的解放和对经济规律认识的提高，有学者提出银行也应该像其他国有企业改革一样，在工作中展开相互竞争。② 但是，一方面该时期从思想上还没有完全突破社会主义银行必须由国家垄断的禁锢；另一方面在实践上中国银行业的发展刚刚起步，还没有足够的经验和人力物力来实现银行业的竞争，而且在混合银行体制下，中国人民银行具有业务竞争的天然优势，也不利于其他专业银行。因此，在银行体制改革初期，有学者明确反对银行之间开展业务交叉和竞争③，并没有得到政策层面的明确肯定。刘鸿儒提到，他在1985年的“七五”计划建议讨论稿上曾写了业务交叉与合理竞争，但受到许多银行代表的强烈反对，尤其是专业银行，最后在建议定稿时删去了“合理竞争”，而在1986年通过并公布的《政府工作报告》中才又出现了关于合理竞争的表述。④ 事实上，在实际银行工作中许多业务很难做出严格的专业划分，比如企业挖潜、革新、改造资金，“在

① 青木昌彦、钱颖一：《从国际比较角度看中国银行体制改革》，载于《改革》1993年第6期。

② 郑良芳：《社会主义银行与竞争》，载于《金融研究动态》1980年第5期；刘鸿儒：《当前银行改革的情况和需要研究的问题——人民银行总行刘鸿儒副行长于一九八〇年九月二日在总行干训班的讲话》，载于《金融研究动态》1980年第6期。

③ 袁宝林：《关于建立以中央银行为领导的银行体系的一些看法》，引自中国金融学会编：《中央银行制度比较研究——附北京大学经济系厉以宁的学术报告“当前西方经济理论的动向”》（内部发行），1981年，第144页。

④ 刘鸿儒等：《变革——中国金融体制发展六十年》，中国金融出版社2009年版，第72页。原文中写道：“在1986年通过并公布的政府工作报告上又加上了有关合理竞争的表述”，但实际上是在1987年的《政府工作报告》中出现的，具体表述为：“在各种金融组织之间适当开展竞争”。资料来源：中华人民共和国中央人民政府网站，http：//www.gov.cn/test/2006－02/16/content_200857.htm。

实物形态上分不清楚”，反映在资金和货币上，“也就划不清界限”[①]，所以导致业务划分经常遭到冲击并造成银行间的相互扯皮。而中央银行体制的确立，不仅使专业银行有了专门的管理主体，而且中国人民银行也剥离了商业性业务，使银行业务交叉和竞争具备了实施条件。之所以强调银行之间的业务竞争和交叉，是因为“一个有效的银行制度，必须富于竞争”[②]，既能够促进各专业银行扩大业务范围，而且能够促使其改善服务态度和提高服务质量。[③]

在政策层面，国务院于 1984 年成立金融体制改革研究小组，研究拟订中国金融体制改革方案。在 1985 年 1 月向国务院汇报后，金融体制改革被列入“七五”计划建议。[④] 1985 年 9 月 23 日，在中国共产党全国代表会议通过的《关于制定国民经济和社会发展第七个五年计划的建议》第五十四条中，对“七五”时期的银行体制改革方向做出了具体安排：第一，中国人民银行作为中央银行，是中国最重要的调节机构之一，要加强其地位和独立性；第二，中国人民银行要通过综合信贷计划、金融政策、外汇政策及利率、汇率、准备金等各种调节手段来控制货币量和贷款规模；第三，中国人民银行负责领导和管理其他金融机构，要加强对各级金融机构业务上的稽核，并有权在必要时候采取强制性手段控制专业银行和其他金融机构的信贷活动；第四，专业银行要坚持企业化改革方向，允许业务适当交叉，有权按照国家信贷计划自主发放贷款并承担风险；第五，各级政府要支持和监督各地银行执行国家经济政策，并保障其合法权益。[⑤] 1993 年 11 月 14 日在中国共产党第十四届中央委员会第三次全体会议通过了《中共中央关于建立社会主义市场经济体制若干问题的决定》，其中明确规定中国的银行体制改革包括：以中国人民银行为中央银行，在国务院

---

① 《当前银行改革的情况和需要研究的问题——人民银行总行刘鸿儒副行长于一九八〇年九月二日在总行干训班的讲话》，载于《金融研究动态》1980 年第 6 期。

② 刘鸿儒：《中国金融体制改革问题研究》，中国金融出版社 1987 年版，第 137～143 页。

③ 齐永贵：《创造适度的竞争环境，是金融改革的战略任务》，载于《金融研究》1987 年第 2 期；石虎：《浅谈金融体制改革的模式和引进竞争机制问题》，载于《金融与经济》1990 年第 4 期。

④ 刘鸿儒等：《变革——中国金融体制发展六十年》，中国金融出版社 2009 年版，第 71 页。

⑤ 王维澄、腾文生主编：《中国改革开放经济政策法律全书》，吉林人民出版社 1995 年版，第 192 页。

领导下独立执行国家的货币政策，其分支机构为总行派出机构，并应积极创造条件以实现跨行政区域设置；建立政策银行，承担政策性业务；逐步将现有专业银行转变为商业银行；有步骤地组建农村合作银行和城市合作银行。

三、关于银行体制改革原则的认识和改革突破口的争论

除了对改革方向的思考和探索外，该时期理论界对银行体制改革的原则和改革突破口也进行了积极的讨论。

（一）关于银行体制改革原则的认识

关于银行体制改革的原则，理论界主要形成了以下几种代表性观点。

第一种观点认为，应该把银行体制改革放置于整个经济改革大背景中去考虑，适应经济现实和经济改革的内在要求。例如关广富认为，“银行是国民经济的综合部门”，银行改革因而也是整个经济体制改革的组成部分之一，并与经济中其他部分的改革相互交错、联系和制约，所以，经济体制的各项重大改革，就要求有与之相适应的银行改革。具体而言，应该适应城市经济中心的形成、适应专业化协作或实体性经济组织的发展、适应联产承包以后的“小而专”的农业生产组织体系以及适应商业流通体制的改革。① 易宏仁认为：“银行体制的形成和发展，是与社会经济发展状况相适应的，这是历史发展的必然，不以人民的主观意志为转移。”② 再如赵海宽等认为，银行体制改革不仅是经济体制改革的组成部分，也是保障经济体制改革顺利进行的条件，要搞好银行体制改革，“就要确立围绕经济体制改革来改革银行体制的思想”，也就是说，如果银行改革与经济体制改革相适应、相协调，就能促进后者的顺利进行，反之，就会成为后者的阻碍。具体来说：其一，银行体制改革与农村体制改革相适应。以往

① 关广富：《社会主义银行理论与实践问题》，中国金融出版社1984年版，第312～316页。

② 易宏仁：《谈谈对银行体制改革的一点看法》，引自河南省金融学会、中国人民银行河南省分行金融研究所主编：《论银行体制改革——中南五省（区）人民银行第二次金融理论研讨会论文选集》（内部发行），1983年，第127页。

银行以公社、生产队为主要贷款对象，但在农村实行家庭联产承包责任制以后，银行贷款对象应以承包户为主。如此一来，不仅能适应农村改革要求，而且能保证和促进联产承包责任制的顺利实施。其二，银行体制改革要与企业改革相适应。过去企业除超定额资金是由银行贷款外，其余资金全部由财政计划拨款。然而，企业改革扩大了企业自主权，使其能够灵活安排产供销活动和决定用工及奖励方式，导致企业资金需求变动频繁，财政计划的方式已不能解决企业问题，必须依靠银行信贷的方式为企业提供资金，进而需要银行改革体制，突破之前单一的行政管理方式和狭窄的业务范围，以适应和促进企业改革的推进。①

第二种观点强调，银行体制改革应该在高度集中统一前提下，按照银行机构专业化方向进行改革。比如关广富指出，中国的国民经济发展是社会主义生产资料公有制下的有计划按比例发展，银行为国民经济发展提供货币发行和信贷资金服务，必须有与国民经济宏观规划相适应的全国范围的规划，因此，银行改革必须以高度集中统一为前提。但他同时指出，在该前提下还应该“调动地方党政领导关心银行与运用银行发展地方经济的积极性”。此外，关广富根据马克思理论认为，生产的社会化引致了进一步的专业化，这既是资本主义生产的实践经验，也是社会主义现代化建设的发展趋势。因此，为社会主义经济建设服务的银行，其机构设置、体系构建和业务分工，也必须逐步实现专业化。② 又如易宏仁主张，银行体制改革既要集中统一，又要专业分工，具体而言就是在设置若干专业银行的基础上，由中央银行对其进行统一管理。③

第三种观点主张，银行体制改革应该处理好银行与财政的关系。如前

---

① 赵海宽等编著：《银行体制改革》，天津人民出版社 1988 年版，第 8～9 页。持该观点的还有武捷恩等著：《我国金融体制改革的探索》，中国经济出版社 1987 年版，第 5 页。

② 关广富：《社会主义银行理论与实践问题》，中国金融出版社 1984 年版，第 319、320 页。

③ 胡肄琦：《关于我国中央银行建制问题的意见》，载于《中国金融》1982 年第 16 期；易宏仁：《谈谈对银行体制改革的一点看法》，引自河南省金融学会、中国人民银行河南省分行金融研究所主编：《论银行体制改革——中南五省（区）人民银行第二次金融理论研讨会论文选集》（内部发行），1983 年，第 126 页。持该观点的还有刘光第：《试论我国银行的性质和银行改革的问题》，载于《金融研究动态》1980 年第 S1 期；李念斋：《我国国情要求建立集中统一的银行体制》，载于《金融研究》1983 年第 9 期；王克华：《金融体制改革的内容和突破口》，载于《金融研究》1985 年第 1 期。

所述，在以往“大财政、小银行”的体制下产生了诸如财政挤占银行资金等弊端，因而许多学者提出银行体制改革应当处理好银行与财政的关系。王荫乔、朱新天和张平主张财政与银行脱钩，即国家停止通过财政拨付信贷资金，银行利润不再按比例上缴财政，而是留为银行自用。[①]

第四种观点指出，在搞活银行微观的改革中，应该同时注意对银行的宏观控制。赵海宽等认为，过去中国的银行体制存在严重的僵化性，行政化的管理方式使银行缺乏应有的自主权，所以，银行体制改革应该从放开搞活着手。以往高度集中统一的管理体制虽然存在许多弊端，但对贷款总规模的指令性计划规定，能够对国民经济实现有效的宏观控制。随着银行体制的放开放活，应及时建立相应的宏观金融控制办法，达到对经济建设规模和生产发展速度进行调节的目的。[②] 杨培新认为，1984 年底的货币发行失控，即是因为银行“没有摸索出来一条货币发行、宏观经济控制的方法”。[③]

第五种观点认为，以行政区划层层建立的银行机构容易受到地方政府的行政影响，银行体系的设置应该以经济区划为主。关广富认为，该原则是因为“商品货币关系和经济的流向是相向运动的”。他进一步提出，中央银行不需要层面设置，只需要在经济中心和重点城市设立，而专业银行可根据业务，在重点业务地区建立，在业务量少的地区不需专门设置，其业务可以由该地区其他专业银行代理，这样可以避免机构重叠带来的经营效率下降。[④] 贾灿宇认为，银行机构的建立应该根据情况，需要在哪一级就在哪一级设置，不按统一标准进行“一刀切”式的安排。[⑤] 刘鸿儒认为，商品经济的发展必然带来物资和资金纵向分配体制的改变，逐渐产生商品、技术和资金市场，进而促进经济的横向联系，并最终形成不同的经济和金融中心。银行体制应该顺应这一经济发展趋势，在经济区域设立银

---

① 王荫乔、朱新天、张平：《关于改革银行体制的几点意见》，引自陈茂铉编：《天津财经学院第三届学术报告会论文集》（内部资料），1979 年，第 9 页。

② 赵海宽等编著：《银行体制改革》，天津人民出版社 1988 年版，第 17 页。

③ 杨培新：《关于当前金融体制改革的几个问题》，载于《金融研究》1985 年第 4 期。

④ 关广富：《社会主义银行理论与实践问题》，中国金融出版社 1984 年版，第 320、321 页。

⑤ 贾灿宇：《关于银行体制改革的几个认识问题》，引自河南省金融学会、中国人民银行河南省分行金融研究所主编：《论银行体制改革——中南五省（区）人民银行第二次金融理论研讨会论文选集》（内部发行），1983 年，第 142 页。

行机构。①

（二）对银行体制改革突破口的争论

改革的突破口是改革首先要解决的问题，它决定了改革的主导方向，同时也是矛盾最为集中的环节和改革事半功倍的关键。然而，关于什么是银行体制改革的突破口，理论界对此存在不同意见。

观点一，以开办中短期贷款作为银行体制改革的突破口。该观点的提出发生在银行体制改革伊始。中短期贷款，是指银行对企业所发放的用于购置和安装设备的贷款，一般为期一至三年。以往银行仅限于满足企业的短期、季节性的超定额流动资金需要，这种体制对银行作用的发挥造成了极大的限制。②

观点二，将开放金融市场作为改革突破口。持该观点的学者指出，过去银行体制的特点是“死”，今后的改革应该突出“活”，即以金融市场的开放来搞活银行，这不仅可以改变金融改革与整个经济体制改革不协调的局面，也会推动经济体制改革的进一步发展。③

观点三，将搞活银行基层机构作为改革突破口。持该观点的学者强调，银行是中国集中资金的主要渠道，只有通过给予银行经营自主权，搞活银行基层机构，使其有压力、动力和活力积极吸收社会闲散资金，以此为企业发展和国家重点建设提供资金。④

观点四，以银行企业化作为改革突破口。持该观点的学者认为，中国之所以长期存在经济效率低等弊病，究其根本是银行没有实行企业化，没有成为独立的经济实体，如果银行本身吃“大锅饭”，则不可能发挥经济杠杆的作用。要想搞活银行，提高资金的经济效益，必须进行银行的企业化改革。但也有学者对此持反对态度，认为银行企业化改革需要很多社会

---

① 刘鸿儒：《中国金融体制改革问题研究》，中国金融出版社1987年版，第146页。持该观点的还有王克华：《金融体制改革的内容和突破口》，载于《金融研究》1985年第1期。

② 金延川：《银行体制改革的起点和突破口》，载于《社会科学研究》1980年第5期。

③ 持该观点的有蔡重直：《我国金融体制改革探讨》，载于《经济研究》1984年第10期；谈光云：《开放金融市场和发行股票是银行改革的突破口》，载于《银行与企业》1984年第12期；王克华：《金融体制改革的内容和突破口》，载于《金融研究》1985年第1期。

④ 杨培新：《关于当前金融体制改革的几个问题》，载于《金融研究》1985年第4期。

条件，如果孤立推进银行企业化则很难实施，且银行分支机构众多，具体企业化到哪一级也尚不明确。①

观点五，以完善中央银行宏观控制作为改革突破口。持该观点的学者认为，长期以来中国的银行内部存在资金上吃“大锅饭”的问题，虽然1985年实行“实存实贷，相互融通”的信贷资金管理办法，使中央银行与专业银行之间通过借贷实现资金往来，但各专业银行内部的“大锅饭”问题并没有得以解决，仍然存在资金分割、权力集中和权责脱节的问题。而产生该问题的核心原因是中央银行的宏观调控作用没有得到充分发挥。②

综上可见，1979～1993年，中国经历了计划经济向市场经济体制的转轨，为建立一个同经济体制相适应的、能够有效支持和促进社会主义现代化建设的银行体制，中国理论界和政策界对银行体制改革展开了积极的探索，包括20世纪80年代初期3种改革方案的提出，中央银行体制建立后围绕银行机构和业务交叉竞争的讨论，以及关于改革原则和突破口的探讨，共同形成了该时期的银行体制改革思想。从思想内容来看，呈现出了多元化的特征，这不仅表现在银行体系上打破了“大一统”时期对单一的银行组织架构的认识，在产权主体上也提出引入股份制银行并强调合作性金融组织，而且对业务交叉竞争以及按经济区划设立基层机构等问题的讨论，也是为弱化行政指令性管理手段所做出的有益尝试。这些思想不仅为这一时期的银行体制改革实践提供了理论依据，同时也为之后进一步的市场化改革奠定了思想基础。

---

① 持该观点的有刘鸿儒等：《变革——中国金融体制发展六十年》，中国金融出版社2009年版，第72页；周慕冰、王志刚、刘锡良、张合金：《我国金融改革突破口的选择》，载于《财经科学》1984年第6期；胡炳新、胡泊：《选择金融改革突破口要立足于国情》，载于《金融与经济》1986年第3期；周策群：《专业银行企业化改革的反思》，载于《财贸经济》1988年第8期。

② 持该观点的有刘崇明：《金融体制改革的突破口在哪里?》，载于《银行与企业》1987年第6期；吴念鲁：《完善中央银行的宏观调控作用是个纲，其他都是目，刚举才能目张》，载于刘光第等：《关于金融体制改革的若干意见》，载于《金融研究》1986年第10期。

第三节　以加强宏观调控为主导的中央银行制度建设思想

进入20世纪80年代后，中国关于建立中央银行制度形成了一种探索思潮。理论界和政策界围绕建立怎样的中央银行、如何建立中央银行以及如何发挥中央银行的职能作用进行了广泛且深入的讨论，并在中央银行制度选择、建设路径、人民银行性质、中央银行独立性以及与专业银行关系等问题上积累了大量思想主张，这些内容共同构成了该时期的中央银行制度建设思想。

一、关于中央银行模式和路径选择的思想

1979年开始，理论界对如何重新构建中国的银行制度进行了积极的探索。虽然该时期许多学者对建立中央银行制度的必要性进行了充分论述[①]，但关于如何建立中央银行以及建立怎样的中央银行等问题仍然没有定论，这也引起了学术界的广泛讨论。尤其1981年1月29日，《国务院关于切实加强信贷管理严格控制货币发行的决定》中规定“人民银行要认真执行中央银行的职责”[②]，掀起了20世纪80年代初期理论界对中央银行制度的探讨高潮。

关于中央银行模式的选择。虽然当时许多国家已经建立了中央银行制度，但各国的中央银行设置不尽相同，具体存在三种模式：第一种是单一中央银行制度，即一个国家仅设有一个中央银行，并单独行使中央银行职能，如英国、法国、日本、意大利等国；第二种是二元中央银行制度，即在中央和地方两级分别设置，地方中央银行具有一定独立性，如美国、联

---

① 在上一节中已经对此进行了介绍，此处不再赘述。
② 《国务院关于切实加强信贷管理严格控制货币发行的决定》，载于《中华人民共和国国务院公报》1981年第2期。

邦德国、前南斯拉夫；第三种是大而全的中央银行制度，即“大一统”银行，如20世纪60年代中期经济改革前的苏联和计划经济时期的中国。[①]当时许多学者认为，中国应该采取单一中央银行制度，其理由是：实行什么样的中央银行制度应由各国的具体国情决定，在单一中央银行的国家，中央政府对地方行使统一的政治、经济和立法管理，在二元制中央银行的国家，地方具有较大自治权，而在“大一统”的中央银行制度，中央权力过于集中，不重视基本经济规律和银行作用。中国是存在商品经济的社会主义经济体制，这决定了中国的货币、信贷及外汇等金融管理权必须集中于国家，但同时也强调要按经济规律办事，因此，二元制中央银行和“大一统”中央银行制度都不适合中国当前国情。[②]

关于中央银行建立路径的思考。唐云鸿提出，要在一定时期内建立一个以中央银行为主的银行体系，中央银行应该摆脱专业银行业务，以便集中精力执行货币信用政策，体现真正中央银行的职能。他认为建立中央银行必须经历两个步骤，首先是加强中央银行内部有关组织，然后在3～5年内过渡到完整的中央银行体系。具体应该采取以下措施：其一，在组织体系上，将中国人民银行的储蓄业务划出并从速组建储蓄银行，逐步建立工商信贷银行，剥离中国银行的外汇管理行政事务交由中央银行办理，建设银行脱离财政部划归中央银行管理；其二，在宏观管理上，中央银行应以间接的经济调节逐渐代替直接的行政调控，比如使用存款准备金、根据经济状况控制货币发行量、分级管理利率等；其三，在中央银行成立之前，应成立中国人民银行和专业银行的协调机构；其四，中央银行应按照经济区划设立，在各省市设分行，并根据经济情况在同一省的经济地区适当增设分行，还应根据经济发展的不平衡状况，在政策、组织和职能上采取区别对待，总体上既能统一领导，又要发挥各地区分行的积极性；其五，应根据中央银行职能设立中国人民银行的内部组织部门，如增设发行局、国库局、专业银行联络局等；其六，完善银行立法，研究并颁布中央

① 王克华、王佩真主编：《中国货币银行学》，中央广播电视大学出版社1986年版，第443页。

② 持该观点的有关广富：《社会主义银行理论与实践问题》，中国金融出版社1984年版，第444页；王学青：《比较中央银行制度》，载于《财经研究》1982年第1期。

银行法以及“专业银行条例”等；其七，保持中央银行一定的独立性，严格区别财政部和中央银行的分工。[①] 宋汝纪和曹凤岐认为，应该分两步建立中国的中央银行体制。第一步，从法律上明确中国人民银行总行及其现有分行作为中央银行总行和分行，一方面能够继续保证业务的顺利开展，另一方面可以利用现有组织机构培养业务干部并为下一步独立中央银行组织机构做好准备。第二步，将人民银行基层行的工商信贷和储蓄业务剥离，并成立相应的专业银行，使人民银行总行和分行成为超脱具体业务的独立中央银行，在一些中心城市还可增设必要分支机构，一来能够使人民银行专门从事中央银行职能从而提高金融管理效率，二来有利于建立中央银行与专业银行之间的领导关系，在对专业银行的管理中能做到一视同仁。[②]

虽然上述内容中，对中央银行的建立路径存在差异，但其第一步都是中央银行正式成立前的过渡性制度安排，这种渐进改革的路径设计能够有效避免因体制机制不协调而产生的弊端。此外，关于分离人民银行信贷和储蓄业务、成立决策机构、按经济区划设立分支机构以及与专业银行间关系等问题的探讨，也为中央银行制度的形成提供了理论指导，进而推动了该制度的最终确立。

1983 年 9 月 17 日，《国务院关于中国人民银行专门行使中央银行职能的决定》（以下简称《决定》）将银行制度建设的理论探索和总体设想落实成具体的规范性指导意见。《决定》明确提出，“为充分发挥银行的经济杠杆作用，集中社会资金，支持经济建设，改变目前资金管理多头、使用分散的状况，必须强化中央银行的职能”，为此，国务院决定“中国人民银行专门行使中央银行职能”。《决定》对以下方面做了具体规定：第一，剥离中央银行工商信贷和储蓄业务，以便使其更好地服务于金融宏观决策、信贷资金管理和货币稳定；第二，中国人民银行成立理事会作为决策机构，并在原则上按照经济区划设置分支机构；第三，人民银行对专业

① 唐云鸿：《美国联邦储备制度的组织机构和职能作用——兼论如何建立我国的中央银行体系》，引自中国金融学会编：《中央银行制度比较研究——附北京大学经济系厉以宁的学术报告“当前西方经济理论的动向”》（内部发行），1981 年，第 83～88 页。

② 宋汝纪、曹凤岐：《如何建立我国中央银行体制》，载于《经济与管理研究》1981 年第 5 期。

银行主要采取经济办法进行管理，专业银行在业务上接受人民银行的协调、指导、监督和检查；第四，信贷资金仍要集中管理，专业银行信贷收支必须纳入国家计划，按人民银行总行核定的计划执行。[①] 1984 年中国工商银行成立，负责经营原人民银行的工商信贷业务，人民银行开始专门行使中央银行职能，标志着中国单一中央银行制度的正式确立。

二、人民银行性质之争：以中央银行成立为界

关于人民银行的性质，是新中国成立之后理论界始终争论不休的一个问题。然而，伴随商品经济的发展以及社会经济体制的变革，银行的性质也随之产生变化，因此在不同历史时期，人民银行性质的分歧会体现为不同的具体内容。对性质理解的差异，导致了对人民银行职能认识的不同，进一步造成了对人民银行应该办成什么样的银行，以及如何办理人民银行等问题存在不同看法。因此，关于人民银行性质的思想认知，不仅是理论问题，也是中央银行制度建设的实践问题，更是关系银行制度改革的重大问题。

1983 年国务院明确规定由人民银行行使中央银行职能，该决定对认识和理解人民银行的性质产生了较大影响，也使理论界在人民银行行使中央银行职能前后，围绕不同内容对其性质而展开了争论。

（一）中央银行成立之前围绕双重性而展开的辨析

在 1979 年至中央银行成立之前，学术界普遍认为人民银行兼具国家机关和企业的双重属性，一方面它是代表国家管理金融以及制定、执行金融方针与政策的机构，具有国家机关的性质，另一方面由于对专业银行的再贷款要收取利息，对专业银行所交存款准备金和超额储备，也有付息，对证券和金银买卖的差额形成了银行的利润，可见其是经营货币且具有收益的企业。但是，学术界却对两种属性的从属地位却存在争议。大多数学

① 《国务院关于中国人民银行专门行使中央银行职能的决定》，载于《中华人民共和国国务院公报》1983 年第 21 期。

者认为，人民银行的企业性是主要方面，国家机关性是次要方面，其理由是：银行之所以具有执行金融行政管理的机关属性，是因为其具有作为特殊性质企业的特征，如果银行不具有企业属性，没有掌握调节社会生产的经济手段，就无法贯彻国家经济法令以及执行监管职责，在过去的银行工作中，正是由于忽视了企业性而过分强调机关性，往往依靠行政而非经济的管理手段，不按照经济规律，不关注经济效果，导致银行成为了财政的出纳机关。正因如此，银行才不同于一般主要依靠行政办法行使管理职能的行政机关，它主要利用经济手段实现管理作用。① 但也有学者认为，银行的机关性是主要方面，企业性则处于次要和从属地位。这是因为：不同于资本主义国家，其中央银行的建立是商品货币经济高度发展的结果，而中国人民银行是依靠上层力量自上而下建立的行政管理机构，并不是伴随商品货币经济的发展而逐渐形成的，因此与国民经济其他部分的联系不够紧密，所以缺乏经济调节的灵敏性，进而也导致人民银行的作用发挥需要依赖行政化方式；另外，在新中国成立后的前 30 年中，人民银行之所以能够在新中国成立至社会主义改造时期以及 20 世纪 60 年代初的国民经济调整时期发挥巨大作用，正是由于充分发挥了其行政机关性质，依靠行政手段使得银行作用很快见效。② 还有学者认为，虽然在现阶段人民银行的性质的主要表现为企业性，但伴随客观条件的变化，如经济体制的全面改革，在人民银行成为中央银行后，其行政管理的机关性会逐步扩大，也将成为人民银行性质的主要方面，而企业性则相应地由主要变为次要方面。③

（二）中央银行成立之后针对机关性而产生的分歧

1983 年 9 月 17 日颁行的《国务院关于中国人民银行专门行使中央银行职能的决定》（以下简称《决定》），从政策层面界定了人民银行的国家

---

① 持该观点的有喻瑞祥：《货币信用与银行》，中国财政经济出版社 1980 年版，第 212～213 页；刘光第：《试论我国银行的性质和银行改革的问题》，载于《金融研究动态》1980 年第 S1 期；刘鸿儒编著：《中国金融体制改革问题研究》，中国金融出版社 1987 年版，第 152～153 页。

② 张贵乐：《我国银行的性质和银行体系的改革——与王克华同志商榷》，载于《金融研究动态》1980 年第 S1 期。

③ 李常聚、邝厚钧、纪玉书、刘哲：《关于人民银行的性质、职能、作用和体制改革问题的探讨》，载于《中国金融》1980 年第 7 期。

机关性质，即规定“中国人民银行是国务院领导和管理全国金融事业的国家机关”①。但理论界针对中央银行的机关性产生了不同看法。第一种观点认为，人民银行（中央银行）是国家机关。其依据有两个方面：一是引用了《决定》中对人民银行机关属性的政策规定；二是人民银行在剥离工商信贷业务后，仅保留了关于中央银行的工作，因此成为真正的国家机关，而专业银行则是国营企业。② 第二种观点认为，人民银行（中央银行）是具有银行职能的机关。其主要理由是：中国的中央银行虽然是国务院领导和管理国家金融事业的机关，但它同时还要服务于专业银行并办理必要的银行业务，故不同于一般的国家机关，而是具有银行职能的国家机关。③ 第三种观点认为，人民银行（中央银行）总行属于机关，省分行及以下分支机构具有企业性质。这是因为：中央银行与一般政府机关不同，其要办理以金融机构和政府为对象的银行业务，例如对各银行的存贷、清算和发行业务，再如对政府的代理国库业务等，而中央银行正是通过上述业务活动实现金融管理和执行金融政策。因此，人民银行作为政府部门，其性质为国家机关，但又要经营银行业务，因而省分行及以下机构继续实行企业管理。④

从以上内容中可以看出，该时期理论界关于人民银行性质的认识中仍然部分保留了计划经济时期的思想痕迹，始终围绕人民银行的机关性和企业性而进行争论。但是，在新的经济体制和银行制度下，对人民银行性质的讨论开始强调利用经济手段来执行国家金融政策，进而发挥人民银行的宏观经济调控功能。也正是由于上述讨论，在思想上摆脱了以往对人民银行“三大中心”职能的片面理解，增加了“发行的银行”“银行的银行”“政府的银行”的新职能认识。本书认为，机关性和企业性只是从不同角度对人民银行性质的描述，并不具有严格的对立性。具体而言，不能认为

---

① 《国务院关于中国人民银行专门行使中央银行职能的决定》，载于《中华人民共和国国务院公报》1983 年第 21 期。

② 赵海宽：《货币银行概论》，经济科学出版社 1985 年版，第 362～363 页；李梦琳：《我对人民银行专门行使中央银行职能后银行性质的认识》，载于《安徽金融研究》1984 年第 1 期。

③ 何相汉、卢清宴、杨双奇、沈鹏：《试论我国银行体制改革的理论基础和中央银行的作用》，载于《农村金融研究》1985 年第 1 期。

④ 刘鸿儒：《我国金融体制改革第七讲 建立以中央银行为中心的社会主义金融体系》，载于《金融研究》1986 年第 9 期。

具有行政管理性就否定其企业性，众所周知，包括美国在内的许多发达国家，其中央银行也承担了执行国家货币政策的任务，表现出一定的行政化倾向，但这不能否认其企业性质，反之，采取经济手段也不能忽略其执行国家金融政策的目的。

三、基于中央银行独立性的微观制度构建

中央银行的相对独立性，是决定其能否充分发挥职能的重要条件。[①]中国自提出建立中央银行起，各界对如何发挥中央银行作用进行了大量讨论，其核心问题是如何建立中央银行的独立性，同时就如何在微观层面塑造独立的中央银行提出了丰富的思想主张。

甘培根从借鉴外国中央银行经验的角度，认为美国、英国、联邦德国、瑞士、瑞典及前南斯拉夫等国家的中央银行都具有高度独立性，并对经济发展起了积极的促进作用，因此，中国的中央银行“也应当具有相当的相对独立性”。他进一步认为美国联邦储备制度的经验，对中国构建相对独立的中央银行具有借鉴意义。具体来说：第一，从立法上保证中央银行的相对独立地位，比如拟订专门的中央银行法；第二，借鉴美国的联邦储备委员会经验，在中央银行内单独设立一个具有高度权威性的金融决策机构，如“银行政策委员会”；第三，建立独立的货币发行制度，中国应该根据经济增长情况拟订每年货币发行最高限额，避免目前“计划定基建，基建挤财政，财政挤银行，银行发票子”的状况；第四，明确财政与银行的关系，比如通过增税和发行公债或国库券的方式来解决财政赤字，而不是依靠挤占银行资金，又如可以通过向银行做短期借贷的方式满足财政临时用款所需，但是必须限定最高额度；第五，根据经济中心而非行政区划来设置中央银行管辖行，即在经济中心城市设立大区管辖行，再在各省、自治区设立分支行；第六，中央银行必须具有强有力的经济管理手段，但西方国家的三大货币政策工具（存款准备金率、贴现率和公开市场

① 西方金融理论界对中央银行的独立性具有三种不同观点：一是反对态度；二是肯定态度；三是认为中央银行既要保持应有独立性，又必须受制于政府。范方志：《中央银行独立性：理论与实践》，经济管理出版社2007年版，第54～60页。

业务）不一定适合中国国情。[①] 另外，还有学者认为，要加强中央银行的独立性就必须理顺以下几个方面的关系：一是理顺银行与财政的关系，避免因财政挤占银行资金而导致货币增发，进而带来通货膨胀的风险；二是理顺银行与其经济主管部门的关系，使银行具有经济决策和资金安排上的独立权；三是理顺银行与地方政府的关系，防止地方政府对银行工作的干预；四是理顺中央银行与专业银行的关系，打破中央银行对专业银行的资金包干，实行信贷计划与信贷资金分别管理。[②] 在1990年1月召开的中央银行国际研讨会议中也指出，中央银行的独立性具体表现为：一是独立的货币发行权，即根据经济客观需要而发行货币，不受财政透支的干扰；二是独立的经济决策权，即具有独立解决严重通货膨胀，不需要向财政部门进行汇报的权利；三是充分的金融监管权，即对金融系统的监督和管理享有充分的权利；四是独立的资金支配权，即资金来源不依赖财政拨款。[③]

以上是从不同方面讨论如何构建一个具有独立性的中央银行。然而，除了这些对中央银行独立性的总体制度设计外，该时期学术界围绕该问题还在以下方面进行了大量探讨。

围绕中央银行行政隶属关系的争论。中央银行的独立性（central-bank independence）是指中央银行与政府之间的关系。由于中央银行对金融政策的实施效果往往受到政治过程的影响，而中央银行独立性即是中央银行受政府干预程度的反应。政治的经济周期理论（theory of the political business cycle）认为，在政府的强烈干预下，如果中央银行的金融政策与政府的目标相符，则会导致通货膨胀和产出（或就业）波动，因此，必须通过提高中央银行的独立性来限制货币当局对金融政策的自由决定权，同时缩小政治压力的介入空间。动态不一致性理论（dynamic-inconsistency theory）指出，公众根据金融政策制定者（中央银行）作出的政策计划而对通

① 甘培根：《美国联邦储备银行体制——兼谈在我国建立中央银行体制的一些问题》，引自中国金融学会编：《中央银行制度比较研究——附北京大学经济系厉以宁的学术报告“当前西方经济理论的动向”》（内部发行），1981年，第41~44页。

② 喻瑞祥：《当代中国金融问题研究》，中国金融出版社1987年版，第260~263页；刘鸿儒：《第七讲建立以中央银行为中心的社会主义金融体系》，载于《金融研究》1986年第9期。

③ 中国人民银行、国际货币基金组织、联合国开发计划署主编：《宏观经济管理中的中央银行》，中国金融出版社1990年版，第120页。

货膨胀率形成预期，但对政策制定者来说，提高通货膨胀率来刺激经济是其最优的决策选择，即金融政策制定者具有通货膨胀倾向。然而，若公众意识到该金融政策存在事后变革的可能，则会对政策失去信任，从而导致政策的失败。所以，该理论认为提高中央银行独立性是消除通货膨胀倾向的有效措施。本时期中国理论界关于中央银行独立性的讨论主要围绕中央银行的行政隶属关系而展开。一种观点认为，中央银行只需对全国人民代表大会负责，接受全国人民代表大会常务委员会的监督，但不受任何行政部门的管理，中央银行的地方分支机构也必须独立于地方各级政府；[①] 还有一种观点认为，中央银行隶属于全国人民代表大会或国务院并没有本质区别，其理由有二：第一，若政治体制没有做出相应改革，则无论隶属于任何机构都没有实质性不同，进一步来说，建立中央银行独立性的核心不在于隶属关系的改变，而在于是否有强制性立法以保证其能够相对独立地制定和实施货币信贷政策，独立地进行全国金融管理；[②] 第二，中国的经济工作是统一领导的，所以保持中央银行独立不在于组织领导问题，而在于如何处理资金关系，防止利用中央银行发行货币来弥补财政的开支。[③] 本书赞同第二种观点，因为如果中央银行没有独立的货币发行权，那么无论隶属哪个部门都不能解决其被财政挤占资金以及无法独立实行决策的问题。

关于中央银行分支机构设立的曲折探索。为摆脱地方政府对中央银行各分支机构的行政干预，学术界普遍认为中央银行应该以经济区域为原则设立机构。但是，就具体如何设置当时存在不同意见：一是认为应根据经济发展需要只在经济中心和重点城市建立中央银行，以此避免机构的重

---

① 持该观点的有王绍飞：《加速金融体制改革的步伐》，载于《金融研究》1985 年第 12 期；千家驹：《中国金融学会顾问千家驹同志给大会秘书处的信（摘要）》，载于《金融研究》1986 年第 10 期；赵效民关于中央银行独立性的观点，载于刘光第、吴念鲁、曾康霖等：《关于金融体制改革的若干意见》，载于《金融研究》1986 年第 10 期；徐雪寒、黄旭：《当前金融形势和银行进一步改革的方向》，载于《财贸经济》1987 年第 6 期。

② 李茂生：《略论强化人民银行的中央银行职能》，载于《中央财政金融学院学报》1986 年第 6 期。

③ 刘鸿儒：《我国金融体制改革第七讲　建立以中央银行为中心的社会主义金融体系》，载于《金融研究》1986 年第 9 期。

叠；[①] 二是认为从中央到地方都要建立中央银行[②]；三是在县一级不设中央银行机构，由工商银行或其他银行代理其业务[③]；四是在各省设由少数人组成的派出机构，省以下不再单设。其实，在中央银行成立之前，人民银行的体系结构为中央一级设总行，省、自治区和直辖市设分行，地区一级设中心支行，县（市）级设支行。但在人民银行单独行使中央银行职能后，曾撤销了县级支行，并由专业银行代理县级业务。然而，正如刘鸿儒所指出的：首先中国当时没有形成真正的经济中心和金融中心，经济区和行政区依然合为一体，所以中央银行分支机构必须按照行政区设立；另外，随着农村经济的发展和农村金融机构的渐增，其金融管理需求也继而变多，如果将县一级业务交由中央银行以外的银行代理会给其他银行带来不便，而且没有县级中央银行也会导致对同一级其他金融机构的监督管理职责难以发挥；还有，中央银行分支机构需要领导和管理地方金融事业的权利，但中国幅员辽阔且各地经济情况差异显著，如果没有中央银行分支机构的层层管理，很难对各地金融实施有效控制和灵活调节。[④] 因此，自1986年起又相继恢复了县级人民银行的组织机构。所以，尽管在政策层面多次提出要根据经济发展需要设立人民银行分支机构，例如1983年9月17日《国务院关于中国人民银行专门行使中央银行职能的决定》中规定人民银行原则上按照经济区划设置其分支机构[⑤]，又如1986年1月7日国务院发布的《中华人民共和国银行管理暂行条例》规定人民银行要按照经济发展需要设立分支机构[⑥]，但这并没有改变该时期中央银行按照行政区划设立分支机构的事实。

---

① 宋汝纪、曹凤岐：《如何建立我国中央银行体制》，载于《经济与管理研究》1981年第5期；关广富：《社会主义银行理论与实践问题》，中国金融出版社1984年版，第321页。

② 万一烽：《把我国银行体系的“线”型结构变为“点线”型结构》，载于《金融研究》1985年第10期。

③ 曾康霖：《谈金融体制改革的着力点》，引自赵海宽、李常聚主编：《中国金融学会第二届年会文件汇编》（内部发行），1986年，第91页。

④ 刘鸿儒编著：《中国金融体制改革问题研究》，中国金融出版社1987年版，第158~159页。

⑤ 《国务院关于中国人民银行专门行使中央银行职能的决定》，载于《中华人民共和国国务院公报》1983年第21期。

⑥ 《中华人民共和国银行管理暂行条例》，载于《中华人民共和国国务院公报》1986年第1期。

四、中央银行与专业银行之间的关系认识

专业银行分设初期，其总行与人民银行总行都属于部委一级，共同直属国务院，并且人民银行受国务院委托代管各专业银行。[①] 原本同级别的机构却处于管理与被管理的地位，容易造成实际工作中的摩擦。随着中央银行的成立，国务院规定中央银行与专业银行之间的关系为：其一，人民银行对专业银行主要采取经济办法进行管理，各专业银行必须执行人民银行或其理事会作出的决定，否则人行有权予以行政或经济制裁；其二，建设银行在财政业务上受财政部领导，而在信贷业务上要服从人民银行或其理事会决定；[②] 其三，工商银行、农业银行、中国银行和建设银行在国家规定业务范围内独立行使职权，在基建、物资、劳动工资、财务等方面于有关部门单独立户；其四，专业银行分支机构受各自总行垂直领导，但在业务上要接受人民银行分支机构的协调、指导、监督和检查。[③] 由以上前三点可以看出，一方面中央银行对专业银行具有管理权，另一方面在部分业务范围内专业银行又受到其他相关部门领导，掣肘中央银行管理职能的发挥。从第四点可知，专业银行分支机构既受其总行领导，又受同级别中央银行指导，但因为专业银行往往听从总行指令而架空同级中央银行。所以，无论是在人民银行行使中央银行职能之前，抑或作为中央银行的人民银行，其与专业银行之间的关系始终没有界定明确，导致中央银行对专业银行的管理职能难以充分发挥。故而，中央银行与专业银行之间的关系不仅成为影响中央银行制度建设的重要问题，也成为该时期理论界讨论的焦点之一，即学者们围绕该问题对中央银行与专业银行的隶属关系进行了大量的探讨。

具体来说，一种观点认为，中央银行与专业银行之间是领导与被领导

---

① 宋汝纪、曹凤岐：《如何建立我国中央银行体制》，载于《经济与管理研究》1981 年第 5 期。

② 在 1983 年 1 月 14 日发布的《国务院办公厅关于中国人民建设银行、中国农业银行组织机构问题的通知》中，规定“中国人民建设银行受财政部和中国人民银行双重领导，以财政部领导为主”。《国务院办公厅关于中国人民建设银行、中国农业银行组织机构问题的通知》，载于《中华人民共和国国务院公报》1983 年第 1 期。

③ 《国务院关于中国人民银行专门行使中央银行职能的决定》，载于《中华人民共和国国务院公报》1983 年第 21 期。

的关系。俞天一指出，人民银行要发挥中央银行作用，就需要对各种金融机构做好管理、检查和监督，但平起平坐的关系很难实现这一目标。[①] 王克华和王佩真指出，人民银行与专业银行的隶属关系是由其性质决定的，作为国家机关的人民银行有权领导属于企业性质的专业银行，否则国家的经济金融方针、政策、法规和制度就无法落实。[②] 张贵乐认为，上级专业银行对下级行应该以负责本行系统的规划和资金调剂为主，在行政上所有专业银行都应由当地中央银行领导和管理，负责其信贷政策、投向和计划等，这样才能避免资金上的条块分割，也便于地区统一组织生产和流通。[③] 另一种观点认为，中央银行与专业银行不存在行政上的隶属关系，但具有业务上的领导与监督关系。唐崇贤认为，一方面无论中央银行抑或专业银行，其目标都是为了促进国民经济发展，都要贯彻国家的经济方针政策，从这一点来讲，中央银行与专业银行在行政上应是相对独立的平等关系，而不是隶属关系；另一方面两类银行在业务范围上具有基本的分工，中央银行是领导和管理全国金融事业的机关，专业银行是按国民经济专业化分工要求在各自职权范围内各司其职，所以在业务上中央银行对专业银行具有领导和管理之责，但这种领导与管理是通过经济手段来实现的。[④] 还有一种观点认为，总行层面上属于领导与被领导关系，省级及以下不存在领导关系。王兰认为，如果省、市中央银行对同级专业银行采取领导，会与专业银行的垂直领导产生直接矛盾，也必然增加领导层次，导致互相扯皮以及降低工作效率，同时各地专业银行也会变成当地中央银行的营业部，无法发挥专业银行独立经营的作用。[⑤] 但也有学者对此持反对意见，如贾灿宇认为，人民银行分支机构的地位在地方层面没有得到认可，使其缺乏金融宏观控制的话语权，因而他提出不仅人民银行总行可以对专业银行总行具有人事管理权、金融决策权、行文权以及信贷资金管理和调剂权，而

① 俞天一：《浅论人民银行怎样发挥中央银行的作用》，载于《中央财政金融学院学报》1981 年（试刊）。

② 王克华、王佩真主编：《中国货币银行学》，中央广播电视大学出版社 1986 年版，第 452 页。

③ 张贵乐：《关于中央银行与专业银行关系问题》，载于《金融研究》1985 年第 2 期。

④ 唐崇贤：《试论我国银行之间的关系》，载于《农村金融研究》1985 年第 1 期。

⑤ 王兰：《关于银行体制改革的意见》，载于《金融研究》1983 年第 8 期。

且省、市、区以下各级人民银行也应对辖内专业银行具有以上相同权利。[①]

理论界在讨论中央银行与专业银行之间隶属关系的同时，也对如何理顺该关系提出了不同看法。第一种意见是强调专业银行与中央银行配套改革，包括加快专业银行企业化经营，转变专业银行工作重心，改革中央银行资金分配并促进资金横向融通。[②] 第二种意见是加快制定银行相关法律，以保障人民银行对专业银行的管理职能的发挥。[③]第三种意见是通过调整专业银行分支机构设置，打破其垂直管理体系，以服从地方中央银行的领导和管理。[④] 其中最后一种意见的一个代表性方案是，专业银行不设总行、省行和地（市）行三级管理机构，而是按具体业务单独呈“点”状设立，以此打破专业银行垂直领导的制约，人民银行则继续保持其“线”型结构，这种“点线”型银行体系既能强化中央银行的宏观控制，也能区别管理机关与经营机构的界限。[⑤]

总而言之，经过 20 世纪 80 年代至 90 年代初围绕中央银行与专业银行关系的集中讨论，学术界在理论层面上揭示了中国银行体系中存在的问题，为推动中央银行制度的形成和初步发展奠定了坚实的理论基础。但同时，从对该问题讨论的时间维度来看，中央银行与专业银行的关系很长时期都没有得以厘清，并成为中央银行制度建设的内在阻力。而本书认为，政策层面未能及时对接学术研究成果是形成该局面的一个重要原因。

第四节　以企业化改革为核心的专业银行制度建设思想

中国共产党第十一届中央委员会第三次全体会议以后，在计划经济行

①③　贾灿宇：《中央银行必须有权有法》，载于《金融研究》1985 年第 6 期。

②　赵海宽等编：《银行体制改革》，天津人民出版社 1988 年版，第 49 页。

④　王良援、周智平：《“归口管理”是强化金融调控的现实选择》，载于《金融研究》1990 年第 12 期；白志俊：《专业银行实行归口领导的具体内容》，载于《金融研究》1991 年第 2 期。

⑤　万一烽：《把我国银行体系的“线”型结构变为“点线”型结构》，载于《金融研究》1985 年第 10 期。

业管理思路下，以国家确定的专业为方向，人为地划分并建立了专业银行，即中国农业银行、中国银行、中国人民建设银行和中国工商银行①，分别服务于农村、外汇、基本建设和工商企业流动资金。恢复和新设立的四大专业银行，在该时期为国民经济发展提供了必要的资金支持，也促进了金融体制改革和金融事业的发展。但是，在经济体制改革和经济模式转轨背景下，这样的专业银行制度逐渐与中国的经济发展和经济体制不相适应。为此，理论界和政策界以企业化为核心，对专业银行制度建设进行了积极的探索，形成了丰富的专业银行企业化改革思想，并成为该时期银行制度建设思想的重要组成部分。

一、专业银行企业化改革思想的提出

20世纪80年代，学者们从不同角度提出了专业银行企业化改革的必要性，主要包括以下几个方面：

其一，专业银行企业化是经济转轨的必然要求。随着国民经济的转轨，中国需要从直接控制的产品经济模式转向间接控制的商品经济模式，而政企合一的“大一统”银行体系已无法满足日趋活跃和发达的商品经济。所以，邓乐平认为必须实行银行系统的政企分开并使专业银行彻底企业化。②

其二，专业银行企业化是中央银行制度建立和发挥作用的先决条件。经济体制的改革要求中央银行的宏观金融调控方式，采取以经济手段为主的间接调控来代替以行政手段为主的直接控制，即中央银行利用其所掌握的经济杠杆调节专业银行业务活动。赵海宽指出，实现这一办法的先决条件是专业银行采用企业化管理，也就是将专业银行业务经营结果同本单位

① 具体包括：1979年2月国务院发出《关于恢复中国农业银行的通知》，同年3月13日正式恢复了中国农业银行总行；1979年3月国务院转批中国人民银行《关于改革中国银行体制的请示报告》，将中国银行从中国人民银行分设；中国人民建设银行长期以来隶属财政部，1979年8月，国务院批准其为国务院直属单位；1983年9月，国务院决定中国人民银行专门行使中央银行职能，同时决定成立中国工商银行，承担原来由中国人民银行办理的工商信贷和储蓄业务，并于1984年1月正式成立中国工商银行。

② 邓乐平：《论专业银行企业化的几个问题》，载于《金融研究》1986年第9期。

的领导和职工利益适当挂钩，只有如此才能使中央银行的经济措施直接影响专业银行及其职工的利益，从而使专业银行对这些措施作出积极的反应，令中央银行的宏观金融调控发挥有效作用。①

其三，专业银行企业化是微观金融搞活的关键所在。搞活金融企业是信用机制正常运行的基础，是中央银行宏观调节手段在微观活动中得到灵敏反应的保障。因此，尚明提出专业银行必须像工商企业一样实行企业化管理，对其资金既要有自主权，也要有相应责任。②

其四，专业银行企业化是打破银行内部资金"大锅饭"的重要环节。在以往体制下，地方政府和企业为追求高速发展，盲目上新项目和扩张摊子，资金不足时就向专业银行贷款，而后者必须按照国家计划发放贷款，往往在不考虑资金来源和贷款效益的情况下尽力满足地方和企业需求，而在资金不足时又转向中央银行索要贷款，这就是银行内部资金管理上的"大锅饭"现象。周正庆认为，金融体制改革的关键是要打破银行内部资金管理上的"大锅饭"，而其重要环节就在于实现专业银行的企业化。如果专业银行实行独立核算、自负盈亏，真正将权责利相结合，无论地方和企业对贷款需求如何，银行业只根据资金来源和盈利目标择优支持并量力而行，从而能够有力发挥信贷规模膨胀抑制作用，同时也能成为宏观控制措施的灵活传导机构。③

其五，专业银行企业化是开拓和发展金融市场的主体和依托。伴随商品经济的发展，中国急需开拓金融市场，但长期以来信贷资金的分配呈现出高度垄断的特征，成为金融市场发展的阻碍。因此，必须尽快推进专业银行的企业化改革，扩大资金分配范围，建立横向资金流通。④

在政策层面，1983 年 9 月《国务院关于人民银行专门行使中央银行职能的决定》中指出，专业银行是"国务院直属局级的经济实体"，但对于什么是"经济实体"尚不清楚，有学者认为是金融企业，也有学者认为

① 赵海宽：《论我国专业银行的企业化管理》，载于《金融研究》1985 年第 10 期。
② 尚明：《关于完善中央银行体制的若干问题》，载于《金融研究》1986 年第 3 期。
③ 周正庆：《试论专业银行的企业化》，载于《金融研究》1986 年第 11 期。
④ 姚彦文：《论专业银行综合承包经营及其企业化》，载于《经济问题探索》1988 年第 1 期。

既是金融企业又是国家机关。1985 年制定的“七五”计划建议中提出，“各专业银行应坚持企业化的改革方向”，才指明了专业银行的改革方向是企业化。

二、企业化内涵以及经营目标的分歧

在确立专业银行企业化改革方向的同时，学术界对企业化的内涵和经营目标却产生了分歧。

关于专业银行企业化内涵的理解。学术界普遍认为，专业银行企业化就是指把专业银行办成经营货币这种商品的企业，成为具有自主经营、自负盈亏、自担风险和自求平衡的经济实体。① 而对于企业化和企业化管理，这两个概念具有本质上的不同。前者是将专业银行从兼具金融企业和国家金融机关的双重性质变为完全的金融企业，要求专业银行像其他工商企业一样实行自主经营和自负盈亏，以便具备自我发展和自养自存的能力。后者仅仅是按照企业经营的某些原则和方法来经营，与其本质是否为企业并无关系，也不需要实现自我积累和发展。也就是说，专业银行企业化是根本性的变革，而企业化管理只是在原有体制上对经营和管理方式的调整。② 有学者提出，中国短时期内尚不具备真正专业银行企业化的条件，只能先按照企业化的管理方式来经营，最终再过渡向真正的金融企业形式。③ 也有学者认为，即使不进行企业化改革，专业银行也应当进行企业化管理，落实企业内部的权责利，建立健全责任制和考核制，以便提高工作效率。④

针对专业银行是否以利润作为经营目标的争议。持肯定态度的学者认

① 持该观点的有曾康霖：《谈金融体制改革的着力点》，引自赵海宽、李常聚主编：《中国金融学会第二届年会文件汇编》（内部发行），1986 年，第 91 页；邓乐平：《论专业银行企业化的几个问题》，载于《金融研究》1986 年第 9 期；赵效民：《专业银行企业化探讨》，载于《经济研究》1987 年第 1 期；戴根有：《专业银行企业化的内涵》，载于《金融研究》1986 年第 10 期；吴晓灵：《银行企业化的核心及其意义》，载于《金融研究》1986 年第 10 期；等等。

② 赵效民：《专业银行企业化探讨》，载于《经济研究》1987 年第 1 期。

③ 利广安：《专业银行企业化的步子要稳妥》，载于《金融研究》1986 年第 6 期；俞旭日：《承包经营责任制是专业银行企业化改革的桥梁》，载于《浙江金融》1987 年第 11 期；许健：《历史发展的轨迹——对银行系统大承包之我见》，载于《金融研究》1988 年第 8 期。

④ 曾康霖：《承包・企业化・实验区——再谈金融体制改革》，载于《财经科学》1988 年第 9 期。

为，以利润为经营目标是专业银行企业化的本质要求。[①] 赵效民对此提出了四点理由：第一，盈利性是一切企业的基本经营原则；第二，能否盈利以及盈利多寡是决定企业实现自我改造和发展的决定性因素；第三，专业银行聚集和运用资金的效果等一切货币信用活动状况最终都会反映在利润上，即利润是综合体现和全面评价专业银行经营成果的指标；第四，专业银行要真正成为金融企业就必须像工商企业一样采取权责利相结合的原则，以此充分调动专业银行及其职工的积极性。[②] 邓乐平认为，追求利润最大化的企业化银行必然同时存在风险、亏损甚至停业，这就使其更多考虑贷款的周转与安全，从而关心贷款对象的经营状况，并渗透到微观经济之中，于是在银行与企业之间形成“一损俱损、一荣俱荣”的自然内在联系。[③]

持否定态度的学者认为，不应该直接以利润为目标。一种观点是专业银行以利润为经营目标而不按国家信贷计划要求盲目扩张信贷规模，对国民经济持续、稳定和协调发展造成影响。[④] 但也有学者对此表示反对，一方面中央银行的存款准备金制度可以控制信用总规模，也就是说社会信用总规模是取决于中央银行的宏观货币政策，而与专业银行企业化并无直接关联；另一方面中国多年来在指令性计划下，由于市场信息机制的缺失使得信贷计划本身具有较大的盲目性和主观性，但伴随计划形式变为指导性计划，信贷计划就能够与银行企业化经营有机统一，使各级专业银行既可以依据计划确定经营方向，又能够针对当地具体情况进行灵活经营。[⑤] 还有一种观点是专业银行以利润为经营目标与国家信贷政策之间存在矛盾，原因是：一来国家信贷政策要求以低利贷款支持重点基建项目、短线产品生产以及老、少、边区的经济，这会降低专业银行的利润；二来信贷政策要求以高利息鼓励长期存款，会增加专业银行的利息支出，造成其成本增

---

① 持该观点的有钱国光：《专业银行企业化的内涵及方向》，载于《农村金融研究》1993 年第 6 期；赵效民：《专业银行企业化探讨》，载于《经济研究》1987 年第 1 期；邓乐平：《论专业银行企业化的几个问题》，载于《金融研究》1986 年第 9 期；周策群：《专业银行企业化改革的反思》，载于《财贸经济》1988 年第 8 期。

② 赵效民：《专业银行企业化探讨》，载于《经济研究》1987 年第 1 期。

③ 邓乐平：《论专业银行企业化的几个问题》，载于《金融研究》1986 年第 9 期。

④ 利广安：《专业银行企业化的步子要稳妥》，载于《金融研究》1986 年第 6 期。

⑤ 万建华、齐永贵：《论专业银行的企业化经营》，载于《金融研究》1984 年第 12 期。

加，也降低了专业银行利润。①

本书认为，从企业化改革提出的原因来看，如果不将专业银行办成权责利相结合以实现自我发展的金融企业，而仅仅采用某些企业式的经营或管理方法，则难以调动专业银行及其职工的积极性，也无法使专业银行拥有渗透贷款企业的权利和动力，也就不能实现包括搞活微观金融在内的一系列企业化改革目的。另外，将利润作为经营目标是企业的基本原则，如果要将专业银行改革为金融企业，必然也要按此原则进行经营。总之，通过对专业银行企业化内涵和专业银行经营目标的讨论，基本上廓清了专业银行改革的本质问题，为具体改革提供了理论支撑。

三、专业银行企业化改革的路径选择

伴随改革的推进，学术界针对工商企业是否应该触及所有制层面的改革而产生了两种改革思路，即承包制和股份制改革。而对工商企业改革的探讨，也引起了学术界对专业银行企业化过程中采取这两种改革模式的讨论，并由此产生了以下专业银行企业化改革的路径选择思想。

（一）以放权让利为特征的专业银行承包经营思想

承包制是指承包经营责任制，具体而言，是在坚持企业的社会主义全民所有制基础上，按照所有权与经营权相分离的原则，以转变企业经营机制以及增强企业经营活力，进而提高经济效益为目的，并用承包合同的形式，确定国家与企业的权责利关系，使企业做到自主经营、自负盈亏的经营管理制度。② 该制度一般不改变产权性质，但承包者拥有充分机构设置、人事管理、规章制定及分配形式等经营自主权，其实质是对企业的放权让利。③ 承包经营责任制是20世纪80年代中国经济体制改革理论和实践的

---

① 俞天一：《论我国专业银行的利润目标》，载于《金融研究》1985年第7期。

② 贺富海、党益信：《承包经营是专业银行走向企业化的必要途径》，载于《中国农业银行长春管理干部学院学报》1988年第4期。

③ 俞旭日：《承包经营责任制是专业银行企业化改革的桥梁》，载于《浙江金融》1987年第11期。

一项重要突破，首先在农村取得了历史性成就，在推行于中小企业后也显示出了极大的制度优势。因此，该项制度受到了理论界和政策界的广泛重视，并试图将之推向更多的改革领域，也由此引发了学术界对专业银行企业化改革是否也应该采取承包经营制的讨论热潮。通过梳理各方观点，可以发现肯定派和反对派主要围绕下述三方面展开了观点交锋。

专业银行承包经营与企业化改革之间的关系。肯定派认为，专业银行的经营承包责任制与企业化的方向一致，承包经营的实施可以推动企业化改革的进程。这是因为：其一，承包经营是以合同形式使专业银行获得经营自主权，同时也有了相应的责任与风险，这就为企业化创造了必要条件；其二，承包经营制以合同形式规定了专业银行应得利益，为其提高效率提供了动力；其三，承包经营以合同方式确定了专业银行的经济责任，强化了其约束机制，并以此促进其改革内部经营机制以及增强自我协调和自我约束能力。[①] 也有学者提出，可以通过推行综合承包经营责任制实现信贷资金所有权与经营权的分离，并在县市支行建立起权责利相结合，自主经营、自负盈亏、自担风险和自求平衡的经济实体，作为实现专业银行企业化的有效途径。[②] 还有学者认为，承包经营能够明确所有者与经营者的关系，减少各级政府干预，落实经营权，以及促进金融业开展竞争，因此，是专业银行企业化的现实选择。[③]

反对派则认为，这两者之间并无必然的联系，因为实行承包经营是为了实现专业银行的企业化，然而企业化受阻的症结并不能通过承包经营而得以解决或改善。具体而言：第一，当前专业银行的经营目标模糊，即一方面要求其实行以利润为目标的企业化经营，另一方面又要求其以发展经济、稳定币值及提高社会经济效益为目标，造成专业银行经营管理因没有明确方向而内在动力不足，对此承包经营并不能解决该问题；第二，中国的几家大型专业银行几乎垄断了全部的国家金融业务，每家专业银行又在

① 贺富海、党益信：《承包经营是专业银行走向企业化的必要途径》，载于《中国农业银行长春管理干部学院学报》1988 年第 4 期。

② 姚彦文：《论专业银行综合承包经营及其企业化》，载于《经济问题探索》1988 年第 1 期。

③ 郑子术、雷纬、黄铁军、王丽娅：《关于我国银行体制改革的若干观点比较》，载于《财经研究》1989 年第 5 期。

国家指令范围内开展业务，不存在矫正和改进自身经营管理行为的外部压力和威胁，而这是由于缺乏行业竞争所致，也不是承包经营能够改善的；第三，在中国现行专业银行的三层体系下，不参与具体业务的上级管理行却对实际经营业务的基层行发布层层指令和进行业务指挥，导致基层行信息扭曲，进而弱化了其市场感受力，这种体制造成的弊端也不是承包制所能克服的；第四，长期以来，专业银行的性质未能厘清，其准机关的属性导致了企业化推进的艰难，这也无法通过承包经营来解决。①

专业银行承包经营与加强金融宏观调控之间的关系。肯定派认为，承包经营制能够强化利润约束，使准备金率、贴现率及再贷款利率等经济手段发挥更大作用，从而使中央银行可以有效实现间接控制，即加强金融宏观调控。② 反对派则认为，承包经营会对国家的金融宏观调控产生阻碍。例如史致金认为，承包经营可能会束缚货币政策的灵活性，这是因为银行作为货币政策的传导载体很大程度上受制于货币政策，但货币政策的制定要视经济情况而定，故常常呈现出时紧时松的特征，这种权变的货币政策会影响银行收益，而承包制以既定经营条件为前提，不断变动的货币政策必然对其造成冲击，所以如果选择承包制就必须在一定程度上抑制货币政策的灵活性。③

专业银行承包经营与执行国家金融政策之间的关系。肯定派指出，认为专业银行是国家的经济杠杆，所以必须以国家利益为目标，而不能采取以追求自身利益为目标的承包经营制，这种观点是将专业银行当成了国家机关。但是，专业银行的本质是金融企业，其经济杠杆的职能也是基于企业性质这一前提条件，与承包制并不是对立的关系。④ 反对派认为，银行是国家贯彻产业政策的有效工具，承包以后的银行很可能因追求利润目标而忽略政策目标。⑤

---

① 沈思、周建松：《银行承包经营是否可行》，载于《金融研究》1988 年第 8 期。

② 贺富海、党益信：《承包经营是专业银行走向企业化的必要途径》，载于《中国农业银行长春管理干部学院学报》1988 年第 4 期。

③⑤ 史致金：《专业银行不宜实行承包经营》，载于《当代财经》1988 年第 12 期。

④ 周策群：《专业银行企业化改革的反思》，载于《财贸经济》1988 年第 8 期。

（二）以所有制改革为主导的专业银行股份制思想

在改革的探索过程中，理论界逐渐认识到现行所有制形式是阻碍经济改革和商品经济发展的本质因素，因而掀起了对工商企业股份制改革的热情讨论。而这一讨论也逐渐深入到了对专业银行改革路径的探索之中，学者们针对所有制问题是否为专业银行改革的核心问题，以及是否应该采取股份制的方式以实现企业化改革进行了充分的探讨。

关于是否应该实行专业银行所有制改革的争论。许多学者提出，专业银行的核心问题在于其所有制结构单一与整个国民经济的发展极不相适。单一的国家所有制相适应的银行体制表现为高度集中和计划的信用形式、单一且高度集中的银行组织形式，还有以行政为主的管理形式。这种银行体制虽然有利于巩固国家政权，但却建立在否定商品经济、排斥市场机制和金融市场的基础上，因而不适应于商品经济的发展要求。具体来讲，一元化的银行体制与已经向多元化而发展的经济结构存在矛盾，成为新经济形式产生的阻碍；高度集中且纵向流动的资金，与广泛发展的横向经济产生摩擦；金融业务的垄断限制了竞争，使得专业银行既无发展的外在压力，也没有革新体制的内在动力。① 但是，也有学者认为，专业银行改革不应该触及所有制层面，而应该继续坚持国有化大银行的体制，其依据为：一则，按照马克思主义银行理论，社会主义银行负有调节和发展整个国民经济的任务，要实现这一任务，就必须把信贷集中在国家手中，而且中国目前资金紧缺，经济发展不平衡，如果不能更好地筹集和融通资金，必然会影响有效资金的使用效率。因此，如果对专业银行实行所有制改革，将国有化的大银行分解成若干零散小银行，必然削弱国家银行的作用；二则，在国家专业银行内大面积推行股份制则相当于对国家公有制的改造，但社会主义全民所有制是社会主义社会主要的经济基础，金融体制改革也不能离开社会主义公有制这一前提；三则，中国金融体制改革的目的是建立灵活自如并且具有层次的宏观控制调节体系，专业银行这种大

---

① 胡连生、李卫星：《关于我国专业银行股份制问题的初探》，载于《金融研究》1986 年第 11 期；向进：《对专业银行进行股份化改造的探讨》，载于《四川金融》1992 年第 11 期。

型、系统和特有的传导功能也是强化这一调控的良好微观基础，若将其分散化，则会弱化该传导作用的发挥。[①]

关于专业银行企业化改革是否应该采取股份制的争论。从所有制层面探索专业银行企业化的要求，加上现实层面已经出现了股份制的经济形式，使得学者们提出了专业银行股份制的改革思路。胡连生和李卫星指出，虽然各国历史条件和经济金融发展状况不同，决定了其具有不尽相同的金融体系，但却有着基本相似之处，即大多银行都建立于股份制体制上。作为既适应了社会化程度，又促进了商品生产发展的股份制银行自然也可以在社会主义国家发展商品经济的过程中萌发，成为改革银行体制弊端的有效途径。因此，他们提出中国专业银行实行股份制使其成为真正企业化的设想。[②] 向进认为，资金的生产运用是以企业生产经营活动为出发点和落脚点，必须将企业和银行的信用相结合，最好的方式即是通过国家、地方、企业或个人对专业银行参股，使之成为多元化的资产结构、利益结构和决策结构。[③] 王广谦和王大树认为，股份制银行将不同类型银行推向市场竞争，各类银行为争取市场空间，必须不断调整经营行为以适应商品经济发展要求，还必须树立信誉、关心贷款与投资者的效益与安全、承担经营风险等，从而使银行的经济行为与整个社会的经济运行情况相协调。[④] 然而，也有学者对此持否定意见，其原因是：第一，专业银行企业化改革需要其他部门的协同配合，鉴于当前整个经济关系没有理顺，专业银行企业化不能“孤军深入”，必须选择一个既能被接受又能与经济体制相衔接的缓冲方式，所以股份制改革尚不可行；[⑤] 第二，股份制并不能切实解决专业银行当前亟待解决的问题，具体包括，股份制不能实现专业银行的两权分离，不能使专业银行获得选择贷款对象（企业）的自由权，不

---

① 王天英：《金融企业推行股份制之我见》，载于《金融与经济》1987 年第 5 期；韩雷、陈双庆：《论专业银行的企业化》，载于《国际金融研究》1991 年第 4 期。

② 胡连生、李卫星：《关于我国专业银行股份制问题的初探》，载于《金融研究》1986 年第 11 期。

③ 向进：《对专业银行进行股份化改造的探讨》，载于《四川金融》1992 年第 11 期。

④ 王广谦、王大树：《对我国银行股份制的初步设想》，载于《金融研究》1986 年第 12 期。

⑤ 郑子术、雷纬、黄铁军、王丽娅：《关于我国银行体制改革的若干观点比较》，载于《财经研究》1989 年第 5 期。

能解决政企矛盾，不能解决资金“大锅饭”，也不适合宏观控制的需要；① 第三，当前中国个人资金持有量少，居民所持货币的较大比例为日常生活消费资金，能用来额外购买股票的资金不多，因此，很可能股份制银行中99%的股份仍然由国家持有，使股份制失去实际意义；② 第四，股份制也可能导致专业银行为追求短期经济利益而导致某些国家产业政策支持的项目出现资金不足。③

（三）以分离业务为核心的专业银行结构改革思想

长期以来，专业银行是金融企业和专业银行事实上又兼具政策性和经营性两种不同性质的思想分歧一直存在，因而许多学者认为掣肘专业银行企业化改革的核心问题是对其性质缺乏明确的认识和界定。因此，学者们从厘清专业银行性质角度出发，提出将专业银行的政策性和经营性业务相分离，并建立新的银行体系结构，以实现专业银行的企业化改革。而理论界针对专业银行的这一改革路径提出了截然不同的两种观点。

一种观点主张分离专业银行的政策性业务和经营性（商业性）业务，并专门成立政策性银行负责经营政策性业务，将现有专业银行基层行变为经营性的股份制银行或商业性银行，进而形成商业银行和政策性银行并存的“双轨制”银行体系。理由之一是推进专业银行企业化需要剥离政策性业务，只有如此，专业银行才能真正按照企业化进行管理，成为真正的金融企业，同时也能保证用于政策性业务的资金不被挪用，继而不影响国家经济政策的实施。④ 理由之二是对于单个的基层专业银行，其信贷业务兼顾政策性目标与经营性目标，在具体的信贷业务中往往很难兼顾两种目标，解决方式即是把专业银行的机构一分为二，将两个目标分别交由两种类型的银行来实现，即企业化的商业银行和政策性的专业银行。⑤ 理由之三是无论从世界银行发展历程，还是从中国银行发展方向来看，都要求建

---

① 范正平：《对专业银行股份制的异议》，载于《福建论坛（经济社会版）》1987年第7期。

②③ 冯孙明：《股份化不是金融改革的方向》，载于《农村金融研究》1987年第8期。

④ 向进：《对专业银行进行股份化改造的探讨》，载于《四川金融》1992年第11期。

⑤ 俞天一、吴北英、陈彦峰、唐兴光、陈力农：《有计划的商品经济需要建立双轨制银行体系》，载于《金融研究》1986年第10期。

立具有中国特色的社会主义商业银行，然而专业银行向商业银行转变的前提即是将专业银行承担的政策性业务分离。①

另一种观点反对单独建立政策性银行。有学者认为“双轨制”体系，一来违背了社会主义银行的本质特征，二来与整个金融体制改革方向背离，三来割裂专业银行企业性质与政策目标，四来容易给银行经营思想造成混乱。② 也有学者认为，政策性银行会因收支不平衡而难以维持长期的经营，也会因其利息优惠引致信贷膨胀，还会因为贷款的不稳定影响资金周转速度，此外，政策性贷款属于行政办法而非经济办法，除少数扶贫县开发贷款外，政策性贷款不宜过多使用，因而也没有必要单独成立政策性银行。③ 还有学者提出，将专业银行的政策性业务分离并单设政策性银行的做法会阻碍中国计划经济和市场经济的有机结合，这是因为政策性银行虽然能保障低效企业职工的生产和生活需求，但也会使其过分依赖政策贷款而没有改善经营管理机制的动力。计划经济与市场经济有机结合的目的是为了在微观上充分调动企业依据市场情况和价值规律形成自我改造和发展的能力，而不是让其成为依赖国家政策的包袱。④

理论界对专业银行企业化的积极探讨为政策层面的制度设计提供了理论支持和选择方案。1992 年 10 月 13 日，江泽民在中国共产党第十四次全国代表大会报告中确定了中国的市场化改革方向，使市场在社会主义国家宏观调控下对资源配置起基础性作用。为适应资源分配方式的转变，1993 年 11 月 14 日中国共产党第十四届中央委员会第三次全体会议通过了《中共中央关于建立社会主义市场经济体制若干问题的决议》（以下简称《决议》），明确提出专业银行改革要实行政策性与商业性业务分离，建立政策性银行使其承担原专业银行的政策性业务，包括组建国家开发银行和中国进出口银行以及改组中国农业银行，并将现有专业银行逐步转变

---

① 陈锦光、于杨皓、施彬彬：《对建立以商业银行为主体的我国金融体系的再认识》，载于《复旦学报（社会科学版）》1992 年第 4 期。

② 陆岷峥：《专业银行政策性业务与商业性业务矛盾探析》，载于《银行与企业》1991 年第 2 期。

③ 王克华：《论政策性银行与专业银行》，载于《农村金融研究》1991 年第 11 期。

④ 严学旺、童国忠：《我国是否需要单设政策性银行》，载于《金融与经济》1991 年第 4 期。

为商业银行。① 该决议不仅确立了国家专业银行的商业化改革方向，而且以此为指导思想，形成了建立以国有商业银行为主体的银行体系的基本思路，这一点在同年12月25日国务院发布的《国务院关于金融体制改革的决定》中得到了进一步说明，即中国金融体制改革的目标之一是“以国有商业银行为主体，多种金融机构并存的金融组织体系”②。

纵观专业银行企业化的三条路径，承包制涉及的是经营管理层面的放权让利，股份制的核心在于对专业银行所有制结构的变革，而政策性与经营性业务的分离则是专业银行体系结构的变动。本书认为，以上三种路径之间并不是完全对立和非此即彼的关系。具体来说，所有制改革的提出标志着对银行制度改革的研究进入了更深的层面，它既是改革的敏感问题，同时也触及了改革的本质，是专业银行改革的必然方向。然而，考虑到中国当时尚处于计划经济向市场经济的过渡，还不具备充分的改革条件，既没有完善的市场体系，也没法律层面的制度保障，故而应当采取渐进的改革方式，即应该从经营管理层面的放权让利入手。但是，银行又不同于一般的工商企业，它作为资金融通的载体，除了追求自身业务经营外还需要执行国家的金融政策，如果不将两种职能分开，仅仅通过承包经营很难实现自主经营，更不可能成为真正的金融企业。所以，首先应该分离经营性业务和政策性业务，通过体系结构的转变厘清专业银行的性质，再从所有制层面深化改革，使专业银行成为真正的金融企业。

第五节　以调整行社关系为主线的农村信用社制度建设思想

中国共产党第十一届中央委员会第三次全体会议后，农村家庭联产责

① 《中共中央关于建立社会主义市场经济体制若干问题的决定》，载于《中华人民共和国国务院公报》1993年第28期。

② 《国务院关于金融体制改革的决定》，载于《中华人民共和国国务院公报》1993年第31期。

任承包制确立了家庭和个体经营在农村经济中的主导地位，从根本上否定了以往吃“大锅饭”式的经营和管理模式，个体户、专业户以及乡镇企业大量兴起，农村资金需求量急剧上升，以往农村金融体制下的资金供给模式已经无法满足农村地区对资金的大量需求。对于当时在农村资金融通中起主要作用的信用社，许多学者认为其在农行领导下“官”办色彩浓厚，人事、业务、财务等均向国家银行看齐，经营缺乏活力，不适应当前农村经济发展要求。①

决策层面也意识到了这一问题，1980 年中央财经领导小组会议上指出应该搞活农村信用社，使其在银行领导下实行独立核算、自负盈亏，下放给公社、搞成官办，都不能把它办成真正的集体金融组织。1983 年 1 月 3 日的农业银行全国分行行长会议上，韩雷指出“三性”② 是信用社作为集体所有制金融组织的本质，而信用社的“官办”已经削弱了“三性”的作用，利率倒挂、存放款依赖银行补贴等造成了信用社不能自负盈亏，与银行一致的经营制度、干部制度、工资制度使信用社缺乏经营上的灵活性和管理上的民主性。③ 在 1984 年 6 月 26 日的《中国农业银行关于改革信用合作社管理体制的报告》中提出，长期以来信用社在人事、业务和财务等方面向农业银行看齐，造成信用社“实际走上了‘官办’道路，同农民的关系日渐疏远。为农业生产服务、为农民生活服务的观点日渐淡薄，逐渐失去了合作金融组织的优越性，不能适应农村商品经济发展的需要”，同时指出信用社改革目标是要恢复“三性”，即“在国家方针、政策指导下，实行独立经营、独立核算、自负盈亏”，同时加强农业银行对信用社的领导，并“把信用社真正办成群众性的合作金融组织”。④

---

① 关锡庚：《略论现阶段农村信用合作社的性质和任务》，载于《农村金融研究》1980 年第 7 期；关锡庚：《信用社应保持集体金融组织的性质》，载于《中国金融》1980 年第 10 期；朱作安：《关于我国农村信用合作社的性质及其管理体制的探讨》，载于《农村金融研究》1980 年第 2 期。

② “三性”指组织上的群众性、管理上的民主性、经营上的灵活性。

③ 韩雷：《信用社必须进行机构改革（节录自韩雷同志一九八三年一月三日在农业银行全国分行行长会议上的讲话）》，载于《农村金融研究》1983 年第 2 期。

④ 《国务院批转中国农业银行关于改革信用合作社管理体制的报告的通知》，载于《中华人民共和国国务院公报》1984 年第 19 期。

一、农村信用社隶属关系的讨论与改革方案的提出

农村信用社的“官办”具体体现为农业银行对信用社干涉过多、管得过死，要发挥信用社的“三性”，首先必须理顺农业银行和信用社的关系。[①] 各界围绕这一问题展开了对农村信用社改革的第一次大讨论，内容聚焦于对行社关系的调整上，主要包括“农行领导论”“合并经营论”“行社脱钩论”三种不同观点。

第一种是“农行领导论”，持该观点的学者认为信用社只有保持在农业银行领导下，才能实现可持续发展。有学者提出农业银行与农村信用社处于农村资金统一的循环体中，只要坚持农村信用社合作金融性质和农业银行领导，通过加强行社之间的经济利益关系，如农行向信用社入股、参与经营，同一地区的行社实行联营等，或通过共同协商处理经济利益问题等方式，便可以解决行社之间的问题。[②] 也有学者认为，目前信用社无论是隶属乡镇府领导，还是人民银行领导，抑或是自成体系都行不通，只有接受农业银行领导才有出路。而在农业银行如何领导信用社问题上，部分学者认为既不能搞联营，也不能直接进行行政干预。[③] 还有学者对几种信用社的改革模式进行了分析：一是如果由乡政府领导，不利于国家宏观控制和信用社的经济核算即业务开展；二是农业银行的全民所有制与信用社的集体所有制有着不同的经营方针，二者在农业经济工作中相互补充、相对独立，这决定了农行与信用社不能进行合并；三是信用社自成体系条件尚不成熟，因为目前信用社实力薄弱、与农业银行业务难以清楚划分，人行机构在城市，对地处农村且网点众多的信用社管理能力有限。因此，“只有接受农行领导，才是信用社的最好出路”[④]。

此外，部分“农行领导论”者还提出组建县联社，即由地（市）农

---

① 尹宁：《理顺农业银行与信用社的关系》，载于《金融研究》1986 年第 5 期。

② 白纯智：《深化农村信用社改革的矛盾和对策》，载于《农村金融研究》1990 年第 2 期。

③ 陈文林：《九、农村信用社体制究竟怎样改》，载于《金融与经济》1991 年第 12 期。

④ 贺富海、马宇翔：《农行应加强和改善对信用社的领导》，载于《金融研究》1986 年第 11 期。

行领导对全县信用社直接进行管理，县联社和信用社与县农业银行和营业所相互独立、互不干涉。组建县联社的优点在于：首先，农行与信用社都是社会主义农村金融体系的组成部分，但又属于两个不同的所有制形式，这种“上联下分，配套改革”的模式符合农行和信用社的性质要求；其次，县级的联社和农行统一接受地（市）农行领导，有利于实现金融宏观控制，同时县级联社和信用社与县农行和营业所又是相互独立的经济实体，共同为农村资金融通提供服务，有利于搞活农村经济，所以，这种模式“有利于金融的宏观控制与微观搞活”。[①] 在《中国农业银行关于改革信用合作社管理体制的报告的通知》中规定建立信用合作社的县联社，使其在农业银行县支行领导下进行工作，而且具体工作由县支行信用合作股负责。[②] 组建县联社的目的是进一步下放管理权限，虽然现实运行中联社主任由农行行长或副行长担任，实质是两块牌子一套人马，使得农村信用社并未实现自主权利。但是，县联社的建立在信用社体制改革中具有重要意义，是将农行管理权力下放的一次尝试，也为之后行社脱钩做了组织上的铺垫。

第二种是“合并经营论”，即取消现有农业银行和信用社，将两者合并成“农村合作银行”，实行统一管理、统一经营、共负盈亏。但有学者认为，这种模式抹杀了信用社在农村金融中的特殊作用，违背了农村信用社改革的初衷。[③]

第三种是“行社脱钩论”，即信用社应该与农业银行实行脱钩，由人民银行直接监管，自成体系，自主经营。林茂德、曾绍熙和朱怀庆认为，中国农业信用社长期处于国家银行管理之下，按照国家或国家银行意志而不是依据合作制的原则运行，因而具有浓厚的官办性质，导致自愿互助因素少，行政干预色彩重，使信用社失去了合作金融最基本的“三性”特征。因此，如果要把信用社建成真正的“合作金融组织”，就必须脱离农

---

① 肖文发：《信用社经营管理体制的选择》，载于《金融研究》1986年第5期。

② 《国务院批转中国农业银行关于改革信用合作社管理体制的报告的通知》，载于《中华人民共和国国务院公报》1984年第19期。

③ 肖文发：《信用社经营管理体制的选择》，载于《金融研究》1986年第5期；路建祥：《论农村信用社改革》，载于《农业经济问题》1986年第8期。

业银行的管理。[①] 马珍认为，农业银行与农村信用社的服务对象都是农村，业务范围重叠较大，作为具有共同利益追求的两个不同的经济实体，两者在实际经营中便存在竞争关系，但行政上的隶属关系、领导与被领导关系，导致信用社始终处于被动地位。[②] 从银行体制改革角度，罗建华和刘义兵认为在改革开放之初，农业银行作为调节农村资金的专业银行，在农村金融体系中占据主体地位，信用社需要农业银行的资金和政策扶持。但随着国家专业银行商业化改革的进行，作为一个追求自我发展的企业，农业银行对信用社直接的行政管理权利将随之减弱甚至消失，农业银行管理信用社的基础将不存在。[③] 王新文认为，农业银行是独立的经济实体，而不是金融管理机关，并且农业银行属于全民所有，而信用社属于集体所有，因此，农业银行不具备管理和领导信用社的职能和权利。同时指出"中国人民银行是国务院领导和管理全国金融事业的国家机关，是国家的中央银行"，信用社是金融体系的组成部分，应该接受人民银行的领导和管理。[④] 贾宝宏认为，农业银行领导信用社，会造成农业银行依赖信用社组织存款、代理贷款等业务，不利于农业银行自身的建设和发展。[⑤] 此外，林兴根和鱼东海还从理论层面论证了行社脱钩的可行性。[⑥] 查斌仪认为，信用社与专业银行同为金融企业，相互之间具有竞争关系，信用社的经营活动应该直接接受人民银行的调控。[⑦]

二、对行社脱钩后农村信用社管理模式的不同设想

然而，学术界对农村信用社与中国农业银行脱钩后按照什么模式运行

---

① 林茂德、曾绍熙、朱怀庆：《论农村信用合作社的危机与改革》，载于《金融研究》1990年第4期。

② 马珍：《试论农村信用合作社改革的方向》，载于《金融研究》1986年第11期。

③ 罗建华、刘义兵：《农村信用社股份制改造研究》，载于《银行与企业》1993年第5期。

④ 王新文：《对农村信用合作社改革的探讨》，载于《浙江金融》1986年第11期。

⑤ 贾宝宏：《自成体系是信用社改革的必然趋势》，载于《金融研究》1986年第5期。

⑥ 林兴根、鱼东海：《行社脱钩模式的理论依据及实施构想》，载于《金融研究》1993年第11期。

⑦ 查斌仪：《农村信用合作社改革进程迟缓的成因与思路》，载于《上海金融》1989年第8期。

却存在着不同的看法。一种意见是组建县联社，其理由有四：一是认为“信用社的领导和协调主要依靠县联社，而不是从上到下自成体系”；[①] 二是指出“应改革农村信用合作社对农业银行的依附体制”，首先可选择不同模式进行试点，在“脱钩”地区成立自主经营、自负盈亏的县联社；[②] 三是提出信用社改革应首先建立县级联社，将农业银行对信用社的直接管理转为间接管理，然后实现与农业银行的完全脱钩；[③] 四是认为自成体系的模式尚不具备条件，因为自办联行会造成县级以上出现两套重叠办理农村金融业务的机构，造成农村信用混乱，而且自上而下的系统势必给国家增加经费开支，不符合国家“精兵简政”的要求，因此，只有组建并强化县级联社，人行通过县联社对信用社实行管理。[④] 另一种意见是自成体系，也就是说由人民银行直接领导，其依据是：第一，否定县联社由县农行领导的方式，认为信用社应该自成体系，与专业银行一样接受中央银行的直接领导；[⑤] 第二，采用“合作银行”“自成体系”等机构升级模式会使信用社走向权利上调的“官办”老路；[⑥] 第三，应该撤销现行的乡级信用社，分地区推倒重来，在发达地区信用社与农业银行合并，成立农业合作银行，中间地区，由供销合作社兼营信用合作社业务，贫困地区按自然村自愿组织信用合作小组；[⑦] 第四，合并建立村级信用社；[⑧] 第五，自成体系，即在人民银行直接领导下，自下而上建立信用合作社联合社，是信用社改革的必然趋势，这是因为农村商品经济的发展需要有与之相适应的集体合作金融组织为其提供资金融通，但当前官办的信用社管理体制不能实现这一目标，此外，农业银行通过全民所有制银行的办法领导、管理集体

---

① 刘连舸：《我国社会经济三元系统与银行制度改革的总体思路》，载于《金融研究》1987年第3期。

② 夏斌：《回顾·展望·理论——对我国金融改革的一些看法》，载于《管理世界》1987年第6期。

③ 林茂德、曾绍熙、朱怀庆：《论农村信用合作社的危机与改革》，载于《金融研究》1990年第4期。

④ 马珍：《试论农村信用合作社改革的方向》，载于《金融研究》1986年第11期。

⑤ 王新文：《对农村信用合作社改革的探讨》，载于《浙江金融》1986年第11期。

⑥ 刘光烈：《农村金融体制改革要讲求整体优化》，载于《农村金融研究》1987年第6期。

⑦ 谭岳衡、郑薇：《推倒重来：关于信用社的改革思路》，载于《金融研究》1987年第5期。

⑧ 温阳福：《农村信用合作社改革的重要选择——撤大社建小社》，载于《金融与经济》1990年第9期。

金融组织性质的信用社，结果必然不适应信用社的发展。①

这一时期无论学术还是制度层面，以行、社关系调整为主线，对农村信用社的改革进行了积极的探索。综合来看，要想恢复农村信用社的“三性”并摆脱“官办”，实行行社脱钩已成为农村信用社改革的必然趋势。事实上，20 世纪 80 年代已经开始在部分地方进行了行社脱钩试点经营，这为后来全面行社脱钩提供了丰富的经验借鉴。②

第六节　现代银行监管制度建设思想的初步探索

伴随“大一统”银行制度的突破和多元化银行制度的发展，理论界对银行监管进行了积极探索，与前一时期相比突出表现在三个方面：第一，在监管主体方面，对中央银行制度的认识促进了中央银行的建立和完善，进而为银行业监管主体的确立创造了条件；第二，在监管业务方面，与之前人民银行垄断所不同的是对放松银行机构准入限制和银行业务交叉与竞争的探讨，以及在此基础上形成的多元银行体系建设思想；第三，在监管立法方面，亟待制定和颁布银行相关法律以保障各项银行监督和管理制度的实施。这些内容不仅为中国现代银行监管制度建设创造了条件，同时构成了现代银行监管制度建设思想。关于第一点和银行业务交叉与竞争在前面已有介绍，本节将对行业准入和银行立法思想进行详细论述。

一、针对银行业准入由严格限制到适度放松的理论突破

银行业的机构准入既是金融市场开放程度的反映，也是银行体系多元化发展的重要内容。以往，国家银行在中国的银行体系中处于垄断地位，政府始终严格限制其他性质银行的存在和发展，甚至在“文化大革命”期

① 贾宝宏：《自成体系是信用社改革的必然趋势》，载于《金融研究》1986 年第 5 期。

② 郑良芳：《关于行、社脱钩问题的几点政策性建议——对浙江省绍兴、鄞县行、社脱钩试点情况的调查》，载于《农村金融研究》1995 年第 6 期。

间只有人民银行一家银行机构。然而，随着改革开放之后以公有制为主体多种经济成分共同发展格局的初步形成，使得银行体系也开始朝着多元化方向发展，进而促成了学术界对适度放松银行业准入条件的探讨。

（一）对民营银行从反对设立到鼓励发展的思想变化

新中国成立后，中国逐渐改造并取消了民营银行机构。自1979年起，虽然理论界提出恢复和发展民营经济，而且关于银行产权多元化发展的呼声也此起彼伏，但却对民营银行的设立始终存在芥蒂。代表性的观点如刘鸿儒，他指出中国可以设立股份制和集体制的金融机构，“但不允许私人办银行”，其理由是：金融业涉及范围较大，又会渗透国民经济的各个领域，从存款安全性以及社会主义的金融应当集中两个角度来说，应该禁止私人开办银行。[①] 王广谦和王大树也提出，为避免银行的私有化，应当禁止私人银行的存在，甚至不应该允许企业独资办理银行。[②]

然而，社会主义市场经济体制改革方向的确立和所有制多元化的进一步发展，促使学术界在理论层面上重新思考民营银行在中国的设立意义，并提出允许和鼓励发展民营银行的思想主张。比如，樊纲等指出非国有的民营金融的滞后发展是阻碍中国金融体制改革的关键因素之一，在中国经济当中，各种形式的非国有经济创造的国民收入占总收入的50%左右，但中国对民营金融机构采取的是限制而非鼓励的政策，使其在金融活动中所占比重过小，表现出与整个非国有经济发展极不相称的特征，同时也成为非国有经济发展的资金融通障碍。总而言之，他们认为发展民营金融机构的好处主要有二：其一，民营金融机构比国有制金融机构更富有效率，因为民营银行不会将钱借给亏损严重或屡借不还的企业，它是最遵守“借钱还钱”这种最基本金融秩序的机构；其二，发展民营金融机构有利于加强政府和中央银行对金融秩序的管理，因为代表国家的中央银行很难对国有的银行进行有效的管理，在具体问题上往往相互通融，但对民营的金融机

① 刘鸿儒：《我国金融体制改革的方向和步骤》，载于《金融研究》1987年第5期。
② 王广谦、王大树：《对我国银行股份制的初步设想》，载于《金融研究》1986年第12期。

构的管理则更具权威性。[①]

（二）对外资银行从主张取缔到鼓励引入的思想发展

新中国成立之后便取缔了外资银行的设立，然而伴随改革开放政策的实施，理论界基于以下方面重新提出对外资银行的开放和准入：从经济发展角度来说：一则外资银行是社会主义经济建设资金的重要来源[②]；二则外资银行是发展特区经济的需要，它既能够为特区经济开发带来外资银行的自有客户，还能够直接在特区进行资本投资[③]；三则外资银行能够为对外贸易提供有力的国际金融支持，尤其对外向型经济具有重要的意义[④]；从完善新中国银行体系角度，外资银行能够与中国的银行产生良性竞争并以此提高本国银行的经营管理效率[⑤]，而且也能够扩大中国与国际金融市场的资金对流量，有利于推动中国金融业务的国际化进程。本时期，学者们对韩国、日本、新加坡等国家的外资银行监管经验进行了详细研究和介绍，[⑥]

---

① 樊纲：《症结究竟在哪里——当前宏观经济波动与金融体制改革问题分析》，载于《金融研究》1993 年第 9 期；樊纲、张曙光、王利民：《双轨过渡与“双轨调控”（下）——当前的宏观经济问题与对策》，载于《经济研究》1993 年第 11 期；张曙光：《新一轮经济波动中的货币调控和金融改革》，载于《金融研究》1993 年第 11 期。

② 陆建范：《外资银行是筹措“八五”建设资金的重要来源》，载于《浙江经济》1990 年第 9 期。

③ 沈水根：《引进外资银行，促进特区建设》，载于《金融研究》1984 年第 7 期；魏孟德：《千家驹谈外国银行在特区开分行》，载于《天津金融研究》1985 年第 1 期。

④ 邵望予：《进一步开放外资银行促进我国对外经济贸易的发展》，载于《国际贸易》1990 年第 8 期；汪竹松：《引进外资银行对发展外向型经济的作用》，载于《上海金融》1990 年第 2 期。

⑤ 唐和生：《与外资银行竞争中不断改进国际结算工作》，载于《四川金融》1988 年第 10 期；张贵乐、夏德仁：《引进外资银行与健全我国银行体制》，载于《财贸经济》1985 年第 10 期。

⑥ 吴建光：《韩国对外资银行的市场准入及国民待遇》，载于《国际金融研究》1993 年第 8 期；尧洋：《韩国对外资银行的管理措施及其借鉴意义》，载于《特区经济》1993 年第 7 期；章以昌、高天鹏：《日本对驻日外国银行管理给我国引进外资银行的启示》，载于《福建金融》1993 年第 5 期；张贵乐、路德武：《各国对外资银行管理的比较》，载于《金融研究》1993 年第 1 期；林清胜：《马来西亚的外资银行与金融改革》，载于《外国经济与管理》1992 年第 10 期；王忠文：《试析发达国家对外资银行的管理及特点》，载于《经济科学》1992 年第 3 期；陈铿：《印尼新银行法及其对外资银行的影响》，载于《国际金融研究》1992 年第 4 期；张亦春、叶学军：《发达国家和地区对外资银行业务活动的监管》，载于《国际金融研究》1991 年第 11 期；谭雅玲：《波兰是怎样引进外资银行的》，载于《国际金融研究》1991 年第 5 期；潘正彦：《新加坡引进外资银行的经验可供浦东借鉴》，载于《上海金融》1991 年第 2 期；虞关涛、刘楚魂：《外国银行管理模式比较——兼论海南外资银行管理的起步模式》，载于《国际金融研究》1991 年第 2 期；刘仲直：《各国对外资银行的政策和监管》，载于《天津金融月刊》1989 年第 12 期；周林、韩建军：《西方国家对外资银行的管理与监督》，载于《国际金融研究》1989 年第 4 期；张颖：《西方国家对外资银行的宏观管理及对我国的借鉴》，载于《国际金融研究》1988 年第 2 期。

并在此基础上就外资银行的引入速度和规模、是否经营人民币业务、与本国银行的竞争以及引进外资银行的形式等准入条件上提出了不同意见。[①]此外，外资银行的进入容易产生与本国银行的不规范业务竞争以及干扰本国货币政策的实施等弊端，因此，许多学者提出通过完善相关政策法规来加强对外资银行的监督和管理。[②] 基于此，中国人民银行于1983年2月1日公布《中国人民银行关于侨资外资金融机构在中国设立常驻代表机构的管理办法》，1991年1月1日废止并重新颁布了《中国人民银行关于外资金融机构在中国设立常驻代表机构的管理办法》，国务院于1985年颁布了《中华人民共和国经济特区外资银行、中外合作银行管理条例》，这些规章制度的颁行为中国外资银行的制度建设营造了良好的政策环境。

总之，该时期对民营银行和外资银行经历了从严格限制到适度放松的思想转型，通过加入了新的产权结构形式，形成了更加多元化的银行业体系，进而推动了中国银行业的市场化过渡。

二、《银行管理暂行条例》：银行立法思想的制度化探索

银行法是加强银行业监督管理的重要手段，随着银行业的发展，越来越多的学者意识到了银行立法建设的必要性。有学者指出，银行法作为规定国家运用银行和信贷来调节各部门、企业及地区经济活动的一种手段，能够促进各方面经济关系得到公正处理以及经济利益得到应有的保证。[③]也有学者提出，银行法是社会主义现代化建设的重要工具，国家需要一部银行法来保证银行的地位和作用，对银行机构和人员进行法律约束，通过制裁扰乱金融秩序的行为来保障国家经济的平稳发展，以及维护平等互利

---

① 中国金融学会秘书处：《引进外资银行学术研讨会纪要》，载于《金融研究》1992年第10期。

② 吴念鲁、石俊志：《论我国的外资银行与管理法规》，载于《国际金融研究》1989年第7期；陈宪生：《关于对外资银行的政策和监督管理》，载于《国际金融研究》1989年第5期；罗小明：《对外资银行实行阶段性目标管理的构想》，载于《国际金融研究》1989年第5期；张颖：《浅议对侨外资银行的宏观管理和政策》，载于《国际经济合作》1988年第6期；陈小敏：《对我国外资银行管制立法的刍议》，载于《世界经济研究》1987年第1期；罗三生：《我国外资银行管理中存在的法律问题》，载于《上海金融》1993年第7期。

③ 张秀民：《要立一个银行法》，载于《中国金融》1979年第2期。

的金融关系。[①] 还有许多学者认为，中国银行制度的建设需要法律层面的制度保障从而使银行监管能够有法可依。[②] 政策界也意识到了银行立法的重要性，在1983年9月17日发布的《国务院关于中国人民银行专门行使中央银行职能的决定》中就提出要“尽快制定银行法，建立健全各项规章制度，以便依法管理”[③]。基于这样的背景，1986年1月7日国务院发布了新中国第一部综合性的银行规章制度，即《中华人民共和国银行管理暂行条例》（以下简称《暂行条例》）。

《暂行条例》的首要目标在于“加强对银行和其他金融机构的管理，保证金融事业的健康发展，促进社会主义现代化建设”[④]。具体而言，《暂行条例》在法律层面上确立了中央银行的监管主体地位。该条例中明确指出中国人民银行作为国家的中央银行，其性质是“国务院领导和管理全国金融事业的国家机关”，具有审批专业银行和其他金融机构的设立或撤并，以及领导、管理、协调、监督、稽核专业银行和其他金融机构业务的职责，还具有“协调、仲裁专业银行、其他金融机构之间业务方面发生的分歧”的责任。[⑤] 另外，《暂行条例》依法维护了专业银行的自主经营模式。学术界虽然对专业银行的企业化改革方向基本达成了共识，但却对其自主经营仍缺乏相应的制度保障。为此，《暂行条例》规定：“专业银行都是独立核算的经济实体，按照国家法律、行政法规的规定，独立行使职权，进行业务活动。”[⑥] 专业银行难以实现自主经营的一个重要原因在于，在严格的信贷资金管理体制下，专业银行缺乏合理的自有资金。鉴于此，《暂行条例》明确指出专业银行要按照规定拥有和支配利润留成资金。

但是，由于受到当时经济发展水平、市场发达程度、金融理论认识及

---

① 寇孟良：《对我国银行立法的意见》，载于《学习与思考》1979年试刊。

② 钟淦恩、寿进文：《对草拟我国中央银行法的一些看法》，引自中国金融学会编：《中央银行制度比较研究——附北京大学经济系厉以宁的学术报告“当前西方经济理论的动向”》（内部发行），1981年，第168～181页；宋汝纪、曹凤岐：《如何建立我国中央银行体制》，载于《经济与管理研究》1981年第5期；贾灿宇：《中央银行必须有权有法》，载于《金融研究》1985年第6期；中国人民银行、国际货币基金组织、联合国开发计划署主编：《宏观经济管理中的中央银行》，中国金融出版社1990年版，第121页。

③ 《国务院关于中国人民银行专门行使中央银行职能的决定》，载于《中华人民共和国国务院公报》1983年第21期。

④⑤⑥ 《中华人民共和国银行管理暂行条例》，载于《中华人民共和国国务院公报》1986年第1期。

法制水平等限制，《暂行条例》作为一部探索性的法规制度，在许多方面仍有待进一步的完善，具体表现为以下四点。其一，对中央银行的相关规定较为模糊。首先，该条例虽然规定了中国人民银行作为中央银行所具有的货币政策、金融监管和货币发行等12项职能，但没有明确指出其基本职能是制定和实施货币政策；其次，《暂行条例》规定人民银行代表国家统一管理国营企业的流动资金，这一管理规定违背了中央银行间接调控的职能定位；还有，按照条例规定，人民银行负责所有金融机构和金融市场的监管，即相当于金融业的主管部门，从某种意义上来说仍带有较大行政管理的色彩。其二，缺乏对银行业合理竞争的法律保障。如前所述，该时期对专业银行之间的业务合理竞争已经有所认识，但在《暂行条例》中仍然明确说：“各专业银行按照规定的业务范围，分别经营本、外币的存款、贷款、结算以及个人储蓄存款等业务。”① 其三，没有理顺各级中央银行和专业银行之间的关系。虽然《暂行条例》中对专业银行的设立的程序做了规定，即专业银行总行的设立由中国人民银行总行审核并报国务院批准，专业银行下级分支机构的设立由上级分行提出申请并报同级人民银行分行批准。但是，在专业银行的业务管理方面却缺乏能够量化的明确规定。具体为：《暂行条例》第十五条规定专业银行总行对所属分支机构实行垂直领导，而第十七条规定专业银行分支机构的部分事项应当报经人民银行省级分行审批，包括“结合本辖区具体情况制定的重要业务规定”和“信贷资金投向的重大变动”。但是，《暂行条例》对“重要”和“重大”并没有具体的衡量指标，也就是说，此类业务应该由垂直的上级行管理还是报经人民银行省级分行没有明确界定，容易导致管理上的混乱。事实上，在20世纪80年代中后期，各专业银行便展开了业务交叉和竞争的改革，但由于立法的空白，导致了金融秩序的混乱。其四，对银行机构准入条件和原则的规定过于笼统。如《暂行条例》第十五条指出，专业银行分支机构的设立应当具备如下条件：确属经济发展所需，且具有同其规模相适应的业务量；符合业务分工范围；具有合格的金融业务管理人员；符合

① 《中华人民共和国银行管理暂行条例》，载于《中华人民共和国国务院公报》1986年第1期。

经济核算原则。准入条件的设置本应是为了阻止不适当机构的进入，但以上模糊的界限设置使得在实践中难以进行操作，进而容易使银行机构的设立受到人为的干扰。总的来说，该时期并没有颁行一部真正的银行律法，本书认为这是由于中国正处于计划经济向市场经济转型的时期，对银行制度建设的建设也处于不断的摸索之中，因此，很难制订一部比较稳定的、在一定时期内不需频繁更改的银行法。

总之，此阶段的银行监管制度建设思想的重点集中在市场准入方面，表现出监管范围较小的特点。同时，监管方式主要是规范银行机构经营行为，通过行政审批的方式，对银行机构执行相关政策、法律及规章制度进行监管，即表现出以合规性监管为主的特征。

第五章

新中国银行制度建设思想的发展（1994~2019）：以“市场化”而展开

1994～2019年，是新中国银行制度的市场化改革时期。一方面，社会主义市场经济体制改革的不断深化提高了对市场在资源配置中作用的认识，这对建立和完善与之相适应的银行制度提出了新的要求，而且在长期改革过程中，作为中国银行体系主体的国有商业银行积累了大量的风险，也需要进一步加强银行制度建设，并从根本上解决历史包袱的问题；另一方面，改革开放的整体推进加速了金融领域的全面对外放开，特别是加入WTO之后，中国的银行业与国际金融市场联系更加紧密，导致中国银行业的经营与竞争环境发生了根本性变化。在内部改革和外部竞争双重推动下，中国各界为建立一个适应社会主义市场经济体制的、能够更好地发挥宏观调控和资源配置作用的银行制度而展开了积极的市场化探索，这为新时期银行制度建设思想提供了新的理论内容和经验累积，并极大地促进了新中国银行制度建设思想的发展。

第一节　市场化改革时期银行制度建设思想发展的历史原因

一、社会主义市场经济体制的确立为银行业发展提供了政策准备

中国经济体制改革目标经历了一个从计划到市场的探索过程①。长期以来对市场就是资本主义而计划才是社会主义基本经济特征，进而将计划和市场作为一组对立关系的认识，在思想上束缚了市场经济体制的建立和发展。1992年邓小平在南方谈话中指出："计划多一点还是市场多一点，

① 中国共产党第十一届中央委员会第三次全体会议后，中国逐渐开始重视市场的作用。中国共产党第十二次全国代表大会提出计划经济为主、市场调节为辅。中国共产党第十二届中央委员会第三次全体会议提出商品经济是社会经济发展不可逾越的阶段，中国的社会主义经济是公有制基础上的有计划商品经济。中国共产党第十三次全国代表大会提出社会主义有计划商品经济的体制应该是计划与市场内在统一的体制。中国共产党第十三届中央委员会第四次全体会议后又提出建立适应有计划商品经济发展的计划经济与市场调节相结合的经济体制和运行机制。中共中央文献研究室主编：《十四大以来重要文献选编（上）》，中央文献出版社2011年版，第15～16页。

不是社会主义与资本主义的本质区别。计划经济不等于社会主义，资本主义也有计划；市场经济不等于资本主义，社会主义也有市场。计划和市场都是经济手段。”① 该论断首次从理论层面厘清了计划与市场的关系，为社会主义市场经济体制改革做了思想上的准备。同年10月，中国共产党第十四次全国代表大会明确提出了社会主义市场经济体制的改革目标，并指出社会主义市场经济体制就是要使市场在社会主义国家宏观调控下对资源配置起基础性作用。为实现以上目标，1993年11月14日中国共产党第十四届中央委员会第三次全体会议通过的《中共中央关于建立社会主义市场经济体制若干问题的决定》（以下简称《决定》）明确提出，社会主义市场经济必须有健全的宏观调控体系，即要通过财税、金融、投资和计划体制的重大改革来加强对经济运行的综合协调，并对金融体制改革的蓝图进行了规划，人民银行要在国务院领导下独立执行货币政策、转变货币供应量调控方式、组建政策性银行、发展商业性银行等。② 可见，经济体制的市场化定位对经济运行中的各个子系统的制度提出了新的要求。为“适应建立社会主义市场经济体制的需要，更好地发挥金融在国民经济中宏观调控和优化资源配置的作用，促进国民经济持续、快速、健康发展”，国务院于1993年12月25日颁布了《关于金融体制改革的决定》，进一步指出了中国金融的市场化改革目标，即“建立在国务院领导下，独立执行货币政策的中央银行宏观调控体系；建立政策性金融与商业性金融分离，以国有商业银行为主体、多种金融机构并存的金融组织体系；建立统一开放、有序竞争、严格管理的金融市场体系”。③ 以此为标志，中国的银行制度展开了市场化的改革。1997~2012年先后召开的四次全国金融工作会议中，为建立符合社会主义市场经济体制的银行制度提出了各项改革目标和政策准备。2013年11月，中国共产党第十八届中央委员会第三次全体会议通过的《中共中央关于全面深化改革若干重大问题的决定》，第一次

---

① 邓小平：《在武昌、深圳、珠海、上海等地的谈话要点》，引自《邓小平文选（第三卷）》，人民出版社1993年版，第373页。

② 《中共中央关于建立社会主义市场经济体制若干问题的决定》，引自中共中央文献研究室主编：《十四大以来重要文献选编（上）》，中央文献出版社2011年版，第463页。

③ 《国务院关于金融体制改革的决定》，载于《中华人民共和国国务院公报》1993年第31期。

提出深化经济体制改革就是要使市场在资源配置中起决定性作用。该命题进一步深化了对资源配置中市场机制作用的认识。相应地，2017 年 7 月第五次全国金融工作会议上指出要发挥市场在金融资源配置中的决定性作用，并提出了推动国有大银行转型、发展民营金融机构、强化监管等银行改革措施。

总之，自 1994 年以来中国逐步实现了银行制度的市场化改革，主要体现在：一是健全中央银行的宏观调控职能；二是通过股份制改革建立了多元化产权结构的商业银行，并在其内部引入现代公司治理模式；三是组建政策性银行，并按照市场化方向对其进行改革；四是调整农村信用社的产权结构和管理制度；五是完善银行的现代监管制度以及加强银行立法工作。

在一系列政策措施推动下，中国的银行业迈入了一个大的发展时期。1993 年，中国有 1 家中央银行、4 家国家专业银行、9 家全国性和区域性商业银行、4500 家城市信用社、59000 家农村信用社以及 302 个外国金融机构在华代表处和 98 家经营性分支机构。[①] 到 2016 年末，中国除 1 家中央银行外，还有 3 家政策性银行、5 家大型商业银行、12 家股份制商业银行、134 家城市商业银行、1114 家农村商业银行、8 家民营银行、40 家农村合作银行、1125 家农村信用社、1443 家村镇银行、13 家贷款公司、48 家农村资金互助社、1 家邮政储蓄银行以及 39 家外资法人金融机构和 1 家中德住房储蓄银行。[②] 而且，1994 年至 2016 年末，中国银行业金融机构的本外币存贷款余额也表现出了大幅度的增长，其中存款余额由 4.05 万亿元增加至 155.52 万亿元，贷款余额由 4.07 万亿元增加至 112.06 万亿元。[③] 此外，中国的银行机构也具有较强的国际竞争力。在英国《银行家》杂志[④]发布的“2018 年全球银行 1000 强”榜单中，中国工商银行、

① 《中国金融年鉴》（1995），中国金融年鉴编辑部 1995 年版，第 145 页。

② 《中国金融年鉴》（2017），中国金融年鉴杂志社有限公司 2018 年版，第 7 页。

③ 《中国金融年鉴》（1995），中国金融年鉴编辑部 1995 年版，第 477 页；《中国金融年鉴》（2017），中国金融年鉴杂志社有限公司 2018 年版，第 304 页。

④ 《银行家》是全球最具盛名的财经媒体之一，该杂志创刊于 1926 年，隶属于英国金融时报集团。《银行家》拥有超过 4000 家全球银行的数据库，每年根据不同国家和地区银行的核心资本、盈利能力以及同行竞争表现进行分析，发布“全球 1000 家大银行”排名，这一排名被视为衡量全球银行综合实力的重要标尺，是当今国际最主流、最权威的全球银行业排名之一。资料来源：搜狐网，https：//www.sohu.com/a/239651041_470097。

中国建设银行、中国银行和中国农业银行占据了前4位，而在前100名中也有18家中资银行入选。①

总而言之，社会主义市场经济体制的建立和完善要求银行制度遵循市场化的方向而展开改革。在该背景下，中国的银行业得到了较大的发展，为本时期银行制度建设思想的产生提供了新的理论元素和经验累积，并形成了不同于计划经济时期、计划向市场经济过渡时期的思想特征。

二、大量积聚的银行内部风险成为推动国有商业银行改革的动力

国有商业银行作为中国银行体系的主体，具体为中国工商银行、中国农业银行、中国银行、中国建设银行和交通银行5家国有和国有控股的大型商业银行。截至2017年，中国国有商业银行占银行业金融机构资产的份额始终保持在36%以上（见图5－1）。长期以来，它们为促进中国国民经济发展、支持国有企业改革以及维护金融稳定等做出了巨大贡献。然而，国有商业银行资本充足率较低以及不良资产过多为银行内部积聚了大量风险，成为制约其发展的主要障碍，尤其伴随银行业的国际化发展，在与国际一流银行的竞争中这一问题愈发突出。

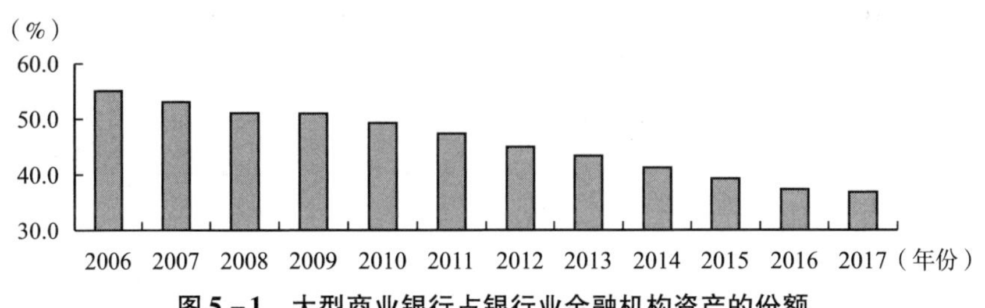

图5－1　大型商业银行占银行业金融机构资产的份额

注：本图数据根据中国银行业监督管理委员会网站历年发布的中国银行业监督管理委员会年报整理而得。此处大型商业银行指中国工商银行、中国农业银行、中国银行、中国建设银行、交通银行五大国有商业银行。

一方面，商业银行资本充足率水平之所以一直处于不足或偏低状态

① 资料来源：搜狐网，https：//www. sohu. com/a/239179320_470026。

(见表5－1)。究其原因，主要是该时期中国经济的快速发展以及银行间竞争机制的建立引致了银行规模的不断扩张，但银行的资本金却得不到相应的补充，一则是由于银行的盈利资产以贷款为主，中间业务不够发达，导致银行盈利资产结构单一，进而缺乏盈利能力来补充资本金，二则是因为国有商业银行缺乏对资本金的管理和风险防范，致使其资本结构主要是以国家注资为主的核心资本，而且呆账坏账比重较大，这种不合理的资本结构难以在资产快速扩张时对资本金形成有效补充。事实上，在亚洲金融危机之后，国家于1998年发行了2700亿元人民币特别国债来补充国有商业银行的资本金，但由于上述原因，资本充足率并没有得到实质性的改善。截至2002年末，中国工商银行、中国农业银行、中国银行、中国建设银行4家银行的资本金总额为7494.38亿元，平均资本充足率为4.27%，远低于当时《巴塞尔协议Ⅱ》所要求的8%的最低监管标准。①

表5－1　　1997～2002年四大国有商业银行资本充足率　　单位：%

年份	中国工商银行	中国农业银行	中国银行	中国建设银行
1997	2.4	2.5	3.9	2.9
1998	5.2	7	6.8	5.2
1999	5.3	6.5	6.7	4.9
2000	4.8	1.4	8.5	3.8
2001	5.8	1.4	8.3	6.9
2002	5.4	3.5	8.2	6.9

资料来源：转引自李志辉：《中国银行业的发展与变迁》，格致出版社2008年版，第97页。

另一方面，自1985年“拨改贷”政策实施以来，国有银行的不良资产②便逐年增加，不仅成为引发银行风险的重要因素，也是阻碍国有银行

① 中国金融学会编：《中国金融年鉴》(2003)，中国金融年鉴编辑部2003年版，第67页。

② 由于中国商业银行的资产结构比较单一，不良资产主要是指不良贷款。1998年以前，中国对贷款质量的划分采取的是“四级分类”法，即通常所说的“一逾两呆”，按该划分标准，而不良资产是指逾期贷款、呆滞贷款和呆账贷款。1998年后，中国改用国际通用的“五级分类”法，其中不良资产是指次级贷款、可疑贷款和损失贷款。李志辉：《中国银行业的发展与变迁》，格致出版社2008年版，第102页。

向现代化银行转型的沉重包袱。以往理论界存在一种观点，认为这是由于国有银行兼具政策性和商业性双重任务所致。[①] 然而，1994 年中国剥离专业银行的政策性与商业性业务，1999 年通过相继成立的 4 家资产管理公司剥离了四大国有银行的不良资产，但并没有很好地解决其高不良资产规模的问题。截至 2004 年，国有商业银行不良资产余额为 15751 亿元，不良资产率为 15.57%，而此时世界前二十家大银行平均不良资产率为 3.27%。[②] 另外，为促成国有商业银行的上市，国家再次对其不良资产进行剥离，使得 2008 年起不良资产余额下降，但国有商业银行不良资产占银行不良资产的比率反而呈现上升趋势（见表 5－2）。可见，大型商业银行的不良资产仍是银行业亟待解决的重要问题之一。

表 5－2　2010～2017 年大型商业银行不良贷款率占银行不良贷款率的比重

单位：%

年份	银行不良贷款率	大型商业银行不良贷款率	比重
2010	2.4	1.3	54.17
2011	1.8	1.1	61.11
2012	1.6	1.0	62.50
2013	1.5	1.0	66.67
2014	1.6	1.2	75.00
2015	1.9	1.7	89.47
2016	1.9	1.7	89.47
2017	1.9	1.5	78.95

资料来源：本表数据根据中国银行业监督管理委员会网站历年发布的中国银行业监督管理委员会年报整理而得。

来自历史的经验表明，通过国家注资及核销等方式虽然能够在短期起到立竿见影的效果，但这只解决了表面问题，并不能从根本上提高国有银

① 张杰：《中国金融改革的制度逻辑》，中国人民大学出版社 2015 年版，第 110 页。

② 潘波：《银行业监管权研究：行政法语境下的理论与实践》，中国法制出版社 2012 年版，第 82 页。

行的资本充足率，也不能彻底和有效地解决国有银行大量积聚的不良资产。而一个行之有效的方式即是加强银行的制度建设，一来能够提高经营效率，利用不断提升的盈利水平增加银行资本金，二来还可以从源头上杜绝不良资产的产生和防范不良资产的增加，这才是解决不良资产问题的核心和关键。

三、扩大开放下的国际金融环境是影响银行制度建设的重要因素

自改革开放政策实施以来，中国始终表现出积极的对外开放态度。在中国共产党第十四次全国代表大会以后，中国不仅将对外开放地域从经济特区和沿海城市扩大到内陆地区，而且在单个经济领域的对外开放程度也得到了显著的提升。特别是 2001 年世界贸易组织（World Trade Organization，WTO）的加入，使中国从以往有限范围和领域的开放转变为全方位的开放，从以单向自主开放转变为与世贸成员国之间的互相开放，以上转变标志着中国的对外开放迈入了一个新的历史阶段。而且，面对近年来国际社会上出现的逆全球化思潮，中国决策层坚持了持续的开放理念。中国共产党第十八次全国代表大会以来，习近平针对中国扩大开放发表了许多重要论述，成为中国全面扩大开放的行动指南。[①] 习近平在中国共产党第十九次全国代表大会报告中明确指出中国要“推动形成全面开放新格局”。[②] 在博鳌亚洲论坛 2018 年年会开幕式的主旨演讲中，习近平也提出，“综合研判世界发展大势，经济全球化是不可逆转的时代潮流”，而中国未来的经济发展也必然在更加开放的条件下进行。[③] 李克强在 2017 年 3 月 5 日第十二届全国人民代表大会第五次会议上所作的《政府工作报告》中指出：“面对国际环境新变化和国内发展新要求，要进一步完善对外开放战

① 裴长洪、刘洪愧：《习近平新时代对外开放思想的经济学分析》，载于《经济研究》2018 年第 2 期。

② 资料来源：中国共产党新闻网，http：//cpc. people. com. cn/n1/2017/1028/c64094 – 29613660 – 7. html。

③ 资料来源：中国共产党新闻网，http：//cpc. people. com. cn/n1/2018/0410/c64094 – 29917187. html。

略布局，加快构建开放型经济新体制，推动更深层次更高水平的对外开放。”① 易纲在 2019 年 3 月举行的“中国发展高层论坛”上也强调，中国将继续坚持金融业的开放。

在经济扩大开放的背景下，金融领域推进了开放的历史进程，一方面中资银行大力拓展了海外分支机构和业务，另一方面中国也逐步放开了外资银行的准入，包括允许外国银行在华设立独资机构、参股中资银行以及开放人民币业务等。在“走出去”和“引进来”的战略方针下，中国银行业与国际金融市场的联系日益紧密，必然导致国际金融环境对中国银行制度建设产生影响，这主要体现在以下三个方面。其一，伴随金融资本的跨国渗透，国际金融市场波动对中国银行业的影响进一步加剧，并对中国的银行抗风险能力提出了更高的要求。最为典型的例子是 2008 年的美国次贷危机对中国银行业的影响远大于金融市场开放程度较低时期的 1997 年亚洲金融危机的影响。2008 年的美国次贷危机不仅因为较大的海外业务量而给中国银行业造成了严重的损失，而且由于跨国企业融资困难引致了实体经济对银行业的冲击，进而给中国银行业带来了巨大的间接损失。② 其二，为推进与国际金融市场的接轨和提高国际金融参与度，中国积极遵循国际金融条约并采用相关国际标准作为加强中国银行制度建设的依据和目标。自 1992 年起，亚洲国家普遍开始推行巴塞尔委员会所制定的银行监管规则与标准，这对中国银行监管带来了较大启发。③ 例如巴塞尔委员会制定的《有效银行监管的核心原则》《巴塞尔协议Ⅱ》《巴塞尔协议Ⅲ》等④，不仅促进了中国新银行监管框架的建立，而且其中提出的最低资本充足率、银行核心资本充足率、最低资本比例适用范围以及资本计算模型

---

① 资料来源：上海市人民政府网站，http：//www. shanghai. gov. cn/nw2/nw2314/nw2315/nw4411/u21aw1215269. html。

② 王志峰：《次贷危机对中国银行业的影响及对策——从与 97 金融风暴对比的视角》，载于《国际金融研究》2009 年第 2 期。

③ 阎庆民：《中国银行业监管问题研究》，中国金融出版社 2002 年版，第 5 页。

④ 1974 年由十国集团中央银行行长倡议建立了巴塞尔委员会，其成员包括十国集团中央银行和银行监管部门的代表。自成立后，巴塞尔委员会制定了一系列重要的银行监管规定，虽然这些规定不具备强制性的法律约束，但十国集团监管部门一致同意在规定时间内于十国集团内部实施。之后，许多非十国集团监管部门，特别是国际金融参与度较高的国家，也自愿遵守和采用巴塞尔委员会所制定的规定及标准。巴塞尔文件体系的发展历程参见崔满红主编：《货币银行学原理》，中国金融出版社 2015 年版，第 389～393 页。

等，也成为中国银行业经营效率的重要衡量标准。虽然以上原则和协议的实施能够促进中国银行业的对外联系，但同时也对新时期、新背景和新条件下的中国银行制度建设提出了新的要求。① 又如中国加入 WTO，就必须遵守 WTO 金融服务贸易制度，并按其规定向外资金融机构开放市场准入及人民币业务的经营权等。② 其三，加入 WTO 后，外资银行准入门槛的取消和国民待遇的给予使中国银行业的经营与竞争环境发生了根本性变化，进而对中国的银行业发展产生了竞争性冲击。2001 年 12 月 11 日中国加入 WTO，同时人民银行宣布全面放开外资银行的外汇业务，并承诺两年内允许外资银行办理人民币业务，五年内取消对外资银行的地域和客户限制。2006 年 12 月 11 日，中国全面放开了外资银行经营人民币业务的限制，使其正式享有国民待遇。取消外资银行准入门槛以及给予国民待遇的一系列政策推动了外资银行在中国的设立和发展，2000 年末，外资（中外合资）金融机构在中国设立代表处 233 家，外资银行在中国设立分行 158 家③，发展到 2016 年末中国已有外资银行业金融机构 1031 家④。然而外资银行进入后，与中国的银行机构在传统存贷款业务、中间业务（如信用卡业务、个人理财业务）、人民币业务⑤、优质客户以及专业人才等多方面展开了相互竞争，并对中国银行业的发展产生了影响。所以，中国必须加强对银行制度的建设，通过提高中国银行机构的经营效率，使其在竞争性冲击中能够占据优势地位。

---

① 王林：《巴塞尔协议Ⅲ新内容及对我国商业银行的影响》，载于《西南金融》2011 年第 1 期；巴曙松、陈姝祎：《巴塞尔协议Ⅲ在美国的实施及其对中国的启示》，载于《学术月刊》2013 年第 9 期；岳毅：《以实施巴塞尔协议Ⅲ助推银行转型》，载于《中国金融》2013 年第 20 期；李明辉、刘莉亚、黄叶苨：《巴塞尔协议Ⅲ净稳定融资比率对商业银行的影响——来自中国银行业的证据》，载于《国际金融研究》2016 年第 3 期；陈忠阳：《巴塞尔协议Ⅲ改革、风险管理挑战和中国应对策略》，载于《国际金融研究》2018 年第 8 期。

② 李仁真主编：《国际金融法》，武汉大学出版社 2005 年版，第 354 页；万国华、隋伟主编：《国际金融法学》，中国民主法制出版社 2005 年版，第 229～230 页。

③ 中国金融学会编：《中国金融年鉴》（2001），中国金融年鉴编辑部 2001 年版，第 525～526 页。

④ 《中国金融年鉴》（2017），中国金融年鉴杂志社有限公司 2018 年版，第 498 页。

⑤ 2002 年 11 月人民银行公布《人民币同业借款管理暂行办法（征求意见稿）》，其中第六条规定借入方人民币同业借款月末余额不得超过其人民币总负债月末余额的 40%，即对外资银行的人民币业务规模进行了限制。但 2003 年允许外资银行向当地企业吸收人民币存款，2006 年人民币业务对外资银行全面放开。

第二节　以健全宏观调控为目标的中央银行制度建设思想

自确立中央银行制度以来，各界围绕如何加强中央银行宏观调控进行了大量的探讨。但在20世纪80年代至90年代初期，行政调控思想仍较为浓重，而且在计划向市场过渡阶段的市场要素尚不发达，导致对中央银行独立性以及中央银行市场化调控机制等问题缺乏深入的认识，使该时期中国人民银行虽然履行着中央银行职能并做了大量的工作，但其宏观调控能力，特别是货币政策实施效果仍旧差强人意。伴随市场经济体制改革方向的确立，1993年12月25日国务院发布《国务院关于金融体制改革的决定》，明确指出金融体制改革的目标之一即是“建立在国务院领导下，独立执行货币政策的中央银行宏观调控体系”。[①] 自此，理论界以健全宏观经济调控为目标展开了对中央银行制度建设的探讨，一方面从货币执行角度出发，对中央银行独立性问题进行了再思考，另一方面立足于市场经济体制，对中央银行的市场化调控机制进行了新的探索。

一、基于货币政策的中央银行独立性再思考

中央银行的独立性与货币政策的实施效果之间呈现出较高的相关性，即中央银行独立性越高，通货膨胀率就越低。[②] 自中央银行制度建立以来，中国理论界就如何充分发挥中央银行的宏观调控职能进行了广泛的讨论，特别是关于中央银行的独立性已成为争论的焦点问题。在前一个阶段，很多学者试图通过对中央银行行政隶属关系的探讨去厘清该问题，然而受到

① 《国务院关于金融体制改革的决定》，载于《中华人民共和国国务院公报》1993年第31期。

② 于小喆：《关于强化我国中央银行独立性问题的探讨》，载于《财政研究》2002年第4期。

当时经济发展以及金融理论水平等制约，中央银行的独立性始终没有得以充分发挥。

进入新的历史阶段后，国家对中央银行独立性的问题更加重视。在1993年底通过的《中共中央关于建立社会主义市场经济体制若干问题的决定》中指出，人民银行作为中央银行要在国务院领导下独立执行货币政策。① 紧接着国务院发布了《国务院关于金融体制改革的决定》，不仅提出深化金融体制改革的首要任务就是要把人民银行办成真正的中央银行，并明确指出人民银行是在国务院领导下的国家职能部门。② 朱镕基在1994年1月召开的全国金融工作会议上强调，“什么叫做银行的独立性？银行不能独立于党中央，不能独立于国务院，但要独立于地方政府和国务院的各个部门”。③ 1995年3月18日，中华人民共和国第八届全国人民代表大会第三次会议通过的《中华人民共和国中国人民银行法》（以下简称《人行法》），首次从法律层面对中央银行的独立性作出了以下规定。首先，明确了人民银行与政府的隶属关系，即“中国人民银行在国务院领导下依法独立执行货币政策”；其次，规定了中央银行制定和实施货币政策的自主程度。比如，《人行法》第五条规定，“中国人民银行就年度货币供应量、利率、汇率和国务院规定的其他重要事项作出的决定，要报国务院批准后执行。中国人民银行就前款规定以外的其他有关货币政策事项作出决定后，即予以执行，并报国务院备案。”又如第七条中规定，“中国人民银行在国务院领导下依法独立执行货币政策、履行职责和开展业务时不受地方政府、各级政府部门、社会团体和个人的干涉。”④

虽然，政策界已对中央银行的行政关系有了清晰的界定，但许多学者却认为本时期的独立性水平仍然较低。例如，伏润民采用实证的分析方

① 《中共中央关于建立社会主义市场经济体制若干问题的决定》，载于《中华人民共和国国务院公报》1993年第28期。

② 《国务院关于金融体制改革的决定》，载于《中华人民共和国国务院公报》1993年第31期。

③ 《朱镕基讲话实录》编辑组编：《朱镕基讲话实录》（第一卷），人民出版社2011年版，第453页。

④ 《中华人民共和国中国人民银行法》，载于《中华人民共和国国务院公报》1995年第10期。

法，分别根据 GMT 和 CWN[①] 两种测定方法对《中华人民共和国银行管理暂定条例》（1986 年）与《中华人民共和国中国人民银行法》（1995 年）进行了测定，得到的一致结果是：在后者规定下的中央银行独立性较高。进一步，他通过对独立性指数进行纵向和跨国家比较来分析人民银行在法律层面上的独立性变化及程度，又通过构建人民银行政策反应函数，并用政策工具变量和政治事件虚拟变量的变化来反映人民银行的实际独立性，最终发现中国自 1995 年《中华人民共和国中国人民银行法》颁行之后，人民银行的独立性有了一定的改善，但提高的并不明显，而且仍低于德国等 11 个发达国家。[②] 这一结果表明，相较于前一个时期，虽然中央银行在法律层面的独立性有了提高，但其实际独立性仍然较低。[③] 再如，范方志指出，政府主导下的经济改革必然会对政府官员的金融资源控制行为产生激励，因为金融资源对经济的发展至关重要，能够满足政府官员的政治诉求，另外，政府还可以从其握有的金融资源中获取大量的租金。因此，他认为“我国银行系统相对政府的独立性问题在短期内难以有实质性的突破”。[④] 也正是基于这样的理论判断，中央银行独立性问题作为银行制度市场化推进中的关键议题成为该时期学者们继续讨论的话题，而在内容上既延续前一时期对行政隶属关系作了进一步的探讨，也对货币政策委员会的作用产生了争论。

（一）针对行政隶属关系的进一步探讨

延续上一个时期对中央银行行政隶属关系的讨论，本时期在该问题上依然围绕中央银行应该隶属国务院还是全国人民代表大会而展开。第一种

---

① GMT 和 CWN 是两种较具代表性的独立性指数的简称。前者是 Grilli，Masciandaro 和 Tabellini 的独立性指数；后者是 Cukierman，Webb 和 Neyapti 的独立性指数。

② 伏润民：《关于中国人民银行独立性的研究——来自独立性指数和政策反应函数的证据》，载于《经济研究》2004 年第 6 期。

③ 这一结论在麦挺和徐思嘉对转型国家的研究中也得到了论证，他们通过对 8 个转型国家的情况进行实证分析，认为转型国家大多存在中央银行法定独立先于实质独立的情况，也就是说，即使中央银行的法定独立性很高，但其货币政策还是受制于政府。麦挺、徐思嘉：《中央银行独立性分析——转型国家的经验与教训》，载于《世界经济研究》2004 年第 1 期。

④ 范方志：《西方中央银行独立性理论的发展及其启示》，载于《金融研究》2005 年第 11 期。

观点赞同中央银行隶属国务院的规定。这是因为，总理作为政府首脑不可能过多关注中央银行的日常工作，使得中央银行隶属国务院，即直接对总理负责，能够获得较大的自主权。虽然中央银行的重大决策必须经过国务院批准，表现为决策上的独立性缺失，然而事实上，中央银行上报的方案常常因为没有选择余地而在技术上难以否定，所以，最后决策结果即是中央银行的意图，这在部分程度上弥补了决策的独立性缺失。而且，中央银行与其他政府部门一样隶属国务院，就代表其具有相应的行政管理权力，便能够依法行使对金融业的监管职能。① 第二种观点认为中央银行应该隶属全国人民代表大会（以下简称全国人大）。但也有学者对此持反对观点，认为由隶属国务院向隶属全国人大的改革超出了经济体制的范畴，而属于政治体制的改革内容。② 第三种观点认为隶属政府或全国人民代表大会并无本质区别。其理由是：多党制或三权分立国家的政府与议会之间存在利益冲突，使得中央银行隶属议会可以有效地避免政府的干预，但中国的国务院和全国人大都代表了人民的利益，因而决策不会受到不同党派或利益集团的影响，故两者之间并无利益的冲突，所以，中央银行无论隶属国务院抑或全国人大并无实质性的区别。③

（二）关于货币政策委员会的作用之争

为保证中央银行能够独立并正确地制定货币政策，在借鉴外国经验的基础上，中国提出在人民银行内设立货币政策委员会。1995 年颁行的《中华人民共和国中国人民银行法》中规定人民银行设立货币政策委员会。之后，1997 年 4 月 15 日国务院发布《中国人民银行货币政策委员会条例》（以下简称《条例》），进一步指出货币政策委员会的职责是在综合分析宏观经济形势的基础上，依据国家的宏观经济调控目标讨论货币政策相关事宜，同时规定委员会的构成人员包括中国人民银行行长、中国人民银

---

① 谢平：《关于我国中央银行的独立性问题》，载于《金融研究》1994 年第 3 期。

② 王家福、陈晓、刘静：《关于中央银行与政府之间关系的研究》，载于《中国社会科学院研究生院学报》1996 年第 4 期。

③ 卫功琦：《论健全我国中央银行体系》，载于《中央财政金融学院学报》1994 年第 9 期。持该观点的还有王家福、陈晓、刘静：《关于中央银行与政府之间关系的研究》，载于《中国社会科学院研究生院学报》1996 年第 4 期。

行副行长2人、国家计划委员会副主任1人、国家经济贸易委员会副主任1人、财政部副部长1人、国家外汇管理局局长、中国证券监督管理委员会主席、国有独资商业银行行长2人以及金融专家1人，并且货币政策委员会组成单位的调整由国务院决定。①

有学者认为，设立货币政策委员会能够保障中央银行的货币政策自主权，其根据是：从货币政策委员会的成员构成来看，包括了长期从事银行工作的官员和货币理论专家，因而在货币政策的决策过程中保证了其科学性、民主性和规范性。因此，由货币政策委员会制定和决策相关的货币政策，既能够有效地实现稳定货币的目的，同时也符合国际惯例。② 也有学者提出，为保证货币政策委员会不受行政干预，其成员应由全国人大常委会任命，若无特殊原因则不得撤换。③

但是，还有学者指出中国的货币政策委员会存在严重问题，理由有八：一是无货币政策决定权，按照《条例》中的规定，年度货币供应量、利率、汇率和其他货币政策及相关事项都要报请国务院批准；二是缺乏法律保障，在2003年中华人民共和国第十届全国人民代表大会第一次会议的国务院机构改革方案中，已经对货币政策委员会的人员构成提出了调整，即增加国务院分管金融工作的副秘书长、增加银监会为委员会组成单位、由中国银行业协会代替原组成单位的国有独资商业银行，但并没有及时对《条例》作出相应的修改，因而使其失去了应有的约束力；三是官方色彩太浓，在组织成员中的学术界代表仅有1人，其余都是政府官员或由政府任命的银行业从业者，导致货币政策委员会在一人一票制下体现的是官方意志；四是缺乏专业性，这也是由于缺少学术专家，导致在货币政策的决策过程中缺乏金融专业知识的支撑，进而难以提出前瞻性的政策建议；五是任期本末倒置，在《条例》中规定金融专家任期为2年，但其他委员的任期与其职务任期相同，即一般为5年，而货币政策具有较长的时

① 《中国人民银行货币政策委员会条例》，载于《中华人民共和国国务院公报》1997年第14期。

② 谢平：《关于我国中央银行的独立性问题》，载于《金融研究》1994年第3期。

③ 于学军：《中央银行独立性与宏观调控手段的间接化》，载于《金融研究》1994年第10期。

滞性，故应延长前者的任职期限；六是缺乏代表性，货币政策委员会内部的代表类型应该具有多样化，如此才能保证内部权力制衡体系的平衡，但在当前规定中13位成员均来自部委，也就是说缺乏地区代表，故而容易忽视社会公众利益；七是透明度不够，具体表现为对金融统计数据公布的完整性和及时性有待提高、新闻发布的内容比较笼统以及对预测经济金融运行情况的报告公布得很少；八是“金融专家”含义宽泛。①

总的来说，上述观点认为货币政策委员会在中央银行独立制定和执行货币政策的过程中没有充分发挥其作用：然而在现实中，国务院对上报的货币政策及相关事项并不会加以否决。因此，本书认为报经国务院批准的这一程序，既能够从行政层面加强货币政策在全国的执行力度，也可以对货币政策是否符合国家宏观经济调控目标进行审核。另外，对于国家规定的货币政策委员会成员构成，本书认为中央银行和国家经济部门的主要领导往往具备一定的经济理论素养，甚至有些教育背景即为经济或金融专业，且他们常年从事银行与经济相关工作，故并不存在缺乏专业性的问题，反而“金融专家”可能由于没有实际工作经验，导致其提出的政策和措施不具有实践可行性。还有，货币政策的目的是为了对国家宏观经济实行调控，若在一人一票制下体现的是这一“官方意志”则并无不妥，但前提条件是政府不会利用货币政策作为其实现工作目标（如经济增长）的手段，然而这点在实际工作中往往难以做到，因为当货币政策目标与国家经济发展总目标不一致时，政府可能会牺牲货币政策以稳定经济增长，这也是学者们强调中央银行必须独立执行货币政策的一个主要原因。但是，需要指出的是，关于及时修改相关规定以及实现信息和数据透明化的看法，本书则表示完全赞同。

二、完善中央银行市场化调控机制的新探索

中央银行的货币政策调控模式主要分为两类，即以行政指令方式直接

① 范方志：《我国中央银行体制改革的回顾与展望——纪念改革开放30周年》，载于《中央财经大学学报》2009年第2期。

调控信贷规模总量，以及通过市场性工具调节中央银行货币储备继而间接影响货币供应量。在非市场经济中，中央银行的市场参与程度低，故后一种模式的调控能力小，因此，中央银行往往以前一种模式为主，如控制贷款规模或货币发行量等。然而，市场经济的改革提高了中国的市场化程度，使得以直接调控为主的模式调控效果差，并表现出与金融的市场化和国际化不适应的特征。[①] 但自20世纪90年代中期以后，中央银行的宏观经济调控方式从行政性调控为主向以市场化调控为主的转变进程也取得了较大进展，主要标志是中央银行的调控手段由三大货币政策工具取代了信贷规模管理。[②] 在这一过程中，理论界对改革存款准备金制度、发展公开市场操作和办理再贴现，即充分使用三大货币政策工具，展开了探讨并提出了相关政策建议。

改革存款准备金制度。存款准备金制度是中国最早采用的市场化货币政策工具。在1983年发布的《国务院关于中国人民银行专门行使中央银行职能的决定》中，第四条规定专业银行吸收的存款要按比例存入人民银行，而存入比例由人民银行定期核定，且有权随时进行调整。[③] 但在长期实践中，该制度实际上发挥的是集中资金和调整信贷结构而非调节货币总量的作用[④]，并且表现出诸多的问题。基于此，许多学者认为必须改革存款准备金制度，并提出了具体的改革建议。其一，合并准备金账户。在以往准备金制度中包括了准备金和备付金两个部分，并分别存在中央银行的不同账户中，而且两部分加总后约有20%需要交存中央银行，故对商业银行的资金运用造成了严重影响。因此，改革存款准备金制度的首要是用单

---

① 王勋培、孔迅：《对构建我国中央银行公开市场业务的研究》，载于《金融研究》1994年第8期。

② 李扬主编：《中国金融论坛（2004）》，社会科学文献出版社2004年版，第36页。王斌也提出，自1998年1月1日起，人民银行取消对国有商业银行的贷款规模控制，摒弃了已运用近50年的直接调控手段，转而运用间接调控手段通过对货币政策中介目标的监控来实现最终目标，从而迈出了走向间接调控的关键一步。而且，信贷规模管理解除之后，逐渐转换为以三大货币政策工具确定的运行机制，标志着中央银行的宏观经济调控从形式上基本完成了由直接调控向间接调控的转变。王斌：《制度变迁与银行发展：中国银行业市场化进程研究（1978－2003）》，中国地质大学出版社2010年版，第160页。

③ 《国务院关于中国人民银行专门行使中央银行职能的决定》，载于《中华人民共和国国务院公报》1983年第21期。

④ 宋士云：《中国银行业市场化改革的历史考察：1979－2006》，人民出版社2008年版，第278页。

一的存款准备金率代替双重存款准备金率。其二，改革存款准备金考核制度。以往存款准备金采取的是时点考核法，即以核算日的存款余额为计算标准，容易使商业银行在期末暂时挪用其他资金来抵缴准备金。所以，应采用以日平均存款余额作为考核标准的方法来代替时点法。① 在理论界的建议下，1998 年 3 月 21 日，人民银行改革存款准备金制度，将准备金账户与备付金账户合并，同时设立单一的准备金账户。但关于考核制度的改革一直到 2015 年才实施。2015 年 9 月 15 日，人民银行改革存款准备金考核制度，即由现行的时点法改为平均法考核。②

发展公开市场业务。新中国的公开市场业务始于 1994 年的外汇市场，即在外汇市场上进行买卖外汇操作以保持汇率的稳定，并于 1998 年 5 月 26 日恢复人民币公开市场业务的操作。2000 年，人民银行通过公开市场业务投放了 1804 亿元的基础货币，占当年中国人民银行新增基础货币的 63%。至此，公开市场业务成为中央银行最重要的货币政策工具，并成为调控基础货币供应以及影响市场利率走势的最主要手段。③ 虽然该货币政策工具在中国采用得较晚，但从产生到快速发展的过程中形成了丰富的思想内容和经验积累，尤其对制约公开市场业务运行效果的因素分析，为本时期该货币政策工具的发展做出了有益的探索。有学者提出，公开市场业务能否有效运行受制于如下因素：一是中央银行是否具有独立性；二是中央银行吞吐的证券能否有效地成为在商业银行等金融机构中占据相当比重的流动性储备；三是中国市场利率的传导机制是否灵敏。因此，要充分发挥公开市场业务的作用，就需要有独立的中央银行、金融机构的利润动机以及利率的市场化。④ 也有学者认为，影响中国公开市场业务效果的原因

---

① 巴曙松、邢毓静：《银行存款准备金制度研究》，载于《中国改革》1995 年第 10 期；钱小安：《论我国存款准备金制度的改革》，载于《中国金融》1996 年第 3 期；谢平：《我国存款准备金制度的改革设想》，载于《改革》1996 年第 S1 期；袁炜：《存款准备金制度比较研究及启示》，载于《浙江金融》1996 年第 12 期。

② 《中国人民银行决定实施平均法考核存款准备金》，资料来源：中国人民银行网站，http：//www. pbc. gov. cn/goutongjiaoliu/113456/113469/2950075/index. html。

③ 李扬主编：《中国金融论坛（2004）》，社会科学文献出版社 2004 年版，第 36 页。

④ 王勋培、孔迅：《对构建我国中央银行公开市场业务的研究》，载于《金融研究》1994 年第 8 期。

在于国债市场规模以及结构期限不合理。① 还有学者通过实证分析指出，较低的利率及汇率市场化程度、政策对通货膨胀的抑制以及独立性不强的中央银行阻碍了中国公开市场业务效果的充分发挥。②

办理再贴现业务。20 世纪 80 年代初，中国已开始在票据承兑中试办贴现业务。③ 随着中央银行制度的建立，有学者提出在中国开办再贴现业务以发挥中央银行的宏观调节作用。④ 人民银行还于 1986 年 4 月 16 日发布了《中国人民银行再贴现试行办法》⑤ 来规范再贴现业务的具体操作。但一直到 20 世纪 90 年代初期，中央银行向金融体系注入基础货币都以再贷款为主。⑥ 随着市场化的推进，再贴现的作用引起了理论界的重视，并就如何发展该业务提出了许多建议。有学者认为，发展再贴现业务应该逐步增加再贴现在中央银行资金运用中的比重，另外需要制定宽松的贴现和再贴现政策，还应放宽再贴现率的浮动幅度以及增加调整的频率，最后还要严格的管理。⑦ 也有学者指出，再贴现业务的发展方向应该包括建立健全贴现贷款机制、改进现行贴现利率体系、拓宽再贴现行业和品种、加强商业信用票据化和规范化发展以及充分发挥再贴现政策手段作用。⑧ 还有学者对再贴现提出了分阶段建议：从近期来说，一是应该加大对票据贴现和再贴现的普及与推广力度，二是按步骤逐渐提高人民银行总行分配给商业银行的贴现规模比例以推进再贴现业务发展，三是借鉴外国经营模式尽快规范中国的票据贴现和再贴现业务，四是扩大票据贴现范围，五是给予

① 黄宪、赵伟：《中美公开市场业务运行基础的比较分析》，载于《金融研究》2003 年第 5 期。

② 王森、张燕兰：《后金融危机时期我国公开市场操作的实际效果分析》，载于《经济学动态》2014 年第 3 期。

③ 1980 年人民银行总行厦门会议上传达了国务院意见，即凡是有利于社会主义现代化建设的银行传统业务都可以办理。上海市金融学会成立了“票据贴现研究会”对此展开了理论和实际的研究。1983 年全国分会会长会议上进一步提出各地可以试行票据承兑贴现业务。1984 年 7 月举行的银行改革座谈会中对此进行了再度的肯定。盛慕杰：《开办再贴现，创建人民银行调节金融的新机能》，载于《上海金融研究》1984 年第 9 期。

④ 盛慕杰：《开办再贴现，创建人民银行调节金融的新机能》，载于《上海金融研究》1984 年第 9 期；董希明：《建立再贴现制度控制货币发行》，载于《四川金融》1985 年第 7 期。

⑤ 《中国人民银行再贴现试行办法》，载于《中国金融》1986 年第 8 期。

⑥ 刘明：《论经济发展时期我国的再贴现政策》，载于《上海金融》1997 年第 3 期。

⑦ 杨鸿祥：《当前再贴现运作中的问题及对策》，载于《新金融》1995 年第 6 期。

⑧ 李东卫、康晓东、高富喜：《再贴现业务及其改革与发展》，载于《国际金融》1996 年第 4 期。

商业银行利率优惠以调动其办理票据业务的积极性；从远期来说，一是要使票据信用制度更加科学和规范，二是要确保商业银行在取消贷款规模控制后能继续推进再贴现业务的顺利运行，三是实行贴现和再贴现利率的市场化来调节企业的资金需求，四是完善经济统计制度并提高信息透明度，五是加强通信设施建设，六是不断学习国外的先进经验和知识来加快中国的金融国际化进程。①

总而言之，理论界对灵活运用货币政策工具的相关研究，不仅体现出其对中央银行市场化调控机制的新探索，也构成了本时期中央银行制度建设思想的主要内容，同时为健全中央银行的宏观调控提供了理论支撑。

第三节　市场改革导向下的商业银行制度建设思想

在1994年的金融体制改革之前，中国是以国家专业银行为主体的银行体制。在计划经济向市场经济过度的历史时期，这种体制对中国的经济和金融发展起到了巨大的作用，但其竞争性不足以及行政管理过多等特征却不适合市场经济体制的改革要求。经过20世纪80年代中后期至90年代初期理论界对专业银行企业化改革路径的探索和论证，最终于1993年底在政策层面上确立了发展商业性银行的改革方向。基于这一背景，自1994年起中国展开了以市场改革为导向的商业银行制度建设，并在此过程中产生了丰富的理论探索和思想积累，主要包括围绕国有银行商业化改革以及建立民营银行的思考和争论，这些不仅构成了1994年以后新中国银行制度建设思想的主要内容，而且也将成为本节要考察的对象。

① 鲁钟男、周逢民：《货币政策工具比较与发展再贴现业务的研究》，载于《金融研究》1997年第5期。

一、以产权改革为核心的国有银行商业化理论认知

在金融开放的大环境下，银行业的竞争将愈加激烈，能够决定胜负的竞争优势是公司治理结构，而“建立现代公司治理结构和激励机制的核心是产权改革”。[①] 因此，本时期以产权改革为核心而展开了关于国有商业银行制度建设的探索，并就专业银行商业化是否必须采取股份制改革的途径以及国有商业银行的股权结构中能否引入境外投资者的问题产生了激烈的讨论。

（一）专业银行商业化是否必须采取股份制改革的途径？

理论界关于专业银行商业化是否必须采取股份制改革的途径存在正反两方面的态度。持否定态度的学者认为，股份制并非专业银行商业化的唯一路径，其理由是：第一，专业银行的产权主体为国家，其股份化关系国计民生，可能引起经济和社会生活的震荡，所以，大银行必须掌握在国家手中；第二，从操作环节来说具有相当大的困难，具体地，关于资产评估既无正确的估量办法也没有现成的经验可以借鉴，对于如何吸纳新的股权结构也有待商榷，此外，股份化还难以解决法人的层次问题；第三，从西方国家经验来看，许多股份制的银行都出现了运作效率低，甚至破产、倒闭，故在探索建立中国特色的社会主义商业银行时不能简单地直接采用西方国家的银行制度。[②]

但是，大多数学者对此持肯定态度。娄明认为，周建松的观点过多地强调了专业银行股份制在技术操作上的困难，但忽视了专业银行长期作为政府附属物而受到大量政府干预的弊端，以及实行股份制改造对摆脱这种困境的正向作用。他同时指出，股份制是一种较为完善的现代资产产权安排形式，故而对专业银行股份制改造是提高银行资产质量，进而提高整个社会资金使用效率的有效手段。[③] 汪国翔也从资产的角度提出，实现国家

---

① 易纲、赵先信：《中国的银行竞争：机构扩张、工具创新与产权改革》，载于《经济研究》2001 年第 8 期。

② 周建松：《专业银行商业化改革思路之我见》，载于《金融研究》1994 年第 2 期。

③ 娄明：《专业银行商业化需明确的几个问题》，载于《金融研究》1994 年第 8 期。

专业银行向国有商业银行的转变的关键是要“严格确立国有资产所有者主体和国有资产职能主体（或责任主体）之间相互促进、相互制约的关系”，即要解决国有银行运营中普遍存在的国有资产无人负责的问题。解决方法是对国家专业银行采取由基层行到总行的逐步股份制改造，因为在股份制下银行及其经营者必须对产权主体（股东）负责并接受其监督，使银行及其经营者承担一定责任，同时也能有效地避免来自非股东（包括地方政府和相关行政主管部门）的干预。① 李晓西认为，只有采取股份制的转化方式，才能使银行组织更接近企业的形态，使其经营不受政府直接干预，并从政策性工具中脱离出来。但专业银行向商业银行的转化不可能一蹴而就，可以先转化为国有全资商业银行，再转化为国家控股或参股的股份制商业银行。② 董辅礽也指出，专业银行的股份制改革，一来可以摆脱政府对其业务的干预，二来银行受到股东的监督有助于其改善经营管理。③ 于良春和鞠源认为，在现代货币经济调节下，金融资本相较于财政收入的增长速度更快，使得国有独资商业银行不可能依靠财政发行特别国债来解决资本金不足的问题，因此，只有进行产权改革，通过股份制吸纳新的资本，才能充实银行资本金，并推进国有银行的商业化进程。④

（二）国有商业银行的股权结构中能否引入境外投资者？

在2003年8月25日举行的“在华外资银行负责人会议”中，刘明康提出中国银监会鼓励外资银行通过参股中资银行或以合作的方式提高在中国金融市场上的参与程度。⑤ 这一举措引起了理论界对国有商业银行的股权结构中能否引入境外投资者的深入探讨。许多学者认为，引入外资战略

① 汪国翔：《国有银行商业化改革的产权——资产问题》，载于《金融研究》1994年第8期。

② 李晓西：《试论专业银行向商业银行的转化过程》，载于《金融研究》1994年第7期。

③ 董辅礽：《中国的银行制度改革——兼谈银行的股份制改革问题》，载于《经济研究》1994年第1期。

④ 于良春、鞠源：《垄断与竞争：中国银行业的改革和发展》，载于《经济研究》1999年第8期。

⑤ 时任中国银监会主席的刘明康提出：“我们鼓励外资银行加入到目前中国金融改革的实践中来，通过参股中资银行或加强合作迅速提高市场参与程度，更快地发展业务品种。”资料来源：中国银行业监督管理委员会网站，http：//www. cbrc. gov. cn/chinese/home/docView/237. html。

投资者[①]能够使国有商业银行在股份制改造中避免国家一股独大和缺乏竞争力的情况，有利于加快国有银行的改革和产权结构的优化。[②] 例如，田国强和王一江认为国有商业银行“商业化——股份化——上市”的改革方向虽然正确，但通过股份制和上市来引入竞争只是改革的必要而非充分条件，只要政府仍在产权结构中占大股，经营决策者仍是国有大股东，银行既不能改变原有治理结构，也无法摆脱政府的行政干预，还不可能建立强大的外部监督，国有商业银行则仍然不能成为真正的现代商业银行。若要解决以上问题，最好的办法即是大力引进外资战略投资者。[③] 另外，王一江和田国强通过分析中国、日本、韩国银行业所面临的问题以及改革经验，认为在强制制度安排框架下，政府会以多种手段对银行的人事及其他管理决策进行干预以使银行服从其意志，但同时不对银行的经营后果承担独立责任。国有银行的股份制改革如果继续按照国有股“一股独大”的改革思路，就不可避免地会产生以上的问题，形成大量的不良资产也会成为必然。若要摆脱这一情况，“引进外资是极其重要的战略选择”，而这一点可以从韩国以多种形式引入了外资来处理银行不良资产的改革措施中窥见一斑。[④]

然而，占硕却认为在以上两位学者的观点中有两处值得商榷，他认为：其一，王一江与田国强提出只要国有、外资和非国有三方中的每一方持股都低于50%，就能够打破国有股的一家独大，并形成稳定的三方制衡局面，然而在实际引进外资战略投资者过程中，往往存在国有商业银行控制权转移即经营效率损失的现实案例；其二，两位学者认为引进外资战略投资者是解决国有商业银行治理结构问题和提高经营管理水平的有效途

---

① 1997 年 7 月 28 日，中国证监会发布《关于进一步完善股票发行方式的通知》，其中明确提出：“与发行公司业务联系紧密且欲长期持有发行公司股票的法人，称为战略投资者。”资料来源：中国证券监督管理委员会网站，http：//www. csrc. gov. cn/pub/shenzhen/xxfw/tzzsyd/ssgs/scgkfx/scfz/200902/t20090226_95440. htm。

② 持该观点的还有张锦华、刘微微、李功奎：《引入境外战略投资者：国有商业银行改革的有效途径》，载于《上海金融》2003 年第 3 期；李春艳：《国有商业银行股份制改造中引入战略投资者问题分析》，载于《经济学动态》2005 年第 5 期；胡祖六：《银行改革需要国际战略投资吗?》，载于《经济观察报》2005 年 12 月 5 日；曾康霖：《对国有商业银行股改引进外资的几点认识》，载于《财经科学》2006 年第 1 期；等等。

③ 田国强、王一江：《外资银行与中国国有商业银行股份制改革》，载于《经济学动态》2004 年第 11 期。

④ 王一江、田国强：《不良资产处理、股份制改造与外资战略——中日韩银行业经验比较》，载于《经济研究》2004 年第 11 期。

径，但在该过程中也存在外资股份与非国有股份，甚至部分国有股份代理人以合谋侵吞国有资产，抑或在合作期满后故意抛售、套现国有商业银行股票以进行投机的先例。进一步，占硕通过建立模型并分析得出，国有商业银行通过引进外资战略投资者所建立的分散模式的股权结构具有不稳定性，也不能克服国有股一股独大的弊端，反而可能给国有商业银行带来损失。他同时指出，利用外资投资者推动国有商业银行改革的关键是在于消除后者的垄断地位并降低其控制权租金。① 总体来说，学者们对引入境外战略投资者持否定意见的理由有二：一是认为此举容易造成中资银行控制权的丧失，并对国家金融安全造成威胁；② 二是认为外资可能因寻求获得银行的控制权，从而造成银行价值额外的损失。关于第二个理由必须一提的是，2005 年 8 月 31 日，安邦研究简报的《每日金融》发布了题目为《中国正在“贱卖”自己的银行业》的研究报告，其中指出中资银行出卖的股权定价过低③，该结论也引起了理论界对银行“贱卖论”的大量探讨。④

国有银行的产权改革，一方面是借鉴了国外的银行制度模式，另一方面也是结合了中国银行制度的市场化改革方向。本书认为，中国是以公有制为主体的所有制结构，国有银行是中国银行体系的核心，所以，国有银行必须采取国家控股的产权结构，这样有利于国家引导资本的流向，将其配置到国家重点建设领域。事实上，已有学者指出，国有银行的巨大资产存量及问题的系统性，导致其通过股份制来实现非国有化是不切实际的，

---

① 占硕：《引进外资战略投资者就能推动国有商业银行改革吗？——兼与田国强、王一江两位老师商榷》，载于《金融论坛》2005 年第 8 期；占硕：《我国银行业引进战略投资者风险研究——控制权租金引发的股权转移和效率损失》，载于《财经研究》2005 年第 1 期。

② 余云辉、骆德明：《谁将掌控中国的金融》，载于《财经科学》2005 年第 6 期；史建平：《外资入股中资银行：问题与对策》，载于《中国金融》2005 年第 6 期。

③ 陈功：《中国正在“贱卖”自己的银行业》，载于《安邦研究简报每日金融》2005 年 8 月 31 日，总第 1845 期。

④ 此类研究如郑良芳：《外资金融机构对我国银行进行股权投资的研究——兼评“中国是否正在‘贱卖’自己的银行业”》，载于《经济研究参考》2005 年第 82 期；刘明康：《国有银行不存在贱卖》，载于《中国经济周刊》2005 年第 48 期；巴曙松：《不必单方面提高外资入股比例上限——超越银行“贱卖”争论的思考》，载于《新财经》2006 年第 4 期；许国平、葛蓉蓉、何兴达：《论国有银行股权转让的均衡价格——对“贱卖论”的理论回应》，载于《金融研究》2006 年第 3 期；王国刚、张跃文：《国有商业银行股权“贱卖论”辨析》，载于《中国金融》2008 年第 24 期。

且问题的关键也不在于是否由国家控制，而在于是否存在多个投资主体来牵制控股方进而形成有效的银行治理结构，因此，引入运行规范并具有实力的民营或境外投资主体即可实现这一目的。①

二、培育竞争性金融产权与民营银行制度建设思想

在20世纪50年代完成私营银钱业社会主义改造后，反对建立民营银行的思想在长时期内占据了主流。江泽民在中国共产党第十四次全国代表大会报告中提出：“国外的资金、资源、技术、人才以及作为有益补充的私营经济，都应当而且能够为社会主义所利用。”② 这一论断为发展民营银行扫清了思想上的障碍。从1994年起，伴随金融体制改革的深化和非公有制经济的发展③，建立民营银行逐渐成了学者们的关注焦点，并以培育竞争性金融产权为目标，就民营银行的概念认识、建立的必要性、建立路径以及开放准入的时间等问题进行了充分的探讨，同时也逐步形成了一系列促进民营银行建立和发展的政策措施，而这些内容共同构成了本时期的民营银行制度建设思想。

对“民营银行”概念的认识。理论界关于“民营银行”概念的认识，根据侧重点不同分为以下三种观点。第一种是强调所有权，有学者认为民营银行指国有银行以外的银行，抑或说是由民间个人或民间团体经营的银行，具体包括私人银行、非国有的民间银行以及民间或集体资本占大股、国家占小股的商业股份制银行；④ 也有学者提出，民营银行只是相对于国有银行而提出的概念，即不属于国有银行的都可以纳入民营银行的范畴，也就是说，非国家控制的股份制银行也属于民营银行之列。⑤ 第二种是强调经营权，认为凡是不属于政府或国家直接经营的银行都可称之为民营银

---

① 刘伟、黄桂田：《中国银行业改革的侧重点：产权结构还是市场结构》，载于《经济研究》2002年第8期。

② 江泽民：《加快改革开放和现代化建设步伐，夺取有中国特色社会主义事业的更大胜利》，引自中共中央文献研究室编主编：《十四大以来重要文献选编（上）》，中央文献出版社2011年版，第15页。

③ 赵晓雷、王昉：《新中国基本经济制度研究》，上海人民出版社2009年版，第115页。

④ 许崇正：《鼓励和发展民营银行的思考》，载于《金融与经济》1996年第7期。

⑤ 徐滇庆：《民营银行的定义刍议》，载于《中国投资》2003年第9期。

行，也就是说，民营银行不仅包含私人所有，也包含国家所有和私人混合所有，既可以是中资，也可以是外资或中外合资。① 第三种是强调现代企业制度，即以现代企业制度来界定是否为民营银行。② 第四种是强调服务对象，认为服务于民营企业，向民营企业贷款的便是民营银行。第五种是强调经营范围，认为民营银行即是一个个规模较小的社区银行。③

民营银行建立必要性的讨论。1994 年以来，学者们基于不同的视角提出在中国建立民营银行的必要性。其一，建立民营银行是发展市场经济体制的需要，原因是：伴随市场经济体制的改革，所有制界限已被打破，各种所有制结构的存在极大地提高了经济的内在活力，但明显滞后的金融业改革已不能满足如私营企业、个体所有制经济以及混合型经济等的金融服务需求，具体表现为业务责任不明、资金大量沉淀和效益较低等，而根据发达国家的实践经验，解决以上问题的办法即是建立和发展民营银行。④ 其二，建立民营银行是为了促进竞争，以促进国有银行的改革，具体来说，国有银行改革难以推进的一个核心问题在于银行体系内部缺乏竞争，民营银行能够打破国有银行的垄断局面，通过加强国内金融市场的竞争来促进国有银行改革的进程，即所谓的以增量改革促进存量发展的银行改革模式。⑤ 其三，发展民营银行是中国银行业建立信誉机制的出路所在，因为国有银行的垄断地位和政府管制使其“说假话还能赚钱”，但民营银行想要获得投资者的信赖，其机构本身就必须讲求信用。⑥

---

① 孙世重：《发展民营银行需要进一步澄清的几个关键问题》，载于《金融研究》2003 年第 2 期。

② 徐滇庆、巴曙松：《我们呼唤什么样的民营银行——评〈开放民营银行须慎行〉一文》，载于《中国改革》2002 年第 10 期；文琼：《中国内地民营银行市场准入的路径选择》，载于《经济问题探索》2003 年第 9 期。

③ 第四、五种观点摘自王自力：《民营银行准入：目前还宜缓行——兼与部分呼吁开放民营银行的同志商榷》，载于《金融研究》2002 年第 11 期。

④ 李俊荣：《刍议建立和发展民营银行》，载于《内蒙古金融研究》1994 年第 2 期。

⑤ 周建松：《专业银行商业化改革思路之我见》，载于《金融研究》1994 年第 2 期；马建堂：《推进专业银行向商业银行转化，不宜孤军突进》，载于《金融研究》1994 年第 4 期；徐滇庆：《民营银行的定义刍议》，载于《中国投资》2003 年第 9 期；朱云高：《银行业：存量改革更为重要——评发展民营银行是中国金融改革的切入点》，载于《开放导报》2003 年第 9 期；罗树昭、陈一军：《民营银行准入：路径选择与制度安排》，载于《广西大学学报（哲学社会科学版）》2004 年第 4 期。

⑥ 张维迎：《打破垄断，发展民营银行》，载于《财经界》2001 年第 4 期。

增量引入还是存量改革的分歧。关于民营银行的建立路径，理论界存在增量引入和存量改革两种不同的意见，也就是说，新组建民营银行还是对现有银行进行改革。主张增量引入的理由是，一来能以较低的摩擦和交易成本来换取较大的金融制度改进与金融效率提高，二来其示范和激活效应会对国有金融机构及其制度安排产生积极的影响。① 主张存量改革的根据是，新设民营银行依然得通过发行股票来筹集资金，故当前股份制商业银行所面临的问题，新设民营银行也会遇到，所以，与其花费资金新建银行，不如对现有股份制商业银行进行改革。②

民营银行准入开放时间的歧见。一种观点认为建立民营银行刻不容缓。张维迎认为，越早开放民营银行，中国便会越早产生强大的民营银行。但他同时也指出，发展民营银行具有一定的风险，所以，可以先从股份制银行以及国有银行民营化试点入手。③ 另一种观点则认为建立民营银行应当缓行。张亮认为开放民营银行为时尚早的理由有三：首先，正确的定义关系到民营银行的发展方向，但学术界对民营银行的概念缺乏统一且科学的界定；其次，民营银行的发展需要高度的市场化和相对宽松的金融环境，但中国目前还存在严重的金融压抑，也就是说，缺乏民营银行发展的必要前提条件；最后，当前理论界提出了三种理由来说明发展民营银行的必要性，但经过逐一分析，这些理由都能够用其他更简单的方式得以解决，并不是必须要通过建立民营银行来实现。④

关于建立民营银行的政策思想。比起本时期民营银行制度建设在思想层面上的较大发展，在政策层面上却经历了一个缓慢的推进过程。从民营

---

① 董红蕾：《增量改革模式中的民营银行市场准入》，载于《财经问题研究》2003 年第 4 期。

② 朴雅琳：《发展民营银行应着重存量改革》，载于《商业研究》2004 年第 6 期。

③ 张维迎：《打破垄断，发展民营银行》，载于《财经界》2001 年第 4 期。

④ 张亮：《放开民营银行准入应缓行》，载于《四川大学学报（哲学社会科学版）》2004 年第 S1 期。持该观点的还如王自力：《民营银行准入：目前还宜缓行——兼与部分呼吁开放民营银行的同志商榷》，载于《金融研究》2002 年第 11 期；王文宇：《论中国银行体制的改革——以内资民营银行准入限制缓和为中心》，载于《清华法学》2010 年第 1 期。

银行的市场准入开放过程来看[①]，1995年国家仍坚决禁止成立私人银行。[②] 2001年12月11日，国家计划委员会（2003年，改组为“国家发展和改革委员会”）制定并发布了《关于促进和引导民间投资的若干意见》，其中第二条规定“除国家有特殊规定的以外，凡是鼓励和允许外商投资进入的领域，均鼓励和允许民间投资进入”。[③] 以此为制度原型，同年12月20日，在国务院办公厅转发国家计划委员会关于《“十五”期间加快发展服务业若干政策措施的意见》中提出，对国有经济比重较高的金融等行业，要逐步放宽对非国有经济的准入限制。[④] 2005年2月19日发布的《国务院关于鼓励支持和引导个体私营等非公有制经济发展的若干意见》，是一部以促进非公有制经济发展的中央政府文件，其中第五条规定“允许非公有资本进入金融服务业”，并对非公有资本进入金融服务业做出了明确说明：一是在一定前提下允许非公有资本进入区域性股份制银行和合作性金融机构；二是符合条件的非公有制企业可以发起设立金融中介服务机构；三是允许符合条件的非公有制企业参与银行、证券、保险等金融机构的改组改制。[⑤] 2010年5月7日，又发布了《国务院关于鼓励和引导民间投资健康发展的若干意见》，其中第十八条进一步放宽了金融领域对民间资本的准入限制，其表述由之前的“允许非公有资本进入金融服务业”变为“允许民间资本兴办金融机构”，在具体内容上也有所扩展，不仅规定放宽对金融机构的股比限制，支持民间资本以入股方式参与商业银行的增资扩股，而且鼓励民间资本发起或参与设立新型农村金融机构等。[⑥] 直到2015

---

① 这里需要指出，虽然1996年便建立了新中国首家由非公有制企业入股的股份制商业银行——民生银行，但从整体来看，中国的银行业始终维持着国有银行的垄断局面，因此，打破国有银行垄断首要即是打破对银行业准入的限制。参见徐滇庆：《民营银行的定义刍议》，载于《中国投资》2003年第9期。

② 丁坚铭：《中国人民银行发言人强调中国不允许成立私人银行》，载于《人民日报》1995年7月6日。

③ 《国家计委关于印发促进和引导民间投资的若干意见的通知》，载于《中华人民共和国国务院公报》2002年第26期。

④ 《国务院办公厅转发国家计委关于“十五”期间加快发展服务业若干政策措施的意见的通知》，载于《中华人民共和国国务院公报》2002年第3期。

⑤ 《国务院关于鼓励支持和引导个体私营等非公有制经济发展的若干意见》，载于《中华人民共和国国务院公报》2005年第10期。

⑥ 《国务院关于鼓励和引导民间投资健康发展的若干意见》，载于《中华人民共和国国务院公报》2010年第15期。

年6月22日，国务院才同意并转发了银监会《关于促进民营银行发展的指导意见》。作为第一部专门针对民营银行而发布的政府规定，该文件从指导思想、基本原则、准入条件、许可程序、稳健发展、加快监管和营造环境7个方面对民营银行发展的部署和要求作出了明确的规定。[①] 由此可见，学术层面的广泛讨论并不必然推动政策层面的制度形成，有时候也可能会因无法达成共识而影响决策。

第四节　政策性银行的市场化转型思想

从计划经济向市场经济转轨的过程中，理论界开始思考如何实现专业银行的企业化改革，为解决国家专业银行身兼二职的问题，有学者提出将政策性业务与商业性业务分离的改革模式。之后，在国家经济金融体制改革的政策思想指导下，1994年中国正式成立了国家开发银行（以下简称国开行）、中国农业发展银行（以下简称农发行）和中国进出口银行（以下简称进出口银行）三家政策性银行。

迄今为止，这三家银行一直发挥着国家对宏观经济调控的作用，并在引导资金流向、支持落后地区建设以及扶持关系国家经济战略的行业领域和企业项目中做出了巨大的贡献。然而，随着市场化改革的不断深入、经济水平的逐渐提高和金融体系的逐步完善，政策性银行逐渐暴露出不良贷款越积越多、与商业银行进行业务竞争等许多弊端。所以，自20世纪末起便有学者提出应该对政策性银行进行市场化改革。在这一思潮下，政策性银行开始不断地在政策性和商业性之间曲折探路，但随着国际环境变化和自身职能定位调整，改革几度启动又陷入重新思考，直到2015年初又再次确定坚持政策性银行的基本定位。具体而言，1998年起，国开行首先开始将经营范围扩大到一些商业性业务领域，同时逐步在内部管理中实施

① 《国务院办公厅转发银监会关于促进民营银行发展指导意见的通知》，载于《中华人民共和国国务院公报》2015年第20期。

市场化运作；2001 年国务院针对政策性银行发展定位问题成立调研小组；2003 年中国共产党第十六届中央委员会第三次会议提出要深化政策性银行改革；2005 年中国人民银行出版《金融稳定报告》，在报告中提出政策性银行的经营环境已发生变化，并强调需要对其职能定位进行动态调整；2006 年中国举办了“中国政策性银行改革与转型研讨会”；2007 年全国金融工作会议上确定了政策性银行要按照“一行一策”原则推进改革，国开行率先通过改革方案，于 2008 年正式成立国家开发银行股份有限公司，并全面推行商业化运作，主要从事中长期业务，而进出口银行和农发行按照分类指导、“一行一策”的原则，也着手内部改革，逐渐减缩政策性业务，为商业化运作奠定基础。2012 年全国金融工作会议又进一步强调既定的改革方向。但是，2014 年 4 月，国务院总理李克强在主持召开国务院常务会议时提出，由国开行成立专门机构，实行单独核算，采取市场化方式发行住宅金融专项债券，向邮储等金融机构和其他投资者筹资，重点用于支持棚改及城市基础设施等相关工程建设。同年，国开行获批住宅金融事业部，被业界解读为“回归政策性银行”。① 直到 2015 年初，国务院对人民银行有关单位提出的中国三大政策性银行改革方案做出了复批，才明确了政策性银行的改革方向，即国家开发银行坚持走开发性金融机构之路，中国进出口银行和中国农业发展银行则仍然是政策性业务为主体的政策性银行。②

在这一曲折探索过程中，理论界、金融业界及政府相关部门对于政策性银行到底是否应该进行市场化转型以及如何进行市场化进行了大量地讨论，这些思想素材构成了中国政策性银行的市场化路径选择思想，不仅为完善符合市场经济体制的银行制度提供了指导，同时也为政策性金融体系建设增添了新的理论内容。本节以下内容将从制度需求因素和制度供给因素两个方面，对政策性银行市场化路径选择思想分别进行提炼。

---

① 《国开行回归政策性银行路径探索启动》，资料来源：财新网，http：//finance. caixin. com/2014 – 07 – 15/100703846. html。

② 参见《国务院关于同意中国农业发展银行改革实施总体方案的批复》，载于《中华人民共和国国务院公报》2015 年第 12 期；《国务院关于同意国家开发银行深化改革方案的批复》，载于《中华人民共和国国务院公报》2015 年第 12 期；《国务院关于同意中国进出口银行改革实施总体方案的批复》，载于《中华人民共和国国务院公报》2015 年第 12 期。

一、政策性银行市场化转型命题提出的逻辑机制

从各界对政策性银行市场化转型的各种讨论和观点中可以发现，对政策性银行市场化转型的必要性认识主要是基于以下三个方面的原因：

第一，社会主义市场经济体制发展所需。伴随市场经济体制改革的深化，政策性银行传统的财政拨款模式已经表现出诸多的弊端，如道德风险加剧、财政负担加重等。解决这些问题的最好办法就是对其进行市场化改革。例如，白钦先等指出，“政策性金融对经济发展与稳定、国家战略、宏观调控、国家安全、资源安全、政治与外交战略意图的贯彻等都有不可替代的巨大作用”，且比商业性金融更为直接和高效，但要实现政策性银行的可持续发展，就必须坚持以政策性为主，并辅之以市场化的运作手段。[①] 张红从政策性银行改革目标角度出发，认为要更好地服务于国家政策和经济发展战略目标，就必须实现政策性目的和商业性目的相统一。[②]

第二，政策性银行自身制度完善的要求。政策性银行市场化转型的提出伴随着两个关键的问题。第一个问题是，政策性银行要不要追求利益？事实上，理论界对此已基本达成共识，认为政策性银行若想要持续发展，至少应该做到保本微利。具体来说，张洪民从银行本质角度指出，亏损不是政策性，而且世界上没有哪家银行的经营目标是亏损。[③] 白钦先等认为，政策性银行虽然不追求利润最大化，但必须注意项目的有效性和贷款的可偿还性。[④] 曲天军以农业发展银行为例指出，政策性银行也是银行，故而要遵循银行经营的一般规律，在执行政策的前提下，要求经营效率以实现可持续发展。[⑤] 陈雁媛通过比较德国、日本、韩国的政策性银行运行情况，

① 白钦先、王伟：《政策性金融可持续发展必须实现的“六大协调均衡”》，载于《金融研究》2004 年第 7 期；白钦先、王伟：《中外政策性金融立法比较研究》，载于《金融理论与实践》2005 年第 12 期。

② 张红：《政策性银行改革：向何处去?》，载于《国际金融报》2009 年 2 月 17 日。

③ 张洪民：《走出政策性银行的认识误区》，载于《中国金融》2003 年第 12 期。

④ 白钦先、王伟：《政策性金融可持续发展必须实现的“六大协调均衡”》，载于《金融研究》2004 年第 7 期。

⑤ 曲天军：《农业政策性银行也要讲效益》，载于《中国金融》2005 年第 1 期。

也提出政策性不等于亏损，只有能够获取一定的利润，政策性银行才具备抵抗和化解风险的能力。① 基于此，有学者提出政策性银行必须按照政策性与效益性相统一的原则来经营。②

第二个问题是，政策性银行的改革与市场化之间的联系是什么？许多学者从政策性银行的可持续发展角度对此做出了解释。例如王华指出，中国政策性银行的资金来源于人民银行的指令性派购，而资金主要运用于计划部门推荐的项目，也就是说，既没有在来源上形成市场化的融资机制，也在流向上没有建立面向市场和客户的市场化自主选择模式。由此导致政策性银行长期以来忽视市场风险、偿债能力及风险评估，使其信贷风险控制机制薄弱，进而影响信贷资金的回收，并破坏银行财务的可持续性。③ 总而言之，政策性银行没有市场化的运作机制，就无法做到可持续地发展。因此，鉴于政策性银行在国民经济中的巨大作用，就必须对其进行市场化的改革。

对于具体地改革方式，理论界普遍认为应该坚持微观运营层面上的市场化运作。白钦先等认为，政策性银行应该首先坚持政策性为主体，但必须利用市场化的手段来建立健全政策性银行的运作机制，以实现政策性金融的可持续发展。④ 程建伟指出，政策性银行应该以政策性为主，但可以从事部分具有商业性质的项目来解决不良贷款率等问题。⑤ 胡学好认为，政策性银行的改革关键在于“如何贯彻国家政策意图，又要实现良好的市场业绩”，对于政策性金融来说，“政策性是前提，市场化是基础”，所以，“政策性金融机构要在体现政府意图的前提下来充实业务活动，并完善金融机制按市场原则进行金融管理”。⑥ 张红提出，政策性银行的改革

① 陈雁媛、钟贤君：《德日韩政策性银行的比较研究——对我国政策性银行商业化改革的借鉴意义》，载于《经济研究》2008 年第 6 期。

② 胡学好主旨演讲，载于《政策性银行改革与转型国际研讨会实录》（2006 年），资料来源：人民网，http：//finance. people. com. cn/GB/8215/4340510. html。

③ 王华：《国外三种政策性金融模式与中国的政策性金融》，载于《中央社会主义学院学报》2008 年第 2 期。

④ 白钦先、王伟：《政策性金融可持续发展必须实现的“六大协调均衡”》，载于《金融研究》2004 年第 7 期。

⑤ 程建伟：《政策性银行市场化的思考》，载于《商业研究》2006 年第 7 期。

⑥ 胡学好主旨演讲，载于《政策性银行改革与转型国际研讨会实录》（2006 年），资料来源：人民网，http：//finance. people. com. cn/GB/8215/4340510. html。

应该建立在实现政策性银行运作方式市场化的基础之上。[①] 贾康虽然指出商业化也并非政策性金融的最终改革方向，但同时认为，对政策性银行进行商业化改革的局部调整可以更好地促使政策性金融成为商业性金融的补充。[②]

此外，也有学者主张政策性银行转型为开发性金融机构，并更强调利用市场化运作方式来提高政策性银行的市场竞争力。比如陈元指出，国开行在1998年率先实施部分市场化运作时，最根本的一点就是立足市场落后的国情，按照金融运行的规则，以市场化融资为载体和手段，最终实现了不良资产率的大幅度下降。[③] 张涛强调，目前中国政策性银行已经到了转型为综合性开发性银行的时候，即“利用市场化手段，按照商业性金融规律运作，在机构自身可持续发展的基础上，为实现国家政策和战略导向服务”。[④]

第三，其他商业性银行正常运营的需要。中国政策性银行建立的目的，就是为了使政策性业务脱离国有专业银行以完成后者的商业化转型，使之成为真正的商业性银行。随着经济的发展，一方面，政策性银行原本从事的一部分业务已被市场机制覆盖，商业银行开始介入这部分业务；另一方面，政策性银行由于利益导向，也开始进入一些商业性业务领域。[⑤] 但政策性银行本身就有国家优惠政策和低贷款率的制度优势，与商业银行展开了业务竞争，这极大地破坏了市场竞争的公平性，并影响了商业银行的正常运营。詹向阳认为，政策性银行的转型，是要本着弥补商业银行的不足，而不是加剧金融市场的过度竞争和银行业的同构性，因为这种同构性会造成资金分布的极其不平衡，一边是城市和工业的资金过剩，一边是

① 张红：《政策性银行改革：向何处去?》，载于《国际金融报》2009年2月17日。

② 贾康等：《战略机遇期金融创新的重大挑战：中国政策性金融向何处去》（前言），中国经济出版社2010年版，第2页。

③ 陈元主旨演讲，载于《政策性银行改革与转型国际研讨会实录》（2006年），资料来源：人民网，http：//finance. people. com. cn/GB/8215/4340508. html。

④ 张涛：《政策性银行要向综合性开发金融机构转型》，载于《金融时报》2005年8月8日；张涛、卜永祥：《关于中国政策性银行改革的若干问题》，载于《经济学动态》2006年第5期。

⑤ 贾康等：《战略机遇期金融创新的重大挑战：中国政策性金融向何处去》，中国经济出版社2010年版，第78页。

政府和城市企业、落后地区、中小企业资金的严重短缺。[①] 王学人通过分析政策性金融转型的国际经验，也认为中国政策性银行的转型一定要避免加剧与其他商业银行的同构性问题。[②] 王伟和张令骞也认为，政策性银行和商业银行业务的竞争，会使得资源流向背离真正需要国家政策扶持的领域、行业或地区，所以他们认为，政策性银行的改革应致力于完善政策性金融体系，而不是转型为其他性质的银行。[③]

二、促进政策性银行市场化转型条件的理论认知

如前文所述，政策性银行的市场化改革并非一帆风顺，而是经历一个曲折前进的过程，于是引发了理论界对影响改革进程因素的思考，并由此得出了两个正向激励条件：

其一，中央银行的引导加快了政策性银行转型的速度。中国人民银行在 2005 年 11 月出版的《金融稳定报告》中指出，“政策性银行的经营环境已经发生变化，需要对其职能定位进行动态调整”。[④] 在 2006 年中国政策性银行改革与转型国际研讨会上，中央银行公开力促政策性银行转型，并提供了以下四点理由：其一，建立政策性银行，一方面是为中国经济和经济改革服务，另一方面建立初衷是为了实现四大专业银行向商业银行的转型，目前该任务已然完成；其二，中国建设社会主义市场经济基本框架的速度比起苏联或东欧都较快，政策性金融业务已剩余不多；其三，当前社会主义市场经济取得不断进展，社会主义市场经济基本框架也已初步确立，真正需要给予明确的、有分量补贴的领域逐渐减少；其四，随着财政情况的改善，政策性银行负责的许多业务，财政也可以负责。因此，人民银行认为，随着中国政策性银行经营环境的改变，需要对其职能重新进行

① 詹向阳主旨演讲，载于《政策性银行改革与转型国际研讨会实录》（2006 年），资料来源：人民网，http：//finance1. people. com. cn/GB/1040/4340573. html。

② 王学人：《政策性金融转型的国际经验及对我国的借鉴》，载于《求索》2007 年第 5 期。

③ 王伟、张令骞：《中国政策性金融的异化与回归研究》，中国金融出版社 2010 年版。

④ 《2005 年中国金融稳定报告》，资料来源：中国人民银行网站，http：//www. pbc. gov. cn//jinrongwendingju/146766/146772/146776/2889089/index. html。

定位和调整，而转型方向是有竞争力的开发性金融机构。① 之后，人民银行于 2013 年上半年再次牵头成立改革研究小组，专题研究国开行、进出口银行和农发行的改革问题。虽然王伟和张令骞认为中央银行提出的理由有待商榷②，但不可否认的是，中央银行在政策性银行改革中确实起到了极大地推动作用。

其二，政府职能的缺失为政策性银行转型提供了潜在激励。在中国政策性银行建设方面，政府职能的缺失体现在两个方面，即缺乏专门立法以及没有及时补充资本金。有学者指出，正是这两个原因导致了政策性银行为求生存和发展，在利润动机下另辟蹊径，引致越位无序的恶性竞争，最终使得国家做出改革政策性银行的决定。③ 具体而言，一方面，政策性银行是中国金融体系中不可或缺的重要力量，但其相关立法和司法实践却严重滞后于它的发展程度。立法是政策性银行制度完善首需解决的问题，但始终没有专门立法对政策性银行进行职能定位及监管约束，而且政策性银行要以国家信用为增信手段，若没有相关法律保障则很难实现国家信用。诚然，不少学者已在政策性银行立法方面做出了有益的研究。例如白钦先和王伟通过比较中外政策性金融立法，不仅得出中国应制定专门的政策性银行法的结论，而且也对该律法应包含的内容进行了论述。④ 另一方面，资本充足率是衡量银行抵御风险的标志，也是支持银行市场规模扩张的前提，建立一个稳定的资本金制度，既能够降低政策性银行的资金成本，提高抗风险能力，又可以满足政策性银行信用评级的需要，增强公众对政策性银行的信心。政策性银行资本金主要来源于财政支持政策性业务的资金。胡学好基于国外经验指出，政策性银行的资本充足率要比商业性银行的资本充足率高，但中国政策性银行的资本充足率却呈逐年下降趋势，故

① 贾瑛瑛：《探索政策性银行改革与转型之路——“政策性银行改革与转型国际研讨会”综述》，载于《中国金融》2006 年第 10 期。

② 王伟、张令骞：《中国政策性金融的异化与回归研究》，中国金融出版社 2010 年版，第 214 页。

③ 王伟、张令骞：《中国政策性金融的异化与回归研究》，中国金融出版社 2010 年版，第 6 页。

④ 白钦先、王伟：《中外政策性金融立法比较研究》，载于《金融理论与实践》2005 年第 12 期。

政策性银行必须建立稳定的资本金制度。[①] 苏中以进出口银行为例，也指出当前制约进出口银行作用和功能发挥的主要因素之一就是资本金不足。[②] 刘梅生以农业发展银行为例，认为运用市场机制构建政策性银行新的可持续发展模式，首先就是完善资本金的拨付，只有充足的资本金，银行才能给自己创造很好的自我持续发展的条件。[③] 可见，在政策性银行运营中，充足的资本金是维持其可持续发展的必要条件，但显然中国政策性银行的资本金一直得不到满足。周小川在答记者问时进一步阐述道，政策性金融机构改革的核心仍是强调资本约束和资本充足，他指出以前最担心政策性业务忽视盈亏、盲目扩张规模的问题，但现在要通过资本约束加以解决，只有补充资本并达到一定的资本充足率，才能建立起有效的约束机制。[④]

虽然从当前已有的学术成果来看，在政策性银行市场化转型命题的提出以及对促进转型条件的认识等问题上已形成了一定的研究积累，但难以肯定地说中国政策性银行市场化转型取得了阶段性成果。这是因为，从银行制度改革的其他方面来看，围绕其改革的相关讨论都伴随研究的推进而呈现出较为明朗的思路和线索，但关于政策性银行市场化改革的探讨却始终在政策性和商业性之间徘徊。本书认为，造成这一问题的核心在于对政府与市场关系的认识，或者说，在于对政府干预的理解。2008 年全球金融危机发生之前，政策性银行市场化改革的呼声达到了最高，因为国有商业银行在股改、上市等一系列操作下，其盈利水平得到了较大地提高，对政策性银行起到了示范性效应。但是，伴随全球金融危机的爆发，中国政策性银行在维护金融体系稳定中所展示出的作用[⑤]，促使各界开始重新思考

① 胡学好主旨演讲，载于《政策性银行改革与转型国际研讨会实录》（2006 年），资料来源：人民网，http：//finance. people. com. cn/GB/8215/4340510. html。

② 苏中主旨演讲，载于《政策性银行改革与转型国际研讨会实录》（2006 年），资料来源：人民网，http：//finance1. people. com. cn/GB/8215/4340564. html。

③ 刘梅生主旨演讲，载于《政策性银行改革与转型国际研讨会实录》（2006 年），资料来源：人民网，http：//finance1. people. com. cn/GB/8215/4340568. html。

④ 周小川：《周小川谈政策性银行改革：资本约束是核心》，载于《第一财经日报》2015 年 8 月 20 日。

⑤ 政策性金融机构在金融危机救助中的政策传导效应显著，当金融市场发生系统性风险后，政府能够通过政策性金融机构向金融市场进行注资，帮助恢复和稳定金融市场。陈元：《由金融危机引发的对金融资源配置方式的思考》，载于《财贸经济》2009 年第 11 期。

市场经济体制下政策性银行的定位和改革方向①。

第五节　农村信用社市场化调整的理论探索

本时期关于农村信用社的理论研究和政策措施，以市场化调整为主线，分为两个阶段：第一个阶段是20世纪末至新世纪初，对重塑农村信用社产权结构以及选择改革实施主体的思考；第二个阶段是近十年以来，针对农村信用社管理主体——省联社的探讨。

一、对产权结构及改革实施主体的思考

1992年中国共产党第十四次全国代表大会上中国正式确立了社会主义市场经济体制，进一步释放了农村经济活力，要求农村信用社能更好地实现农村地区资金融通，提高“三农”服务能力。但在前一个时期的改革中，虽然行、社脱钩为信用社提供了自主经营、自我管理的制度基础，但并未触及问题的核心，即，产权问题。总结各国合作金融组织成功的经验，发现虽然在不同经济结构下呈现不同的组织形式和运行模式，但都具有明晰的产权关系，即社员入股参加，一人一票制选举产生董事会，董事会代表全体社员利益行使决策权，产权主体是全体入股社员。然而中国农村信用社长期以来表现为“官办”的倾向，体现为：实际掌握信用社经营权的合作社主任是由农业银行直接任命而非董事会选举产生，对农村信用社行使财产权的县联社直接影响基层信用社的运行情况，承担政策性业务使经营决策和资金运用缺乏自主性，并且各级政府也对信用社进行不同程度的干预，这种倾向直接扭曲了信用社的“民办”性质，即，产权的主体异化为国家或集体。具体来说，合作制下的控股权为自下而上，各基层信

① 此类研究如董裕平：《国际金融危机引发对政策性金融的重新认知》，载于《中国金融》2010年第18期；王伟、张雅博：《日韩政策性银行商业化改革为何止步回归?》，载于《金融理论与实践》2015年第12期。

用社通过入股形式组建上级联社，但在管理权上却表现为自上而下，由上级联社对基层社进行直接管理。根据现代产权理论，社员作为股东——产权的主体，其选举产生的董事会享有对本社的管理权，决定其收益分配，但现行制度却与此背道而驰。因此，重塑产权结构，是将信用社真正办成群众性合作金融组织的关键所在。

然而脱钩后农村信用社呈现出两个新的特征：一是四大行从农村地区的撤离、国家对农村民间金融的规范（取消农村合作基金会）和政策性银行业务范围的限制，使信用社成为农村地区实际上唯一起资金调节作用的金融机构；二是农行代管时期的制度缺陷，造成信用社大面积亏损，为其带来了沉重的历史包袱，但信用社作为国家服务“三农”的抓手，依然要承担政策性业务，通过贴息贷款等帮助发展农村经济。面对新时期的新特征，理论界在农村信用社产权制度的选择上存在不同看法：一种观点认为，信用社的产权形式应实行“股份合作制”，借助股份制的组织形式和集资功能，使信用社过渡向农村合作银行，这种形式可将权责量化到个人，形成激励约束机制，最大限度地调动个人积极性。[①] 另一种观点认为，信用社应该是“股份制”，建成地方性股份制商业银行，因为中国从来没有真正的合作金融存在，现行的制度并不符合国际上关于合作制的一般原则[②]，而且农村商业银行的模式也更加符合当前建立现代金融企业的要求[③]。还有一种观点认为，“合作制”这种组织形式更符合中国农村地区的发展需要，这是因为在市场化程度较低的农村地区并不适应商业化的金融组织，农业信贷风险较高，趋利的商业金融组织必然转向城市市场，造成农村弱势群体失去信贷支持。[④]

产权改革引致的另一核心问题是如何选择改革的实施主体，即，改革由谁来主导实施？很多学者认为应该由地方政府负责，其原因如下：一是由于信用社长期以来积累了沉重的历史包袱，债务问题突出，必须依赖政

① 骆玉清、韩井泉：《对农村合作金融若干问题的思考》，载于《金融教学与研究》1996年第1期。

② 谢平：《中国农村信用合作社体制改革的争论》，载于《金融研究》2001年第1期。

③ 沈瑞钢：《关于农村合作金融组织产权制度改革路径的探索》，载于《财政研究》2009年第9期。

④ 阎庆民、向恒：《农村合作金融产权制度改革研究》，载于《金融研究》2001年第7期。

府采取政策支持的方式才能实现扭亏为盈；二是中国农业地区按照地理因素，农业结构和经济发展水平差异显著，产权制度改革需要分类指导、差异化进行，只能依靠最了解各地情况的地方政府进行推进。

基于此，2000 年江苏省信用社进行了以明晰产权为核心的试点改革，改革方案中坚持信用社合作制原则，同时组建省联社履行对信用社的行业管理和服务职能，在经济发达地区试点股份制改造农村信用社，建成农村商业银行①。随着试点改革的推进，2003 年国务院正式印发《深化农村信用社改革试点方案》，对改革做出了具体规划安排。首先，多元化产权主体，股权结构由以往“农民入股”增加为“农民、农村工商户和各类经济组织入股”；② 其次，以法人为单位，根据不同地区经济条件，分别按股份制、股份合作制和合作制的不同产权形式进行试点改革；最后，界定地方政府为产权改革的实施主体，“信用社的管理交由地方政府负责”，可“成立省级联社或其他形式的省级管理机构，在省级人民政府领导下，具体承担对辖内信用社的管理、指导、协调和服务职能”。③ 首批改革试点为 8 个省，2004 年其他 21 个省参加试点，2007 年海南省联社挂牌。至此，除西藏地区无农村信用社外，此次改革已在全国展开，省联社管理模式也在更大范围内得以确立。

二、管理主体的进一步探讨——省联社

管理主体的选择一直是农信社改革的核心问题之一。自新中国成立以来，农村信用社的管理主体经历了供销社、中国人民银行、人民公社、中国农业银行，之后又回到中国人民银行。直到目前，除了北京、上海等少数经济发达省市外，其余省级政府作为农信社管理与风险处置责任主体，都选择了以省联社为履职载体的制度模式。④ 2003 年 9 月 18 日，中国银

① 《梁保华同志在江苏省农村信用社工作会议上的讲话》，载于《金融纵横》2001 年第 6 期。

② 1996 年《国务院关于农村金融体制改革的决定》中规定股权结构由“农民入股”。

③ 《深化农村信用社改革试点方案》，载于《中华人民共和国国务院公报》2003 年第 22 期。

④ 按照 2003 年对省联社的规定，其不干预农信社具体业务和经营活动，但在实际中却对干部任免等进行控制。

行业监督管理委员会（以下简称银监会）印发《农村信用社省（自治区、直辖市）联合社管理暂行规定》，对各省联社的性质、组织结构以及职能作用等做了明确规定。[①] 2004 年 6 月 5 日，国务院转发银监会、人民银行《关于明确对农村信用社监督管理职责分工的指导意见》，其中明确指出省联社为信用社省级管理机构。[②] 然而，随着农村信用社向农村商业银行改制的推进，省联社推动农信社产权改革的作用机制已经逐渐消退[③]，农信社管理体制改革陷入了模式之争。[④]

（一）省联社是否有必要存在？

第一种观点是对省联社作用的肯定，认为由省级政府对农村信用社进行管理虽然可能存在基层政府干预、地域的局限不利于参与市场竞争及省级政府消化农村信用社历史包袱的压力过大，但将其管理移交省级政府是目前改革的最佳选择，有利于确保本省支农资金不外流、明确责任、对全省农村信用社统一管理、有效结合本省实际情况制定经营发展措施以及提高整体抗风险能力。[⑤]

第二种观点对农村信用社管理责任移交省级政府并建立省联社作为管理平台的改革方式持否定态度。有学者认为事先规定农村信用社的政府负责制，等于向农村信用社的存款人等给出农村信用社不会倒闭的信号，容易产生甚至加剧道德风险，同时也为地方政府干预农村信用社提供机会。[⑥] 也有学者认为省联社作为农信社最高行业管理机构对基层社承担着无限责任，但受多级法人格局的农村信用社体制约束，省联社在贷款审批、违规责任者处理等方面管理权限有限，因而弱化了省联社的行业管理职能，所

---

① 《中国银行业监督管理委员会关于印发〈农村信用社省（自治区、直辖市）联合社管理暂行规定〉的通知》，载于《中华人民共和国国务院公报》2004 年第 15 期。

② 资料来源：中华人民共和国中央人民政府网站，http：//www. gov. cn/zhengce/content/2008－03/28/content_1975. htm。

③ 黄金木：《省联社的作用机制》，载于《中国金融》2017 年第 13 期。

④ 肖四如：《关于农信社管理体制问题的探讨》，载于《中国农村金融》2010 年第 10 期。

⑤ 雷春柱：《关于农村信用社管理体制改革的研究》，载于《新疆金融》2004 年第 2 期。

⑥ 张元红：《关于农村信用社的观点综述》，载于《中国经贸导刊》2005 年第 11 期；引自阮红新、李向宇：《关于新一轮农村信用社体制改革的文献综述》，载于《武汉金融》2006 年第 8 期。

以省联社模式并没有对改革起到实质性作用。①

更多学者持第三种观点，首先肯定了中国通过自下而上入股的方式组建农村信用社联合体是必要的，其根据是：一来中国农村信用社点多面广，不仅需要县级层面的联社，更需要省级层面的联合社通过统筹规划辖内资源，实现对农村信用社的管理和服务，进而推动改革的完成；二来省联社“主要履行行业自律管理和服务职能”②，即对农村信用社的行业管理职能从银监会转移到了省联社，银监会专职履行金融监管职能，实现了对农信社行业管理和金融监管的分离，既有助于省联社对辖内农信社的管理，又有助于银监会风险防范能力的提高③。但同时认为省联社模式在具体实践中存在着制度性缺陷：第一，从省联社的产权组成来看，地市县信用联社是省联社的社员社，从理论上讲，应该是自下而上的负责制，但目前省联社在省级政府干预下形成了从上至下的行政性控制，省联社不仅对基层社的领导进行直接任命，而且对基层社的管理“事无巨细”，造成了产权与控制权的错配；第二，省联社为规避对农信社业务的行政干预，只负责管理而不涉及业务经营，故没有盈利性收入，所以入股的社员社既没有分红，还需要缴纳2.5%的管理费，这种自愿入股实际上已经成了指令性入股，有悖于市场化的改革方向；④ 第三，农村商业银行可根据自愿选择是否入股省联社，随着越来越多的农信社改组为农村商业银行，可能导致省联社最终被架空，而省联社是“具有独立企业法人资格的地方性金融

① 徐新：《股份制商业银行是省联社改革的必然选择》，载于《中国金融》2007年第2期。

② 《农村信用社省（自治区、直辖市）联合社管理暂行规定》，载于《中国农村信用合作》2003年第11期。

③ 穆争社：《农村信用社管理体制改革：成效、问题及方向》，载于《中央财经大学学报》2011年第4期。

④ 高伟：《当前农村信用社改革需要注意的几个问题》，载于《国家行政学院学报》2006年第2期；肖四如：《规范有效地开展农村信用社行业管理》，载于《中国金融》2007年第2期；张敏恬：《农村信用社改革进程中值得思考的问题》，载于《金融与经济》2007年第4期；巴曙松、林文杰、袁平：《当前农村信用联社体制的缺陷及出路》，载于《中国农村经济》2007年第S1期；卢米、符瑞武：《我国农村信用社改革的现状及发展建议》，载于《时代金融》2009年第8期；肖四如：《关于农信社管理体制问题的探讨》，载于《中国农村金融》2010年第10期；穆争社：《农村信用社管理体制改革：成效、问题及方向》，载于《中央财经大学学报》2011年第4期；黄隽：《省联社往何处去?》，载于《银行家》2012年第5期。

机构”[①]，具有维护自身利益和权利的动机，其中一个方式就是做大做强，比如以省为单位建立统一法人的信用社联社，这种方式会使基层法人信用社的权益无法得到保障。[②]

总的来说，省联社在一定时期内对推进农信社的改革发挥了重要作用，但由于其本身管理与服务边界模糊导致了对信用社管理的行政化，进而影响了农信社经营的自主性和活力，使农信社失去了独立法人的权益，成为掣肘农信社进一步完善公司治理的藩篱。

事实上，就2003年9月18日颁布的《农村信用社省（自治区、直辖市）联合社管理暂行规定》中对省联社性质、职能及定位等的规定来看，省联社作为一个具有行政机关性质的行业管理机构却不是基层社的直接上级，作为一个具有市场主体性质的金融机构却又不涉及具体金融业务，故存在政企不分和履职边界模糊的问题。[③] 尽管如此，在改革的特定时期，这一制度模式在“治标治乱方面取得了显著成效，一举扭转了过去农村信用社管理体制多年动荡、运作效果较差的局面”[④]，也对改革转轨时期农村金融起到了稳定作用[⑤]。

（二）省联社的改革方向为何？

合作金融的产权所有者应该是出资入股的社员社，由社员社代表组成

① 《农村信用社省（自治区、直辖市）联合社管理暂行规定》，载于《中国农村信用合作》2003年第11期。

② 蓝虹、穆争社：《中国农村信用社改革的全景式回顾、评价与思考》，载于《上海金融》2012年第11期；马九杰、吴本健：《农村信用社改革的成效与反思》，载于《中国金融》2013年第15期。

③ 2003年9月18日颁布的《农村信用社省（自治区、直辖市）联合社管理暂行规定》第二条明确指出：“省联社是由所在省（自治区、直辖市）内的农村信用合作社市（地）联合社、县（市、区）联合社、县（市、区）农村信用合作联社、农村合作银行自愿入股组成、实行民主管理，主要履行行业自律管理和服务职能，具有独立企业法人资格的地方性金融机构”；第三条规定：“社员社以其所持股份为限对省联社承担责任；省联社以其全部资产对其债务承担责任”；第四条规定：“经省（自治区、直辖市）政府授权，省联社承担对辖内农村信用社（含农村合作银行，下同）的管理、指导、协调和服务职能”；第二十二条规定：“社员大会是省联社权力机构，由社员社代表组成。每个社员社的代表数量相同”。同时可巴曙松、林文杰、袁平：《当前农村信用联社体制的缺陷及出路》，载于《中国农村经济》2007年第S1期。

④ 《银监会有关负责人就农村信用社改革发展情况答问》，资料来源：中华人民共和国中央人民政府网站，http://www.gov.cn/gzdt/2011-08/02/content_1918497.htm。

⑤ 巴曙松、林文杰、袁平：《当前农村信用联社体制的缺陷及出路》，载于《中国农村经济》2007年第S1期。

的社员大会是省联社的权力机构，负责省联社的重大决策，而政府对信用社行使决策权必然产生行政干预过多，进而使农村信用社失去了合作金融民主的基本属性。① 基于此，很多学者认为应该对省联社制度模式进行改革，并就省联社的改革方向做了进一步探讨，具体而言：

一是农村商业银行。大部分学者认为，应该对省联社进行股份制改造，成立省级商业银行，省级政府作为大股东入股，既可以使省级政府实现对农村信用社的控制，也能使后者摆脱前者的行政干预。② 这种改革方式能够通过明晰产权来避免权责不清的弊端，有利于理顺与政府和银监部门的关系。但也有学者指出，农贷资金需求往往表现为小额、分散特征，而区域性大银行往往将业务集中于城市大项目，其服务主体会偏离支农方向。③ 因此，有学者提出建立两级法人架构的省级商业银行模式，即，不涉具体业务而只负责管理与服务的省级商业银行和县级农村商业银行，这种模式既可以避免一级法人体制下随便撤并机构网点和跨区平调资金，能够防止资金非农化，还可以利用垂直型体系规避地方政府行政干预。④

二是金融控股公司。可由农村信用社、农村商业银行、农村合作银行以及其他企业法人、自然人共同入股组农村金融控股公司，同时通过自上而下控股或参股县级机构，按股权比例行使相应权利。该模式能够解决县联社股本小而分散的问题，也可以通过管理层与职工持股来建立激励约束机制。⑤

三是区域性农村合作银行。通过省联社整合省内合作金融机构，即以

---

① 阎庆民等认为，从中国信用社的发展现实来看，政府始终享有信用社一切活动的最高决策权。阎庆民、向恒：《农村合作金融产权制度改革研究》，载于《金融研究》2001 年第 7 期。

② 阮红新：《农村信用社省联社制度选择探讨》，载于《金融理论与实践》2006 年第 12 期；徐新：《股份制商业银行是省联社改革的必然选择》，载于《中国金融》2007 年第 2 期；肖四如：《关于农信社管理体制问题的探讨》，载于《中国农村金融》2010 年第 10 期。

③ 曹丽萍：《关于农村信用社模式改革的思考》，载于《山西农业大学学报》（社会科学版）2008 年第 3 期；卢米、符瑞武：《我国农村信用社改革的现状及发展建议》，载于《时代金融》2009 年第 8 期。

④ 曹丽萍：《关于农村信用社模式改革的思考》，载于《山西农业大学学报》（社会科学版）2008 年第 3 期。

⑤ 罗继东：《从行政管理到资本管理——对农村信用社省级联社改革走向的新思考》，载于《中国金融》2007 年第 5 期；谌争勇：《对农村信用社管理体制和产权改革的现实审视与政策建议》，载于《金融发展研究》2009 年第 8 期；晏国祥：《探寻农村信用社省联社改革之路》，载于《南方金融》2012 年第 6 期。

省内农信社入股的方式组建自下而上持股和自上而下服务的农村合作银行体系。这种模式既能够保持合作金融机构之间的独立性，同时也能实现经济的联合。①

四是行业管理机构。有学者从拆分职能的角度提出，按照2003年的改革方案，省联社同时履行行政管理职能、金融监管职能和行业管理职能。在下一步改革中，应该将农信社的监管全面集中于省级政府，同时成立省级金融监管机构专职农信社的金融监管职能，由省级金融服务办公室承接行政管理职能，而省联社则专职行业管理职能。这种方式能够满足农信社的公共服务需求，通过为农信社提供信息咨询、代理资金清算和结算以及员工培训等有偿服务来促进自身发展。② 还有学者从职能过渡角度指出，在一个长时间里省联社有存在的必要性，一来农村信用社的改革是一个逐步深化的过程，故需要省联社在一个较长时间内的引导和帮助，即使前者达到了现代银行标准，省联社也可作为区域性公共服务平台，在加强其与政府和社会的互动中发挥重要作用，二来省级政府承担着农信社的最终风险责任，其领导下的省联社则用省政府的信誉保证了农信社的稳定经营。因此，省联社必然伴随省级政府维护农信社金融稳定的这一责任而长期存在。但伴随信用社法人治理的完善和规范管理水平的提高，对省联社的职能和作用必须做出相应调整，由初期带有行政色彩的具体和直接管理，应逐步弱化其行政性，最终过渡到自律性行业管理机构。③

五是主张取消省联社设置，理由是：省联社作为一个过渡性的机构，当农信社全部转变为现代银行并真正成为市场主体后，省联社将完成其历史使命，最终撤销该机构设置。④

此外，还有学者认为，各省应该根据现实情况采取不同的改革策略，如在经济发达地区，可成立农村商业银行或合作银行，还可采取行业协会

---

① 周鸿卫、彭建刚：《我国农村信用社省联社发展模式的终极选择》，载于《上海金融》2008年第2期；吴盛光：《“省联社”模式制度重构：农村信用社管理体制改革探析》，载于《南方金融》2011年第5期。

② 穆争社：《农村信用社管理体制改革：成效、问题及方向》，载于《中央财经大学学报》2011年第4期；王修华、唐兴国、熊玮：《农村金融存量改革实施效果研究——以农村信用社为例》，载于《上海经济研究》2014年第8期。

③ 肖四如：《省级农村信用联社的功能定位及未来走向》，载于《银行家》2012年第4期。

④ 黄隽：《省联社往何处去?》，载于《银行家》2012年第5期。

或者行业管理机构的模式，当基层信用社真正成为市场主体后也可以取消省联社的设置等。[①]

在学术界对省联社改革必要性及改革方向进行讨论的同时，国家政策层面也着手对省联社的改革展开了积极探索。2011 年，中国银监会合作金融机构监管部姜丽明主任就农村信用社改革发展情况答记者问时指出：“要在保持县（市）法人地位总体稳定前提下，稳步推进省联社改革，逐步构建以产权为纽带、以股权为联接、以规制来约束的省联社与基层法人社之间的新型关系，真正形成省联社与基层法人社的利益共同体。”[②] 2012 年 1 月 6 日温家宝在全国金融工作会议的讲话中提出“省联社要淡出行政管理职能，强化服务职能”，进一步明确了省联社的改革方向。[③] 为落实该改革思路，2012 年 7 月 3 日银监会发布《中国银监会关于规范农村信用社省（自治区）联合社法人治理的指导意见》，通过健全省联社法人治理架构，即建立股东大会、董事会和高级管理层相互制衡又协调运转的机制促进省联社去行政化和履职规范化。[④]

近三年来，国家开始将省联社改革作为农村信用社改革的重点任务之一，从 2016 年“开展农村信用社省联社改革试点”，到 2017 年“抓紧研究制定农村信用社省联社改革方案”，再到 2018 年“推动农村信用社省联社改革”，连续三年的中央一号文件都聚焦于省联社的改革问题，逐步探索如何理顺省联社的职能并使其由管理部门过渡为服务和监督平台。各省也积极探索改革的路径和模式，如北京、上海、重庆，采取了统一的大法人制度，而四川、陕西则采取了金融控股公司的模式。

政策层面对改革方向的明确又进一步推动了学术层面的讨论。对省联社未来模式，有学者提出应该改革为金融服务公司，即，由地方中小金融

---

① 巴曙松、林文杰、袁平：《当前农村信用联社体制的缺陷及出路》，载于《中国农村经济》2007 年第 S1 期；付兆法、周立：《农信社改制后的老问题和新矛盾》，载于《银行家》2015 年第 11 期。

② 《中国银监会有关部门负责人就农村信用社改革发展情况答记者问》，载于《中国金融年鉴 2012》。

③ 《温家宝：总结经验明确方向不断开创金融工作新局面》，资料来源：人民网，http：//cpc. people. com. cn/GB/64093/64094/16963829. html。

④ 资料来源：中国银行业监督管理委员会网站，http：//www. cbrc. gov. cn/govView_B7B48F7E84364C2FB38A2D931B39920B. html。

机构凭借自下而上入股方式组建，按股权发挥股东作用并保证金融服务公司为股东服务。一方面，省联社经过多年运行，已经获得了丰富的服务能力和经验，将其改制为专职服务的公司，能发挥其核心竞争力。另一方面，金融服务公司与农信社作为平等市场主体，可以确保后者的法人地位长期稳定发展。① 但也有学者认为，单纯的金融服务公司对农村商业银行并没有约束力。② 对于具体的改革路径，基本认为应该根据各省情况进行分类改革，在农信社改制为农商行较快地区采用金融服务公司模式，在改革相对滞后地区采取金融控股公司模式。③

第六节　现代银行监管制度建设思想的进一步完善

20世纪90年代以来，在内部市场经济体制改革的推进和外部持续扩大开放的共同作用下，一方面为中国的银行业带来了前所未有的发展机遇，但另一方面也增加了银行业的风险因素和危机隐患。在这一背景下，中国的银行业监管范围由市场准入监管向全面系统化监管转变，监管核心从合规性管理向风险管理转变，监管方式从行政金融管理向依法监督转变。为实现以上转变而形成的学术研究和政策思想，不仅为推动银行监管制度的发展提供了充分的理论基础，同时也体现出中国现代银行监管制度建设思想的进一步完善。

一、针对不同经营模式的银行监管体系优化思想

1992年10月，证券业监管从人民银行中分设并成立专门的中国证券

---

① 蓝虹、穆争社：《论省联社淡出行政管理的改革方向》，载于《中央财经大学学报》2016年第7期。

② 王勇州：《省联社改革的结与解》，载于《中国金融》2017年第13期。

③ 曹军新、唐天伟、谢元态：《省联社改革模式研究：次优的丧失与更优的选择——基于机制设计理论的扩展框架》，载于《经济社会体制比较》2018年第3期；王勇州：《省联社改革的结与解》，载于《中国金融》2017年第13期。

监督管理委员会，标志着中国拉开了专业化监管的序幕。而伴随金融业经营模式从混业到分业，再到混业的发展历程，中国的银行业监管体系也做出了与之相适应地调整和优化。在 1993 年 12 月 25 日颁布的《关于金融体制改革的决定》中明确指出，国有商业银行要与保险业、信托业和证券业脱钩，并采取分业经营的模式。1995 年颁行的《商业银行法》和 1998 年颁行的《证券法》又从法律层面重申了分业经营的原则。在分业经营模式下，2003 年分离人民银行的银行监管职能，专设中国银行业监督管理委员会（以下简称银监会），使中国初步形成了分业监管的体系。但随着中国的金融自由化发展以及国际上金融混业经营的趋势①，中国在分业监管框架内逐渐形成了金融机构的混业经营形式，这一现实转变对调整监管框架提出了新的要求。为保证金融业的健康、稳定、有序发展和提高整体抗风险能力，在监管方面必须有效地避免监管漏洞和监管重叠，故而要求加强各金融监管机构之间的协调与合作。基于此，2018 年 3 月中华人民共和国第十三届全国人民代表大会第一次会议的《国务院机构改革方案》中提出，将原银监会和中国银行保险监督管理委员会（以下简称保监会）的职责整合，组建中国银行保险监督管理委员会，并将原银监会拟定银行业法律法规草案和审慎监管基本制度的职责划归人民银行。② 可见，监管框架再次向混业方向发展。与上述过程相伴随的是对组织体系的调整和改革，以及由此产生的对以下几方面问题的探讨。

关于监管职能分离的思想。在银监会成立之前，中国的银行监管和货币政策两项职能一直由人民银行承担。但从 20 世纪 90 年代起，随着对监管作用的重视，越来越多的学者开始关注监管机构的独立性问题，相应地产生了将金融监管职能与货币政策职能分开的思想，具体表现为针对分离监管与货币政策职能的争论。反对分离的学者认为：一是，监管与货币政策具有强相关性，前者是为了确保金融体系的稳定与安全，后者则是为了

---

① 1999 年美国通过了《金融服务现代化法案》，标志着混业经营成为国际银行业的发展趋势。引自周英：《金融监管论》，中国金融出版社 2002 年版，第 46 页；闫东玲著：《中国保险市场与资本市场互动机制与模式研究》，天津大学出版社 2013 年版，第 132 页。

② 《国务院机构改革方案》，资料来源：中国人大网，http：//www. npc. gov. cn/npc/xinwen/2018 －03/18/content_2050371. htm。

保持币值稳定，究其实质二者是相同的；二是，虽然中央银行同时承担两种职能会产生某些弊端，但由此带来的信息与决策优势要大于其不利影响；三是，中国尚不具备将两种职能拆分的条件。① 而支持分离的学者认为：一来，监管与货币政策存在政策目标不一致的问题，因而可能产生不同甚至相反的政策实施路径；二来，只有独立的监管主体，其行为才不会遭受干预，若必须兼具货币政策职能，则可能为迎合政府宏观调控目标而破坏市场约束。②

分业监管与混业监管的分歧。伴随理论界关于金融业分业经营和混业经营的讨论热潮，在监管层面也产生了针对分业监管和混业监管的不同意见。主张实行分业监管的理由为：其一，西方国家从分业监管到混业监管经过了一个较长时期的演进，中国的现代监管体系建立时间较短，故而尚不具备发展混业监管的条件；其二，银行、保险与证券各自有着不同的收益和风险特征，因而也具有不同的监管目标，若将不同目标纳入一个系统内部统一实施，不仅无法像分业监管时有着清晰的监管重点，而且可能因不同目标引致系统内的冲突；其三，混业监管机构必然有着较大的组织规模，故在内部容易滋生官僚主义。主张采取混业监管的原因是：第一，混业监管是国际发展趋势，中国在金融业持续扩大开放的背景下，也应该采取该监管模式以实现与国际金融市场的接轨；第二，分业监管在实践中存在许多问题，例如多种监管主体之间缺乏信息交流等，而混业监管可以有效地避免监管冲突并绕开监管真空地带；第三，分设监管主体需要耗费大量的行政成本以及多个监管主体之间的协调和沟通成本，但混业监管能够降低这些不必要的成本；第四，混业经营的发展打破了金融机构之间的界

---

① 陈志：《银行监管、货币政策与监管改革路径》，载于《金融研究》2001 年第 7 期；汤小青：《论我国中央银行货币政策和金融监管的制度选择》，载于《金融研究》2001 年第 10 期；王君：《金融监管机构设置问题的研究——兼论中央银行在金融监管中的作用》，载于《经济社会体制比较》2001 年第 1 期；曾康霖：《关于金融监管问题的思考》，载于《财经科学》2002 年第 S2 期；王进诚：《体制扰动还是目标冲突：中央银行分行传导货币政策与实施金融监管的实证分析》，载于《金融研究》2002 年第 6 期；钟伟：《论货币政策和金融监管分立的有效性前提》，载于《管理世界》2003 年第 3 期。

② 钱小安：《金融开放条件下货币政策与金融监管的分工与协作》，载于《金融研究》2002 年第 1 期；魏加宁：《我国金融改革步伐将进一步加快——银监会成立的启示》，载于《新金融》2003 年第 6 期。

限，若对提供类似金融服务和产品的机构依旧实施不同的监管政策和标准，容易产生不公平的竞争环境。[①] 此外，还有一种观点认为分业抑或混业监管并不是问题的关键，因为即便是混业经营，并不意味着金融机构、业务抑或产品的同质，对有差别的金融机构、业务和产品就必须按照相应的标准和准则进行监管，因此，无论哪种监管方式都存在协调的问题，所不同的是，在分业监管下协调的是不同监管主体，而在混业监管下协调的是同一监管主体内的不同部门。[②]

本书认为，不同国家的金融发展水平和金融制度不同，所以，采取哪种监管模式应该根据本国情况而定。从目前中国监管制度的实践历程来看，确实遵循了这一原则，即在混业经营扩大的今天，中国及时地做出了战略调整，果断地朝着混业监管的方向进行了适应性改革，为金融业的稳定发展提供了监管保障，而 2003 年成立中国银行业监督管理委员会，以及 2018 年中国银行业监督管理委员会和中国保险监督管理委员会合并为中国银行保险监督管理委员会，正是这一点的集中体现。

二、以风险管理为核心的银行监管思想及其发展

改革开放至 20 世纪 90 年代初期，银行业规模的快速扩张以及银行体系和业务的多元化发展，造成了银行机构内部管理松弛、资产质量低下等问题，从而引致了银行内部较高的经营风险。同时，1994 年以来金融业开放程度的提高以及金融部门与其他部门联系的日益紧密，极大地增加了银行系统性风险发生的可能。尤其中国共产党第十九次全国代表大会以来，已将防控金融风险作为决胜全面建成小康的三大攻坚战的重点内容[③]，而银行作为中国金融体制的核心，在防风险攻坚战中又扮演着重要的角色。因此，自 20 世纪 90 年代起，金融风险逐渐成了中国银行业监管的重点，

---

① 李变花：《扩大开放下中国金融安全与监管研究》，中国经济出版社 2009 年版，第 247～249 页；崔鸿雁：《建国以来我国金融监管制度思想演进研究》，复旦大学博士学位论文，2012 年，第 154～155 页。

② 王兵、胡炳志：《论有效金融监管》，载于《经济评论》2003 年第 4 期。

③ 《防范化解重大风险攻坚战重点是防控金融风险》，资料来源：中华人民共和国中央人民政府网站，http：//www. gov. cn。

并由此形成了从侧重行政审批的合规性监管向关注市场导向的风险性监管的思想转变，以及从重视微观审慎监管向强调宏微并重的监管模式探索。

合规性监管主要是指通过行政手段监管银行对相关法规与制度等的执行情况。风险性监管主要指通过市场调节和法律规范等方式预防、回避、分散或转移风险。[①] 前者侧重的是事后应对，其缺点是难以防患于未然，而后者则强调的是事前预防，便于及早化解银行风险和危机。[②] 20世纪90年代以前，中国银行业监管的主要方式是合规性监管，包括银行机构的市场准入以及法规条例等的合规性检查。90年代起，中国银行业国际化和市场化的改革引致了银行风险传导方式的改变和传导范围的扩展，银行风险带来的危害也更加严重，这要求中国银行业必须对监管方式做出调整。而该时期国际银行监管领域发生的变革为中国提供了新的启示，即1988年巴塞尔协议的发布以及20世纪90年代国际上对银行风险识别和计量技术的提高，使风险性监管走上历史舞台，这种监管方式能通过风险监测、风险评估和风险预警等手段尽早发现银行经营中的薄弱关节和潜在问题，进而帮助维持银行体系的稳定运行。基于此，风险性监管受到了中国学术界的关注。[③] 有学者认为，金融监管的重点在于那些具有重大影响的潜在威胁，之后才是金融市场的准入等合规方面。[④] 也有学者强调，以风险为核心的监管环境更有可能激发创新，而在以规则为核心的监管环境中则很可能对创新造成抑制，因此，为应对金融的综合化挑战以及实现金融的生态优化，必须选择较为灵活的风险性监管模式。[⑤] 但需要指出的是，合规性监管与风险性监管并非一组对立的概念，关注风险性监管也并不是要以风险性监管来替代合规性监管，而是以风险性监管为本，同时将合规性监管视为其有益补充。原因在于，对金融机构市场准入、经营原则、考核标

---

① 刘鹏飞：《从“合规性监管”到“风险性监管”看我国银行业监管的转变》，载于《统计与决策》2005年第19期。

② 孔祥毅主编：《宏观金融调控理论》，中国金融出版社2003年版，第198页。

③ 巴曙松认为，金融监管由合规型向风险型的转变是2004年以来中国金融改革值得关注的趋势之一。巴曙松：《2004年以来中国金融改革趋势的回顾与前瞻》，引自《中国金融改革与发展论坛》编委会编：《中国金融改革与发展论坛》，中国经济出版社2005年版，第1～3页。

④ 邹震田、何力军：《金融监管应回归风险监管》，载于《中国金融》2017年第5期。

⑤ 程惠霞：《金融监管目标权衡及其模式的递进》，载于《改革》2010年第2期。

准以及市场退出的各种金融法律法规的制定，其本质也是基于风险管理的目的，而这也是强调要进一步健全金融法律法规建设的意义所在。①

审慎监管是以防范金融风险和维护金融安全为目的，通过制定一系列金融机构必须遵守的经营规则，对其进行风险评估、监测、预警和控制的监管模式。审慎监管包括针对防范单个金融机构风险的微观审慎监管模式和针对防范系统性风险的宏观审慎监管模式。在2008年美国次贷危机之前，国际上都更为重视微观审慎监管模式，但次贷危机的发生使各国普遍意识到该模式的不足以及系统性金融风险的危害，因而开始强调微观审慎与宏观审慎并重的协同监管模式，特别是《巴塞尔协议Ⅲ》作为此次危机后的重要金融改革成果，其最主要的内容即是强调宏微观审慎相结合的监管原则。关于采取微观审慎与宏观审慎并重的监管模式在中国学术界已形成共识。比如巴曙松等认为，系统性风险是银行业始终面临的问题，且随着金融业的发展，系统性风险会进一步扩大，但微观审慎的监管模式缺乏对整体金融体系的全面判断，从而会导致对系统性风险的监管缺失。他们还认为，在微观审慎监管模式下，许多引起银行顺周期行为的因素很难反映到银行的资产负债表中，故难以被监管主体监测到，于是系统性风险会不断积累并最终蔓延到其他部门。但他们也指出，在流动性风险防范中，宏观审慎监管具有不可替代的作用。因此，他们认为监管“要尽量发挥宏观审慎监管和微观审慎监管之间的互补作用”。② 另外，《巴塞尔协议Ⅲ》中关于宏微观审慎相结合的监管思想也为中国监管制度的完善提供了一定的借鉴。该协议公布后，中国在结合本国国情的基础上结合国际新规，于2011年4月27日发布了《关于中国银行业实施新监管标准的指导意见》，其中明确提出“宏观审慎监管与微观审慎监管有机结合”。③ 同时，有学

---

① 武常命：《正确认识和处理金融监管中的几个关系问题》，载于《金融研究》1997年第7期。

② 巴曙松、王璟怡、杜婧：《从微观审慎到宏观审慎：危机下的银行监管启示》，载于《国际金融研究》2010年第5期。强调宏微观审慎监管并重的还如胡利琴、彭红枫、彭意：《我国银行业宏观审慎监管与微观审慎监管协调问题研究》，载于《管理世界》2012年第11期；贝多广，罗煜：《国际金融新秩序：中国的角色》，中国金融出版社2016年版，第199页；赵胜民、何玉洁：《宏观金融风险和银行风险行为关系分析——兼论宏观审慎政策和微观审慎监管政策的协调》，载于《中央财经大学学报》2019年第6期。

③ 资料来源：中国银行业监督管理委员会网站，http：//www.cbrc.gov.cn/chinese/home/docDOC_ReadView/20110503615014F8D9DBF4F4FFE45843249ABE00.html。

者提出《巴塞尔协议Ⅲ》给各国金融改革带来了新的挑战，尤其是中国这种以银行为主导快速发展的国家，在制定监管政策时应充分考虑中国金融体系自身的特点和国际经济金融形势。[①]

三、银行法制建设的完善以及立法思想的新特征

本阶段是中国银行法制建设和立法思想的发展高峰期。1995 年 5 月 10 日，第八届全国人民代表大会常务委员会第十三次会议通过了《中华人民共和国中国人民银行法》[②] 和《中华人民共和国商业银行法》[③]，这两部法律的颁行结束了新中国成立以来只有规章而没有法律的局面，标志着中国银行法律体系的初步形成。2003 年 12 月 27 日，第十届全国人民代表大会常务委员会第六次会议不仅修订了《中华人民共和国中国人民银行法》[④] 和《中华人民共和国商业银行法》[⑤]，而且通过了《中华人民共和国银行业监督管理法》（以下简称《银监法》）[⑥]。2006 年 10 月 31 日，第十届全国人民代表大会常务委员会第二十四次会议又通过了《银监法》的修改决定。[⑦] 以上过程不仅反映出中国银行法律体系的不断完善，而且从现行的三部法律[⑧]中能够总结出本时期银行立法思想的新特征。具体来说：

第一，重视对监督管理协调机制的建立。《银监法》的第六条规定国务院银行业监管机构与人民银行、国务院其他金融监管机构之间应建立监管信息共享机制。《人民银行法》第九条也规定要建立金融监管协调机制。

第二，合规性监管与风险性监管并重。在《银监法》的第二十一条、

---

① 范小云、王道平：《巴塞尔Ⅲ在监管理论与框架上的改进：微观与宏观审慎有机结合》，载于《国际金融研究》2012 年第 1 期；杜权、庄瑾亮：《巴塞尔协议Ⅲ在我国适用性问题的再审视——兼论监管政策对中小银行的影响》，载于《浙江金融》2016 年第 1 期。

② 《中华人民共和国中国人民银行法》，载于《中华人民共和国国务院公报》1995 年第 10 期。

③ 《中华人民共和国商业银行法》，载于《中华人民共和国国务院公报》1995 年第 13 期。

④ 《中华人民共和国中国人民银行法》，载于《中华人民共和国国务院公报》2004 年第 7 期。

⑤ 《中华人民共和国商业银行法》，载于《中华人民共和国国务院公报》2004 年第 7 期。

⑥ 《中华人民共和国银行业监督管理法》，载于《中华人民共和国国务院公报》2004 年第 7 期。

⑦ 《中华人民共和国银行业监督管理法》，载于《中华人民共和国国务院公报》2006 年第 35 期。

⑧ 即 2003 年修订的《人民银行法》和《商业银行法》以及 2006 年修订的《银监法》。

二十三条、二十四条以及第二十七条中，不仅规定银行业金融机构必须遵守审慎的经营规则，而且要求对银行业金融机构的业务活动和风险情况进行现场和非现场的检查。此外，还要建立监管评级体系和风险预警机制。从这些规定中可以看出，该法律不仅吸收了巴塞尔银行监管委员会对银行业监管的相关原则和做法，而且构成了中国银行立法建设的一次潜在性创新。

第三，注重银行立法的实践性和系统性。三部法律的具体内容涉及了指导思想、管理目标、主体、对象、具体业务等各方面规定，既结合了中国银行业运作的现实情况，也符合对银行机构管理的内在要求。

第四，外部监管与银行机构内部管理相统一。这是该时期银行监管制度建设思想的一个明显特征，即通过激励相容机制将监管主体对银行机构的管理要求转化为后者的自我约束，从而形成了对银行监管去行政化的重大突破。

总体而言，本时期的银行监管制度建设思想相较于前两个时期得到了进一步地完善，不仅基于混业监管与分业监管的讨论以及关于监管职能分离的认识促进了银行监管组织体系的优化，而且结合银行经营状况和国际金融环境形成了以风险管理为核心的监管思想。此外，《人民银行法》《商业银行法》《银监法》的颁行及适时修订也标志着中国银行监管正式进入了法制化时代。而且以其为基础，中国相继出台了一系列法律条例和规范性文件[①]，逐渐形成了一个较为完善的银行立法框架，同时也丰富了本阶段的银行立法思想。

① 此类规范性文件主要是指国务院主持通过的行政法规以及由人民银行发布的银行管理规章，包括了“规定”“办法”“通知”等具体文件形式。

第六章

新中国银行制度建设思想的总体考察

第一节　新中国银行制度建设思想的整体特征

在过去近70年里，中国各界对银行制度建设提出了丰富的观点和主张，通过对其归纳总结可以得出中国银行制度建设思想具有以下三方面主要特征：

第一，从计划到市场，以适应经济体制为目标是中国银行制度建设思想生成并演进的逻辑主线，既定社会与经济背景下对现实问题的关注则形成了推动思想变迁的内在动力。自1949年以来，对中国银行制度的探索，始终以构建适应于不同时期经济体制的银行制度为目标而展开，因此，围绕计划经济、计划向市场过渡及社会主义市场经济，形成了一条由计划到市场的思想演进线索。1949～1978年，中国银行面临的主要问题是如何建立与计划经济体制相适应的银行制度，以便于国家吸收、动员、集中和分配资金。这一目标引发了学术界关于构建以集中统一为特征的银行制度的讨论，并最终在中国形成了以人民银行为中心的“大一统”银行制度。1979～1993年，中国银行面临的主要问题是，如何在计划经济体制逐步引入市场经济机制的背景下实现适应性的转型。该过程需要整个银行体制的重构，进而学术界研究规模迅速扩大，形成了有关中央银行独立性、国家专业银行企业化和农村信用社改革等方面的丰富思想。1994年起，金融领域为配合社会主义市场经济体制的改革，而开始实施以市场为导向的逐步改革。市场化的金融改革不仅加深了中国的对外联系，同时扩大了国际经济金融环境变化带来的影响。内外双重的变革促使各界对建立与社会主义市场经济相适应的银行制度展开了讨论，包括对中央银行独立性的重新思考，从产权和经营机制角度探讨国有银行和农村信用社的改革，以及提出构建民营银行的思路等。

第二，银行的隶属关系和产权主体等问题长期受到关注，思想内容的丰富不仅体现了中国经济学术研究的成长，也反映出掣肘银行制度改革的深层次障碍长期都未彻底解决。中国银行制度建设思想虽然呈现出以“大一统”、多元化和市场化为特征的三个连续而不同的阶段，但每个阶段都对隶属关系和产权主体等问题进行了持续的关注。例如，在计划经济向市场经济过渡时期和社会主义市场经济时期，各界围绕中央银行究竟隶属政府还是全国人民代表大会进行了充分讨论。再如，从第一个阶段与国家银行的关系，到第二个阶段与农业银行的关系，再到当前与省级政府的关系，学术界关于农村信用社的隶属进行了一个长期的探索过程，足见该问题已成为农村信用社改革的核心问题之一。又如，自正式恢复设立专业银行以来，各界围绕其产权改革形成了许多观点和主张，包括 20 世纪 80 年代对专业银行企业化的辨析、90 年代关于专业银行商业化的探讨、90 年代末至 21 世纪初对商业银行股份制的研究，乃至当前关于混合所有制的争论等，事实上都最终指向产权改革尚不透彻，而这也成为中国国有商业银行改革直至当前仍难以顺利推进的主要原因之一。

第三，中国的银行制度建设思想以国外经济理论和实践经验为学习对象，通过比较和选择，持续致力于探索适用于中国经济体制且有助于推动中国经济发展的银行制度模式和框架。中国作为后发国家，在银行制度构建过程中借鉴了许多国外银行理论和经验教训，并形成了制度性后发优势。但在该过程中，中国并没有一味地照搬照抄，而是在引进移植中，有比较、有选择地摸索并形成了适用于中国国情的银行制度。从宏观层面来看，中国银行制度吸取了美国等发达国家以市场化为主导的银行发展模式，但同时保留了制度建设过程中的政府作用。这一制度安排是出于中国积累原始资本、完善市场机制等的需要，而且在实践中这一制度安排也对维护金融稳定和落实产业政策起到了积极作用。此外，从微观领域来看，在一些具体制度建设中，中国结合自身现实情况进行了有选择地学习和借鉴，并形成了适应中国特色社会主义经济体制和经济现实的银行制度。例如国家专业银行的改革和分离业务、以国有为主的同时引入不同产权主体等。

第二节　新中国银行制度建设思想演进的逻辑线索

通过以上对新中国 70 年银行制度建设思想的考察，可以发现该思想经历了“初发—转型—发展”的演进过程，与之相适的思想内容也呈现出由“大一统”而展开，由“多元化”而展开，以及由“市场化”而展开的阶段性转变。这一思想及其内容的变化体现了独特的中国银行制度建设历程，也清晰地勾勒出了对新中国银行制度的人为选择过程。但是，想要正确地认识现在，并在将来能够做出更为明智地选择，仍然要从历史中去寻找经验并提炼思想演进的一致性线索。根据比较经济学理论，经济体制可被理解为是实现稀缺资源配置的不同方式。[①] 中国的经济体制可以按资源配置方式分为计划经济体制、市场经济体制和计划与市场混合经济体制。银行又是资本这一稀缺资源配置的载体。因此，基于前文分析，本书认为，银行制度为契合经济体制而做出的不断调适，正是新中国银行制度建设思想演进背后的逻辑线索。具体可通过三个思想演进阶段的形成加以说明：

新中国成立以后，在1949～1952年的国民经济恢复时期，中国的经济结构中同时存在计划和市场两种不同的资源配置方式。据统计，1952年底个体经济在国民收入中仍占据较大比重（见图6－1）。然而，朝鲜战争的爆发使更适应军事动员的计划方式逐渐占据主导地位。[②] 1953年，中国开始执行以重工业作为优先发展战略目标的国民经济发展第一个五年计划。[③] 为了使有限的资金、外汇等能够满足该战略目标的实施，必须用行政性的计划方式代替市场方式进行资源配置，以此为产业发展和项目投资确立优先次序。[④] 1956年社会主义改造完成后，国营经济和集体经济成为国民经济体系的核心，个体经济仅仅占国民经济中的较小比重。到1978年，私有经济完全被消灭，国民经济呈现单一公有制经济形势（见图

① 比如罗夫·艾登姆和斯塔芬·威奥第将经济体制定义为：“用来利用一定组织内的稀缺资源的各种机构和安排的网络结构”。［瑞典］罗夫·艾登姆、斯塔芬·威奥第著，王逸舟译：《经济体制：资源是怎样分配的》，生活·读书·新知三联书店1987年版，第1～2页。

② 田国强、陈旭东：《中国改革：历史、逻辑和未来》，中信出版社2016年版，第115页。

③ 时任国务院副总理兼国家计委主任的李富春在第一个五年计划的报告中指出：“社会主义工业化是我们国家在过渡时期的中心任务，而社会主义工业化的中心环节，则是优先发展重工业。”引自《中华人民共和国第一次全国代表大会第二次会议文件》，人民出版社1955年版，第160～161页。

④ 林毅夫、蔡昉、李周：《中国的奇迹：发展战略与经济改革（增订版）》，上海人民出版社2002年版，第45页。

6－1）。鉴于市场的微观基础已经消失，计划成为资源配置的唯一方式。[①] 与以上过程相对应的是计划经济体制的形成到确立，而该体制的基本特征是国家成为资源配置的主体，并根据行政指令按计划配置资源。与此同时，理论界和政策界围绕如何建立与经济体制相适应的银行制度，也就是说，基于新的资源禀赋结构下如何实现对资本有计划的集中统一配置而展开了探索。不难理解，在资本极度稀缺的新中国成立初期，只有在国家控制之下的多个银行组织机构才能做到动员和集中全国资金，并将有限的资金按计划配置到符合国家发展战略目标的部门和企业，因而产生了新中国成立之初的银行国有思想、建立农村信用社的思想以及保留、限制和利用私营银钱业的思想。但伴随计划经济体制的最终确立，国家银行的单一垄断和高度行政化管理则是与之相适的必然选择，故形成了"大一统"的银行制度建设思想，其中包括合并私营银钱业的思想、对人民银行性质、职能和作用的认识，以及以行政管理为主的银行监管思想。

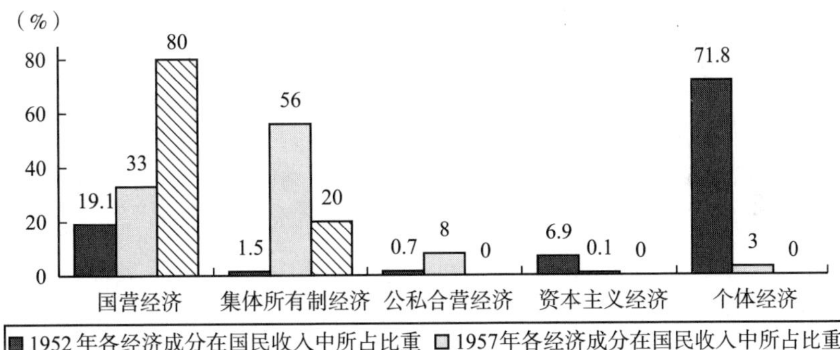

图 6－1　1952 年、1957 年和 1978 年各种经济成分在国民收入中所占比重

资料来源：根据田国强和陈旭东著作中的相关数据整理而得。参见田国强、陈旭东：《中国改革：历史、逻辑和未来》，中信出版社 2016 年版，第 115、117、119 页。

1979 年起，伴随思想层面的拨乱反正、经济理论的发展和经济建设的需要，国家开始重视经济规律的作用，并通过对经济体制的改革逐渐在国

① 田国强、陈旭东：《中国改革：历史、逻辑和未来》，中信出版社 2016 年版，第 117 页。

民经济建设与发展中引入了市场要素作为资源配置的新手段。然而，在改革开放之初，中国的资本积累尚较薄弱，为了集中国家资金，按轻重缓急有重点的进行建设，中国必须仍然以计划作为资源配置的主要方式，但国家需要根据具体情况，统一划出一定范围由市场进行自发调节，才能把经济真正搞活①。随着农村土地联产承包责任制到国有企业改革等一系列发展，体制僵化带来的制约愈发凸显，所以，越是搞活经济，越要重视宏观调节，要对包含银行在内的经济体制进行改革，运用信贷等经济杠杆调节资源的流向。② 因此，自改革开放到20世纪90年代初，市场因素在经济体制中的作用逐渐加强，中国经历了一个由计划经济体制向市场经济体制的过渡。与此同时，理论界和政策界也意识到要引入市场机制，就必须灵活运用货币、信贷和利率等金融杠杆，显然计划经济体制下僵化的“大一统”银行制度不符合这一要求，所以经济体制的改革必然需要重构银行制度，这促使各界以“多元化”而展开了对银行制度的重新思考和设计。于是，伴随经济体制的过渡，银行制度建设思想也发生了转型，形成了“多元化”的银行体制改革思想、以加强宏观调控为主导的中央银行制度建设思想、以企业化改革为核心的专业银行制度建设思想、以调整行社关系为主线的农村信用社制度建设思想以及对现代银行监管制度的初步探索。但是，虽然经济体制逐渐打破了计划的藩篱，但尚未形成真正的市场机制，因而在思想层面上既强调银行制度在微观运行层面的灵活自主，又重视国家对宏观经济的调控，同时对银行的管理也开始采取以监管来代替行政命令，但仍保留了许多计划经济的色彩，这一点反映在对许多问题认识的分歧和探索过程的曲折上。

在确立了社会主义市场经济体制的改革方向后，1993年12月25日国务院发布《国务院关于金融体制改革的决定》，1994年起重点开始推进金融领域的市场化改革。在新的资源分配方式下，过渡时期带有计划体制意

① 《全面开创社会主义现代化建设的新局面——胡耀邦在中国共产党第十二次全国代表大会上的报告》，资料来源：中国共产党历次全国代表大会数据库，http：//cpc. people. com. cn/GB/64162/64168/64565/65448/4526430. html。

② 《中共中央关于经济体制改革的决定》，载于《中华人民共和国国务院公报》1984年第26期。

味的资源配置载体必然需要做出适应性改革，由此引发了学者和政策制定者围绕市场化而展开了对银行制度建设的进一步探索。社会主义市场经济体制意味着，一方面市场机制在资源配置中的地位进一步提升，另一方面社会主义决定了中国公有制为主体的所有制结构，这要求国家仍要在宏观上起调控作用。[①] 因此，该时期的银行制度建设思想既追求如何通过发挥市场作用来提高金融资源的配置效率，因而提出了国有银行引入多元产权主体、发展民营银行等增强银行体系竞争性的思想，也产生了农村信用社调整产权结构和管理主体的改革思想，同时还强调以健全宏观调控为目的来推进中央银行的制度建设思想。

总的来说，不同历史时期，探索与经济体制相适应的银行制度实际上是推动银行制度建设思想演进的逻辑。这是因为，银行作为资本配置的载体，在不同阶段需要基于当时资本禀赋条件并按照一定的资源配置方式来配置资本，而经济体制反映了资源配置的方式，因此，不同的经济体制即形成了决定银行制度的客观基础。同时，理论界和政策制定者对特定经济体制下银行制度的认识理解和框架设计，以及伴随经济体制转变而对银行制度做出的路径切换与模式调整，最终构成了新中国银行制度建设思想的初发、转型与发展，进而推动了新中国银行制度建设路径的形成。

综上所述，银行制度建设离不开人为地制度设计和路径选择，因而要探寻过去 70 年新中国银行制度建设路径形成的根本动因，不能仅从历史层面和经济层面进行考察，还应该重视思想层面的因素，从思想演进的连续性和阶段性中去提炼思想的整体特征及其背后的逻辑线索。基于这样的考察，既能系统和完整地勾勒出新中国银行制度的人为构建过程，而且其思想特征及背后的逻辑线索也有益于理解当前银行制度的形成，并为下一步的银行制度建设提供经验和启示。

① 卫兴华：《中国特色社会主义经济理论体系研究》，载于《经济学动态》2011 年第 5 期。

参考文献

[1]［俄］阿特拉斯著，季陶达译：《苏联银行国有史论·编者序》(上册)，人民银行总行 1949 年版。

[2]［俄］巴狄烈夫、乌索斯金著，王运成译：《苏联银行制度》，时代出版社 1950 年版。

[3]［美］T. 梅耶、J. S. 杜森贝里、R. Z. 阿利伯著，洪文全、林志军等译：《货币、银行与经济》，三联书店上海分店 1988 年版。

[4]［美］蒂莫西·W. 科克著，中国农业银行研究室译：《银行管理》，中国金融出版社 1991 年版。

[5]［美］詹姆斯·B. 贝克斯莱著，林继肯译：《银行管理》，东北财经大学出版社 1987 年版。

[6]［苏］阿特拉斯、盖拉森考等著，李延栋辑译：《银行·苏联国家银行》，人民出版社 1954 年版。

[7]［意］萨瓦托·马斯特罗派斯奎著，虞关涛、钱曾慰译：《欧洲经济共同体国家的银行制度（机构与体制)》，中国财政经济出版社 1982 年版。

[8]《中国金融改革与发展论坛》编委会编：《中国金融改革与发展论坛》，中国经济出版社 2005 年版。

[9]《中国金融年鉴》编辑部主编：《中国金融年鉴 1986》，中国金融年鉴编辑部 1986 年版。

［10］《中国金融年鉴》编辑部主编：《中国金融年鉴 1995》，中国金融年鉴编辑部 1995 年版。

［11］《中国金融年鉴》编辑部主编：《中国金融年鉴 2001》，中国金融年鉴编辑部 2001 年版。

［12］《中国金融年鉴》编辑部主编：《中国金融年鉴 2003》，中国金融年鉴编辑部 2003 年版。

［13］《中国金融年鉴》编辑部主编：《中国金融年鉴 2012》，中国金融年鉴杂志社有限公司 2012 年版。

［14］《中国金融年鉴》编辑部主编：《中国金融年鉴 2016》，中国金融年鉴杂志社有限公司 2016 年版。

［15］《中国金融年鉴》编辑部主编：《中国金融年鉴 2017》，中国金融年鉴杂志社有限公司 2018 年版。

［16］贝多广，罗煜主编：《国际金融新秩序：中国的角色》，中国金融出版社 2016 年版。

［17］曾康霖主编：《谈金融体制改革的着力点》，《中国金融学会第二届年会文件汇编》（内部发行）1986 年版。

［18］陈茂铉主编：《天津财经学院第三届学术报告会论文集》（内部资料）1979 年版。

［19］陈慕华主编：《中国目前金融工作》，中国金融出版社 1987 年版。

［20］成思危主编：《路线及关键：论中国商业银行的改革》，经济科学出版社 2006 年版。

［21］曹远征主编：《大国大金融：中国金融体制改革 40 年》，广东经济出版社 2018 年版。

［22］戴相龙主编：《中国人民银行五十年——中央银行制度的发展历程》，中国金融出版社 1998 年版。

［23］邓小平著：《关于经济工作的几点意见》，《邓小平文选》（第二卷），人民出版社 1994 年版。

［24］东北财经委员会调查统计处译：《苏联的银行与货币》，中南新华书店 1950 年版。

［25］范方志主编：《中央银行独立性：理论与实践》，经济管理出版社2007年版。

［26］甘培根、林志琦主编：《外国银行制度与业务》，中央广播电视大学出版社1985年版。

［27］龚浩成、戴国强主编：《金融是现代经济的核心》，上海人民出版社1997年版。

［28］关广富主编：《社会主义银行理论与实践问题》，中国金融出版社1984年版。

［29］郭瑞楚主编：《恢复时期的中国经济》，生活·读书·新知三联书店1953年版。

［30］国务院法制办公室主编：《中华人民共和国法规汇编（1949－1952）》（第一卷），中国法制出版社2014年版。

［31］河南省金融学会、中国人民银行河南省分行金融研究所主编：《论银行体制改革——中南五省（区）人民银行第二次金融理论研讨会论文选集》（内部发行），1983年版。

［32］洪文金、高路明主编：《马克思信用和银行的理论与应用》，厦门大学出版社1988年版。

［33］胡寄窗、谈敏主编：《新中国经济思想史纲要（1949－1989）》，上海财经大学出版社1997年版。

［34］黄芳泉主编：《简明货币银行学》，华中工学院出版社1983年版。

［35］黄鉴晖主编：《中国银行业史》，山西经济出版社1994年版。

［36］贾康等主编：《中国政策性金融向何处去》，中国经济出版社2010年版。

［37］孔祥毅主编：《宏观金融调控理论》，中国金融出版社2003年版。

［38］李变花主编：《扩大开放下中国金融安全与监管研究》，中国经济出版社2009年版。

［39］李兰、章济平主编：《美国银行体系和支付制度》，中国金融出版社1993年版。

［40］李仁真主编：《国际金融法》，武汉大学出版社 2005 年版。

［41］李扬主编：《中国金融发展报告（2005）》，社会科学文献出版社 2005 年版。

［42］李扬主编：《中国金融论坛（2004）》，社会科学文献出版社 2004 年版。

［43］李志辉主编：《中国银行业的发展与变迁》，格致出版社 2008 年版。

［44］辽宁省革命委员会宣传组编：《〈中国农村的社会主义高潮〉序言和按语》，1975 年版。

［45］列宁：《列宁全集》第 24 卷，人民出版社 1958 年版。

［46］列宁：《列宁全集》第 25 卷，人民出版社 1958 年版。

［47］列宁：《列宁全集》第 26 卷，人民出版社 1958 年版。

［48］列宁：《列宁全集》第 27 卷，人民出版社 1958 年版。

［49］林毅夫、蔡昉、李周主编：《中国的奇迹：发展战略与经济改革（增订版）》，上海人民出版社 2002 年版。

［50］刘光第主编：《中国的银行》，北京出版社 1984 年版。

［51］刘国光主编：《中国十个五年计划研究报告》，人民出版社 2006 年版。

［52］刘鸿儒主编：《社会主义货币与银行问题》，中国财政经济出版社 1980 年版。

［53］刘鸿儒主编：《中国金融体制改革问题研究》，中国金融出版社 1987 年版。

［54］刘孝红主编：《我国政策性银行转型研究》，湖南人民出版社 2010 年版。

［55］陆建祥主编：《新中国信用合作发展简史》，农业出版社 1981 年版。

［56］马克思、恩格斯著，中共中央编辑局译：《共产党宣言》，中央编译出版社 1998 年版。

［57］马克思、恩格斯著：《资本论》（第 3 卷），人民出版社 1975 年版。

［58］毛泽东著：《湖南农民运动考察报告》，《毛泽东选集》（卷一），东北书店1948年版。

［59］民主建国会上海市分会编：《论当前经济大势》，民主建国会上海市分会1950年版。

［60］莫乃群主编：《货币和银行》，海燕书店1949年版。

［61］潘波主编：《银行业监管权研究：行政法语境下的理论与实践》，中国法制出版社2012年版。

［62］邱兆祥主编：《马克思的货币、信用和银行理论》，中国金融出版社1993年版。

［63］饶余庆主编：《现代货币银行学》，中国社会科学出版社1983年版。

［64］尚明、陈立主编：《当代中国的金融事业》，中国社会科学出版社1989年版。

［65］盛慕杰主编：《中央银行学》，中国金融出版社1989年版。

［66］施兵超主编：《新中国金融思想史》，上海财经大学出版社2000年版。

［67］寿进文主编：《货币与信用讲话》，新知识出版社1955年版。

［68］宋士云主编：《中国银行业：历史、现状与发展对策》，天津人民出版社1997年版。

［69］宋士云主编：《中国银行业市场化改革的历史考察：1979－2006》，人民出版社2008年版。

［70］苏星主编：《新中国经济史》，中共中央党校出版社1999年版。

［71］孙尚清、章良犹主编：《苏联“经济改革”文集》，生活·读书·新知三联书店1975年版。

［72］孙树茜、张贵乐主编：《比较银行制度》，中国金融出版社1988年版。

［73］田国强、陈旭东主编：《中国改革：历史、逻辑和未来》，中信出版社2016年版。

［74］万国华、隋伟主编：《国际金融法学》，中国民主法制出版社2005年版。

［75］万红主编：《美国金融管理制度和银行法》，中国金融出版社1987年版。

［76］王海奇主编：《新民主主义的经济（上、下）》，新潮书店1951年版。

［77］王克华、王佩真主编：《货币银行学（下）》，中央广播电视大学出版社1984年版。

［78］王克华、王佩真主编：《中国货币银行学》，中央广播电视大学出版社1986年版。

［79］王克华主编：《社会主义货币银行学》，武汉大学出版社1990年版。

［80］王维澄、腾文生主编：《中国改革开放经济政策法律全书》，吉林人民出版社1995年版。

［81］乌索斯金等著，中国人民大学货币流通与信用教研室译：《信贷与结算组织》，生活·读书·新知三联书店1950年版。

［82］吴冈主编：《旧中国通货膨胀史料》，上海人民出版社1958年版。

［83］阎庆民主编：《中国银行业监管问题研究》，中国金融出版社2002年版。

［84］杨培新主编：《我国社会主义银行》，经济科学出版社1984年版。

［85］叶世昌主编：《中国经济史学论集》，商务印书馆2008年版。

［86］喻瑞祥主编：《当代中国金融问题研究》，中国金融出版社1987年版。

［87］喻瑞祥主编：《货币、信用与银行》，中国财政经济出版社1980年版。

［88］詹向阳等主编：《中国现代银行核心竞争力培育与创新运营成功模式全集》，哈尔滨地图出版社2003年版。

［89］张晋藩主编：《中华法学大辞典·法律史学卷》，中国检察出版社1999年版。

［90］张铁城主编：《西方金融理论和银行业务》，能源出版社1987

年版。

［91］张玉文主编:《货币银行学原理》，中央广播电视大学出版社1986年版。

［92］张卓元等主编:《新中国经济学史纲（1949－2011）》，中国社会科学出版社2012年版。

［93］赵海宽、李常聚主编:《中国金融学会第二届年会文件汇编》（内部发行），1986年版。

［94］赵海宽等主编:《银行体制改革》，天津人民出版社1988年版。

［95］赵海宽主编:《货币银行概论》，经济科学出版社1985年版。

［96］赵万章主编:《马克思主义货币银行学原理》，兰州大学出版社1988年版。

［97］赵晓雷、王昉主编:《新中国基本经济制度研究》，上海人民出版社2009年版。

［98］赵晓雷主编:《新中国经济理论史》，上海财经大学出版社1999年版。

［99］中共中央党校理论研究室主编:《历史的丰碑：中华人民共和国国史全鉴5》（经济卷），中共中央文献出版社2005年版。

［100］中共中央文献研究室编:《刘少奇论新中国经济建设》，中央文献出版社1993年版。

［101］中国金融学会编:《中央银行制度比较研究——附北京大学经济系厉以宁的学术报告“当前西方经济理论的动向”》（内部发行），1981年版。

［102］中国经济年鉴编辑委员会主编:《中国经济年鉴1981（简编）》，经济管理出版社1982年版。

［103］中国人民银行、中共中央文献研究室主编:《金融工作文献选编（一九七八——二〇〇五）》，中国金融出版社2007年版。

［104］中国人民银行总行主编:《金融法规汇编（1949－1952）》，中国财政经济出版社1956年版。

［105］中国人民银行总行主编:《金融法令汇编1954》，中国财政经济出版社1955年版。

[106] 中国人民银行总行主编：《苏联国家银行的计划工作》，中国金融学会1953年版。

[107] 中国人民银行总行主编：《苏联银行互作学习记录》，中国人民银行出版社1950年版。

[108] 中国人民银行总行专家工作室主编：《列宁论货币银行与信用》，金融出版社1957年版。

[109] 中国银行国际金融研究所、吉林大学日本研究所主编：《日本的银行》，中国财政经济出版社1981年版。

[110] 中国银行国际金融研究所主编：《法国的货币与银行》，中国财政经济出版社1981年版。

[111] 中国银行国际金融研究所主编：《美国的银行》，中国财政经济出版社1982年版。

[112] 中华人民共和国国家统计局主编：《我国的国民经济建设和人民生活》，中国统计出版社1958年版。

[113] 中央工商行政管理局秘书处主编：《私营工商业的社会主义改造政策法令选编·上辑（1949－1952年）》，中国财政经济出版社1957年版。

[114] 钟祥财主编：《当代中国经济改革思想》，上海社会科学院出版社2016年版。

[115] 周有光主编：《新中国金融问题》，经济导报社1949年版。

[116] 朱纯福主编：《当代中国银行体制改革思想》，人民出版社2001年版。

[117]《朱镕基讲话实录》编辑组编：《朱镕基讲话实录》（第一卷），人民出版社2011年版。

[118] 艾洪德、蔡志刚：《监管职能分离后的中央银行独立性问题》，载于《金融研究》2003年第7期。

[119] 巴曙松、陈姝祎：《巴塞尔协议Ⅲ在美国的实施及其对中国的启示》，载于《学术月刊》2013年第9期。

[120] 巴曙松、林文杰、袁平：《当前农村信用联社体制的缺陷及出路》，载于《中国农村经济》2007年第S1期。

[121] 巴曙松、王璟怡、杜婧：《从微观审慎到宏观审慎：危机下的

银行监管启示》，载于《国际金融研究》2010 年第 5 期。

［122］巴曙松、邢毓静：《银行存款准备金制度研究》，载于《中国改革》1995 年第 10 期。

［123］巴曙松、徐滇庆：《民营银行——金融制度的创新》，载于《财经界》2001 年第 4 期。

［124］巴曙松：《不必单方面提高外资入股比例上限——超越银行“贱卖”争论的思考》，载于《新财经》2006 年第 4 期。

［125］白纯智：《深化农村信用社改革的矛盾和对策》，载于《农村金融研究》1990 年第 2 期。

［126］白钦先、王伟：《政策性金融可持续发展必须实现的“六大协调均衡”》，载于《金融研究》2004 年第 7 期。

［127］白钦先、王伟：《中外政策性金融立法比较研究》，载于《金融理论与实践》2005 年第 12 期。

［128］白世春：《对国有商业银行进行股份制改革的初步设想》，载于《金融研究》2000 年第 11 期。

［129］白志俊：《专业银行实行归口领导的具体内容》，载于《金融研究》1991 年第 2 期。

［130］蔡重直：《我国金融体制改革探讨》，载于《经济研究》1984 年第 10 期。

［131］曹军新、唐天伟、谢元态：《省联社改革模式研究：次优的丧失与更优的选择——基于机制设计理论的扩展框架》，载于《经济社会体制比较》2018 年第 3 期。

［132］曹丽萍：《关于农村信用社模式改革的思考》，载于《山西农业大学学报》（社会科学版）2008 年第 3 期。

［133］曹世儒、张贵乐：《银行信用与价值规律》，载于《财经问题研究》1980 年第 2 期。

［134］曾康霖：《承包 · 企业化 · 实验区——再谈金融体制改革》，载于《财经科学》1988 年第 9 期。

［135］曾康霖：《关于金融监管问题的思考》，载于《财经科学》2002 年第 S2 期。

[136] 查斌仪:《农村信用合作社改革进程迟缓的成因与思路》,载于《上海金融》1989 年第 8 期。

[137] 陈功:《中国正在“贱卖”自己的银行业》,载于《安邦研究简报每日金融》2005 年 9 月 1 日。

[138] 陈锦光、于杨皓、施彬彬:《对建立以商业银行为主体的我国金融体系的再认识》,载于《复旦学报(社会科学版)》1992 年第 4 期。

[139] 陈铿:《印尼新银行法及其对外资银行的影响》,载于《国际金融研究》1992 年第 4 期。

[140] 陈伟健:《政策性银行市场化的思考》,载于《商业研究》2006 年第 7 期。

[141] 陈文林:《农村信用社体制究竟怎样改》,载于《金融与经济》1991 年第 12 期。

[142] 陈宪生:《关于对外资银行的政策和监督管理》,载于《国际金融研究》1989 年第 5 期。

[143] 陈小敏:《对我国外资银行管制立法的刍议》,载于《世界经济研究》1987 年第 1 期。

[144] 陈雁媛、钟贤君:《德日韩政策性银行的比较研究——对我国政策性银行商业化改革的借鉴意义》,载于《经济研究》2008 年第 6 期。

[145] 陈仰青:《关于国家银行的性质问题》,载于《中国金融》1953 年第 21 期。

[146] 陈元:《由金融危机引发的对金融资源配置方式的思考》,载于《财贸经济》2009 年第 11 期。

[147] 陈志:《银行监管、货币政策与监管改革路径》,载于《金融研究》2001 年第 7 期。

[148] 陈忠阳:《巴塞尔协议Ⅲ改革、风险管理挑战和中国应对策略》,载于《国际金融研究》2018 年第 8 期。

[149] 谌争勇:《对农村信用社管理体制和产权改革的现实审视与政策建议》,载于《金融发展研究》2009 年第 8 期。

[150] 程工:《我国民营银行的发展路径与方式分析》,载于《上海经济研究》2008 年第 5 期。

［151］程惠霞：《金融监管目标权衡及其模式的递进》，载于《改革》2010 年第 2 期。

［152］寸木：《苏联在过渡时期中的农村信用合作社（续完）》，载于《中国金融》1955 年第 14 期。

［153］戴根有：《专业银行企业化的内涵》，载于《金融研究》1986 年第 10 期。

［154］戴相龙：《中国金融改革开放难忘的十年》，载于《中国金融》2018 年第 23 期。

［155］邓乐平：《论专业银行企业化的几个问题》，载于《金融研究》1986 年第 9 期。

［156］邓子恢：《国务院邓子恢副总理在全国农业金融先进工作者代表会议上的发言》，载于《中国金融》1956 年第 17 期。

［157］丁坚铭：《中国人民银行发言人强调中国不允许成立私人银行》，载于《人民日报》1995 年 7 月 6 日。

［158］董辅礽：《中国的银行制度改革——兼谈银行的股份制改革问题》，载于《经济研究》1994 年第 1 期。

［159］董红蕾：《台湾银行民营化进程的借鉴与启示》，载于《上海经济研究》2003 年第 1 期。

［160］董红蕾：《增量改革模式中的民营银行市场准入》，载于《财经问题研究》2003 年第 4 期。

［161］董希明：《建立再贴现制度控制货币发行》，载于《四川金融》1985 年第 7 期。

［162］董裕平：《国际金融危机引发对政策性金融的重新认知》，载于《中国金融》2010 年第 18 期。

［163］杜权、庄瑾亮：《巴塞尔协议Ⅲ在我国适用性问题的再审视——兼论监管政策对中小银行的影响》，载于《浙江金融》2016 年第 1 期。

［164］段云：《论我国社会主义银行工作的几个问题》，载于《中国金融》1964 年第 3 期。

［165］樊纲、张曙光、王利民：《双轨过渡与“双轨调控”

（下）——当前的宏观经济问题与对策》，载于《经济研究》1993年第11期。

［166］樊纲：《症结究竟在哪里——当前宏观经济波动与金融体制改革问题分析》，载于《金融研究》1993年第9期。

［167］范棣、陈昭、李孙：《专业银行企业化改革的反思》，载于《金融研究》1987年第1期。

［168］范方志：《我国中央银行体制改革的回顾与展望——纪念改革开放30周年》，载于《中央财经大学学报》2009年第2期。

［169］范小云、王道平：《巴塞尔Ⅲ在监管理论与框架上的改进：微观与宏观审慎有机结合》，载于《国际金融研究》2012年第1期。

［170］范正平：《对专业银行股份制的异议》，载于《福建论坛（经济社会版）》1987年第7期。

［171］冯孙明：《股份化不是金融改革的方向》，载于《农村金融研究》1987年第8期。

［172］伏润民：《关于中国人民银行独立性的研究——来自独立性指数和政策反应函数的证据》，载于《经济研究》2004年第6期。

［173］付兆法、周立：《农信社改制后的老问题和新矛盾》，载于《银行家》2015年第11期。

［174］甘培根：《从国外银行在经济发展中所起的作用谈我国银行工作的改革》，载于《金融研究动态》1979年第22期。

［175］高伟：《当前农村信用社改革需要注意的几个问题》，载于《国家行政学院学报》2006年第2期。

［176］高翔：《论国家银行在社会主义建设中的作用》，载于《经济研究》1962年第10期。

［177］高翔：《正确发挥信贷监督作用》，载于《大公报》1963年11月4日。

［178］高翔：《正确认识和处理信贷服务与监督的关系》，载于《中国金融》1964年第22期。

［179］顾为：《专业银行股份制问题观点介绍》，载于《金融研究》1987年第8期。

［180］关锡庚：《信用社应保持集体金融组织的性质》，载于《中国金融》1980 年第 10 期。

［181］郭凤台、王森、韩润虎：《国有专业银行商业化的方式与步骤》，载于《经济学动态》1995 年第 11 期。

［182］国务院发展研究中心课题组：《开发性金融在市场经济体制建设中的作用及其与财政的关系研究》，载于《经济研究参考》2006 年第 12 期。

［183］韩雷、陈双庆：《论专业银行的企业化》，载于《国际金融研究》1991 年第 4 期。

［184］韩雷：《信用社必须进行机构改革（节录自韩雷同志一九八三年一月三日在农业银行全国分行行长会议上的讲话）》，载于《农村金融研究》1983 年第 2 期。

［185］何相汉、卢清宴、杨双奇、沈鹏：《试论我国银行体制改革的理论基础和中央银行的作用》，载于《农村金融研究》1985 年第 1 期。

［186］河南省银行干部学校编：《中国人民银行的性质、职能和作用》，载于《中国金融》1963 年第 5 期。

［187］贺富海、党益信：《承包经营是专业银行走向企业化的必要途径》，载于《中国农业银行长春管理干部学院学报》1988 年第 4 期。

［188］贺富海、马宇翔：《农行应加强和改善对信用社的领导》，载于《金融研究》1986 年第 11 期。

［189］贺琦：《短期信用的集中》，载于《中国金融》1951 年第 4 期。

［190］洪文金：《从银行的聚财、用财谈中央银行的建立》，载于《金融研究》1982 年第 4 期。

［191］胡炳新、胡泊：《选择金融改革突破口要立足于国情》，载于《金融与经济》1986 年第 3 期。

［192］胡怀邦：《进一步深化国有商业银行股份制改革的战略思考》，载于《上海金融》2005 年第 3 期。

［193］胡利琴、彭红枫、彭意：《我国银行业宏观审慎监管与微观审慎监管协调问题研究》，载于《管理世界》2012 年第 11 期。

［194］胡连生、李卫星：《关于我国专业银行股份制问题的初探》，

载于《金融研究》1986 年第 11 期。

［195］胡乔木：《按照经济规律办事，加快实现四个现代化》，载于《新华月报》1978 年第 10 期。

［196］胡肄琦：《关于我国中央银行建制问题的意见》，载于《中国金融》1982 年第 16 期。

［197］胡祖六：《国有银行改革需要引进国际战略投资吗?》，载于《经济观察报》2005 年 12 月 5 日。

［198］黄达：《银行信贷原则和货币流通》，载于《经济研究》1962 年第 9 期。

［199］黄金木：《省联社的作用机制》，载于《中国金融》2017 年第 13 期。

［200］黄隽：《省联社往何处去?》，载于《银行家》2012 年第 5 期。

［201］黄宪、赵伟：《中美公开市场业务运行基础的比较分析》，载于《金融研究》2003 年第 5 期。

［202］黄永山：《分级银行体系与银行企业化——我国银行体制改革的设想》，载于《上海经济研究》1988 年第 6 期。

［203］贾宝宏：《自成体系是信用社改革的必然趋势》，载于《金融研究》1986 年第 5 期。

［204］贾灿宇：《中央银行必须有权有法》，载于《金融研究》1985 年第 6 期。

［205］贾瑛瑛：《探索政策性银行改革与转型之路——“政策性银行改革与转型国际研讨会”综述》，载于《中国金融》2006 年第 10 期。

［206］简泽、干春晖、余典范：《银行部门的市场化、信贷配置与工业重构》，载于《经济研究》2013 年第 5 期。

［207］金溶：《关于新中国国家银行的性质问题》，载于《经济周报》1953 年第 46 期。

［208］寇孟良：《对我国银行立法的意见》，载于《学习与思考》1979 年试刊。

［209］蓝虹、穆争社：《论省联社淡出行政管理的改革方向》，载于《中央财经大学学报》2016 年第 7 期。

［210］李常聚、邝厚钧、纪玉书、刘哲：《关于人民银行的性质、职能、作用和体制改革问题的探讨》，载于《中国金融》1980年第7期。

［211］李春艳：《国有商业银行股份制改造中引入战略投资者问题分析》，载于《经济学动态》2005年第5期。

［212］李东卫、康晓东、高富喜：《再贴现业务及其改革与发展》，载于《国际金融》1996年第4期。

［213］李功豪：《关于自觉运用价值规律问题》，载于《经济研究》1978年第10期。

［214］李俊荣：《刍议建立和发展民营银行》，载于《内蒙古金融研究》1994年第2期。

［215］李茂生：《略论强化人民银行的中央银行职能》，载于《中央财政金融学院学报》1986年第6期。

［216］李梦琳：《我对人民银行专门行使中央银行职能后银行性质的认识》，载于《安徽金融研究》1984年第1期。

［217］李明辉、刘莉亚、黄叶苨：《巴塞尔协议Ⅲ净稳定融资比率对商业银行的影响——来自中国银行业的证据》，载于《国际金融研究》2016年第3期。

［218］李念斋：《国有商业银行股份制改革研究》，载于《中南财经政法大学学报》2002年第1期。

［219］李念斋：《我国国情要求建立集中统一的银行体制》，载于《金融研究》1983年第9期。

［220］李平、曾勇、朱晓林：《中国银行业改革对中资银行效率变化的影响》，载于《管理科学学报》2013年第8期。

［221］李晓西：《试论专业银行向商业银行的转化过程》，载于《金融研究》1994年第7期。

［222］李佐文：《从信贷的偿还原则谈到银行的监督作用》，载于《红旗》1962年第6期。

［223］利广安：《专业银行企业化的步子要稳妥》，载于《金融研究》1986年第6期。

［224］林茂德、曾绍熙、朱怀庆：《论农村信用合作社的困境与改革

思路》，载于《中国农村经济》1990 年第 6 期。

［225］林清胜：《马来西亚的外资银行与金融改革》，载于《外国经济与管理》1992 年第 10 期。

［226］林铁钢：《中国银行业改革：历史回顾与展望——访中国银行业监督管理委员会副主席唐双宁》，载于《中国金融》2005 年第 3 期。

［227］林兴根、鱼东海：《行社脱钩模式的理论依据及实施构想》，载于《金融研究》1993 年第 11 期。

［228］林毅夫：《民营银行势在必行》，载于《财经界》2001 年第 4 期。

［229］刘崇明：《金融体制改革的突破口在哪里?》，载于《银行与企业》1987 年第 6 期。

［230］刘光弟：《试论我国银行的性质和银行改革的问题》，载于《金融研究动态》1980 年第 S1 期。

［231］刘光第、吴念鲁、曾康霖等：《关于金融体制改革的若干意见》，载于《金融研究》1986 年第 10 期。

［232］刘光第等：《关于金融体制改革的若干意见》，载于《金融研究》1986 年第 10 期。

［233］刘光烈：《农村金融体制改革要讲求整体优化》，载于《农村金融研究》1987 年第 6 期。

［234］刘鸿儒、戴乾定：《社会主义信用的必要性及其职能》，载于《经济研究》1964 年第 10 期。

［235］刘鸿儒：《按照经济规律办事把银行办成真正的银行》，载于《中国金融》1980 年第 1 期。

［236］刘鸿儒：《当前银行改革的情况和需要研究的问题——人民银行总行刘鸿儒副行长于一九八〇年九月二日在总行干训班的讲话》，载于《金融研究动态》1980 年第 6 期。

［237］刘鸿儒：《我国金融体制改革第七讲　建立以中央银行为中心的社会主义金融体系》，载于《金融研究》1986 年第 9 期。

［238］刘鸿儒：《发展商品经济与银行体制改革》，载于《金融研究》1981 年第 1 期。

［239］刘鸿儒：《社会主义银行在现代化建设中的作用》，载于《金融研究动态》1980年第S1期。

［240］刘鸿儒：《我国金融体制改革的方向和步骤》，载于《金融研究》1987年第5期。

［241］刘鸿儒：《我国金融体制改革讲座第二讲我国金融体制改革的指导思想和方向》，载于《金融研究》1986年第2期。

［242］刘鸿儒：《我国金融体制改革讲座第三讲建立灵活有效的金融调节体系》，载于《金融研究》1986年第3期。

［243］刘嘉丽、税尚永：《银行承包理论研讨会观点综述》，载于《四川金融》1988年第10期。

［244］刘莉亚、余晶晶、杨金强、朱小能：《竞争之于银行信贷结构调整是双刃剑吗？——中国利率市场化进程的微观证据》，载于《经济研究》2017年第5期。

［245］刘连舸：《我国社会经济三元系统与银行制度改革的总体思路》，载于《金融研究》1987年第3期。

［246］刘明：《论经济发展时期我国的再贴现政策》，载于《上海金融》1997年第3期。

［247］刘明康：《国有银行不存在贱卖》，载于《中国经济周刊》2005年第48期。

［248］刘鹏飞：《从“合规性监管”到“风险性监管”看我国银行业监管的转变》，载于《统计与决策》2005年第19期。

［249］刘仲直：《各国对外资银行的政策和监管》，载于《天津金融月刊》1989年第12期。

［250］娄明：《专业银行商业化需明确的几个问题》，载于《金融研究》1994年第8期。

［251］卢米、符瑞武：《我国农村信用社改革的现状及发展建议》，载于《时代金融》2009年第8期。

［252］卢吾老：《从浅谈银行的“两重性”看银行改革的方向》，载于《金融研究》1981年第S2期。

［253］芦华：《目前农村金融工作中的情况和问题》，载于《中国金

融》1951 年第 11 期。

[254] 鲁钟男、周逢民:《货币政策工具比较与发展再贴现业务的研究》,载于《金融研究》1997 年第 5 期。

[255] 陆建范:《外资银行是筹措“八五”建设资金的重要来源》,载于《浙江经济》1990 年第 9 期。

[256] 陆岷峥:《专业银行政策性业务与商业性业务矛盾探析》,载于《银行与企业》1991 年第 2 期。

[257] 路建祥:《论农村信用社改革》,载于《农业经济问题》1986 年第 8 期。

[258] 罗继东:《从行政管理到资本管理——对农村信用社省级联社改革走向的新思考》,载于《中国金融》2007 年第 5 期。

[259] 罗建华、刘义兵:《农村信用社股份制改造研究》,载于《银行与企业》1993 年第 5 期。

[260] 罗三生:《我国外资银行管理中存在的法律问题》,载于《上海金融》1993 年第 7 期。

[261] 罗树昭、陈一军:《民营银行准入:路径选择与制度安排》,载于《广西大学学报(哲学社会科学版)》2004 年第 4 期。

[262] 罗小明:《对外资银行实行阶段性目标管理的构想》,载于《国际金融研究》1989 年第 5 期。

[263] 骆玉清、韩井泉:《对农村合作金融若干问题的思考》,载于《金融教学与研究》1996 年第 1 期。

[264] 马建堂:《推进专业银行向商业银行转化,不宜孤军突进》,载于《金融研究》1994 年第 4 期。

[265] 马九杰、吴本健:《农村信用社改革的成效与反思》,载于《中国金融》2013 年第 15 期。

[266] 马珍:《试论农村信用合作社改革的方向》,载于《金融研究》1986 年第 11 期。

[267] 麦挺、徐思嘉:《中央银行独立性分析——转型国家的经验与教训》,载于《世界经济研究》2004 年第 1 期。

[268] 毛洪涛、何熙琼、张福华:《转型经济体制下我国商业银行改

革对银行效率的影响——来自1999～2010年的经验证据》，载于《金融研究》2013年第12期。

［269］莫乃群：《谈新中国银行制度》，载于《纵横》1949年第5期。

［270］穆争社：《农村信用社管理体制改革：成效、问题及方向》，载于《中央财经大学学报》2011年第4期。

［271］南汉宸：《关于全国金融业联席会议的报告——一九五〇年九月八日在政务院四十九次政务会议上报告》，载于《中国金融》1951年第1期。

［272］欧光荣：《股份制是金融业企业化的最终形式》，载于《农村金融研究》1988年第10期。

［273］潘家祥：《国家银行在信贷工作中究竟应该监督些什么?》，载于《中国金融》1957年第17期。

［274］潘敏、张依茹：《股权结构会影响商业银行信贷行为的周期性特征吗——来自中国银行业的经验证据》，载于《金融研究》2013年第4期。

［275］潘正彦：《新加坡引进外资银行的经验可供浦东借鉴》，载于《上海金融》1991年第2期。

［276］朴雅琳：《发展民营银行应着重存量改革》，载于《商业研究》2004年第6期。

［277］齐永贵：《创造适度的竞争环境，是金融改革的战略任务》，载于《金融研究》1987年第2期。

［278］钱国光：《专业银行企业化的内涵及方向》，载于《农村金融研究》1993年第6期。

［279］钱小安：《金融开放条件下货币政策与金融监管的分工与协作》，载于《金融研究》2002年第1期。

［280］钱中涛、袁振宇：《关于银行体制改革若干问题的认识》，载于《金融研究》1983年第8期。

［281］乔培新：《关于体制改革问题——在一九八〇年一月人民银行全国分行行长会议上的发言》，载于《金融研究动态》1980年第S1期。

［282］青木昌彦、钱颖一：《从国际比较角度看中国银行体制改革》，

载于《改革》1993 年第 6 期。

［283］曲德昌：《关于中央银行相对独立性的研究》，载于《经济学动态》1995 年第 2 期。

［284］曲天军：《农业政策性银行也要讲效益》，载于《中国金融》2005 年第 1 期。

［285］阮红新、李向宇：《关于新一轮农村信用社体制改革的文献综述》，载于《武汉金融》2006 年第 8 期。

［286］阮红新：《农村信用社省联社制度选择探讨》，载于《金融理论与实践》2006 年第 12 期。

［287］尚明：《关于完善中央银行体制的若干问题》，载于《金融研究》1986 年第 3 期。

［288］邵望予：《进一步开放外资银行促进我国对外经济贸易的发展》，载于《国际贸易》1990 年第 8 期。

［289］沈瑞钢：《关于农村合作金融组织产权制度改革路径的探索》，载于《财政研究》2009 年第 9 期。

［290］沈水根：《引进外资银行，促进特区建设》，载于《金融研究》1984 年第 7 期。

［291］沈思、周建松：《银行承包经营是否可行》，载于《金融研究》1988 年第 8 期。

［292］盛慕杰：《开办再贴现，创建人民银行调节金融的新机能》，载于《上海金融研究》1984 年第 9 期。

［293］师六：《银行实行承包经营的总体评价观点综述》，载于《金融研究》1988 年第 8 期。

［294］石虎：《浅谈金融体制改革的模式和引进竞争机制问题》，载于《金融与经济》1990 年第 4 期。

［295］史建平：《国有商业银行改革应慎重引进外国战略投资者》，载于《财经科学》2006 年第 1 期。

［296］史建平：《外资入股中资银行：问题与对策》，载于《中国金融》2005 年第 6 期。

［297］史致金：《专业银行不宜实行承包经营》，载于《当代财经》

1988 年第 12 期。

［298］宋汝纪、曹凤岐：《如何建立我国中央银行体制》，载于《经济与管理研究》1981 年第 5 期。

［299］苏宁：《加入 WTO 与中国中央银行独立性的法律完善》，载于《金融研究》2002 年第 4 期。

［300］孙放：《农村金融工作中银行与信用合作的关系》，载于《中国金融》1951 年第 8 期。

［301］孙世重：《发展民营银行需要进一步澄清的几个关键问题》，载于《金融研究》2003 年第 2 期。

［302］谈光云：《开放金融市场和发行股票是银行改革的突破口》，载于《银行与企业》1984 年第 12 期。

［303］谭雅玲：《波兰是怎样引进外资银行的》，载于《国际金融研究》1991 年第 5 期。

［304］谭岳衡、郑薇：《推倒重来：关于信用社的改革思路》，载于《金融研究》1987 年第 5 期。

［305］汤庆洪：《试论信贷监督的性质、内容和方法——兼与高翔同志商榷》，载于《中国金融》1964 年第 10 期。

［306］唐和生：《与外资银行竞争中不断改进国际结算工作》，载于《四川金融》1988 年第 10 期。

［307］陶士贵、胡静怡：《商业银行引进境外战略投资者的路径研究——基于国际金融公司（IFC）与中资银行的合作经验》，载于《经济纵横》2019 年第 1 期。

［308］田国强、王一江：《外资银行与中国国有商业银行股份制改革》，载于《经济学动态》2004 年第 11 期。

［309］涂湘儒：《国有商业银行产权制度改革的合理化选择》，载于《国际金融研究》2000 年第 10 期。

［310］万建华、齐永贵：《论专业银行的企业化经营》，载于《金融研究》1984 年第 12 期。

［311］万一烽：《把我国银行体系的“线”型结构变为“点线”型结构》，载于《金融研究》1985 年第 10 期。

[312] 汪国翔：《国有银行商业化改革的产权——资产问题》，载于《金融研究》1994 年第 8 期。

[313] 汪竹松：《引进外资银行对发展外向型经济的作用》，载于《上海金融》1990 年第 2 期。

[314] 王兵、胡炳志：《论有效金融监管》，载于《经济评论》2003 年第 4 期。

[315] 王广谦、王大树：《对我国银行股份制的初步设想》，载于《金融研究》1986 年第 12 期。

[316] 王国刚、张跃文：《国有商业银行股权“贱卖论”辨析》，载于《中国金融》2008 年第 24 期。

[317] 王华：《国外三种政策性金融模式与中国的政策性金融》，载于《中央社会主义学院学报》2008 年第 2 期。

[318] 王家福、陈晓、刘静：《关于中央银行与政府之间关系的研究》，载于《中国社会科学院研究生院学报》1996 年第 4 期。

[319] 王君：《金融监管机构设置问题的研究——兼论中央银行在金融监管中的作用》，载于《经济社会体制比较》2001 年第 1 期。

[320] 王克华：《关于社会主义银行的性质问题》，载于《中国金融》1979 年第 3 期。

[321] 王克华：《金融体制改革的内容和突破口》，载于《金融研究》1985 年第 1 期。

[322] 王克华：《论政策性银行与专业银行》，载于《农村金融研究》1991 年第 11 期。

[323] 王兰：《关于银行体制改革的意见》，载于《金融研究》1983 年第 8 期。

[324] 王良援、周智平：《“归口管理”是强化金融调控的现实选择》，载于《金融研究》1990 年第 12 期。

[325] 王森、张燕兰：《后金融危机时期我国公开市场操作的实际效果分析》，载于《经济学动态》2014 年第 3 期。

[326] 王森：《国有商业银行改革：改善治理结构还是拓展市场业务》，载于《金融研究》2005 年第 6 期。

［327］王水松：《银行系统“丁字形”经营管理承包的设想》，载于《金融研究》1988 年第 4 期。

［328］王天英：《金融企业推行股份制之我见》，载于《金融与经济》1987 年第 5 期。

［329］王伟、张雅博：《日韩政策性银行商业化改革为何止步回归?》，载于《金融理论与实践》2015 年第 12 期。

［330］王新文：《对农村信用合作社改革的探讨》，载于《浙江金融》1986 年第 11 期。

［331］王修华、唐兴国、熊玮：《农村金融存量改革实施效果研究——以农村信用社为例》，载于《上海经济研究》2014 年第 8 期。

［332］王学青：《比较中央银行制度》，载于《财经研究》1982 年第 1 期。

［333］王学人：《政策性金融转型的国际经验及对我国的借鉴》，载于《求索》2007 年第 5 期。

［334］王一江、田国强：《不良资产处理、股份制改造与外资战略——中日韩银行业经验比较》，载于《经济研究》2004 年第 11 期。

［335］王永伦：《论银行的调节作用》，载于《金融研究》1981 年第 10 期。

［336］王勇州：《省联社改革的结与解》，载于《中国金融》2017 年第 13 期。

［337］王宇：《中国金融改革开放四十年》，载于《西部金融》2018 年第 5 期。

［338］王志峰：《次贷危机对中国银行业的影响及对策——从与 97 金融风暴对比的视角》，载于《国际金融研究》2009 年第 2 期。

［339］王忠文：《试析发达国家对外资银行的管理及特点》，载于《经济科学》1992 年第 3 期。

［340］王自力：《民营银行准入：目前还宜缓行——兼与部分呼吁开放民营银行的同志商榷》，载于《金融研究》2002 年第 11 期。

［341］卫功琦：《论健全我国中央银行体系》，载于《中央财政金融学院学报》1994 年第 9 期。

[342] 魏加宁：《我国金融改革步伐将进一步加快——银监会成立的启示》，载于《新金融》2003 年第 6 期。

[343] 魏孟德：《千家驹谈外国银行在特区开分行》，载于《天津金融研究》1985 年第 1 期。

[344] 温阳福：《农村信用合作社改革的重要选择——撤大社建小社》，载于《金融与经济》1990 年第 9 期。

[345] 文琼：《中国内地民营银行市场准入的路径选择》，载于《经济问题探索》2003 年第 9 期。

[346] 吴建光：《韩国对外资银行的市场准入及国民待遇》，载于《国际金融研究》1993 年第 8 期。

[347] 吴盛光：《“省联社”模式制度重构：农村信用社管理体制改革探析》，载于《南方金融》2011 年第 5 期。

[348] 吴晓灵：《银行企业化的核心及其意义》，载于《金融研究》1986 年第 10 期。

[349] 武常命：《正确认识和处理金融监管中的几个关系问题》，载于《金融研究》1997 年第 7 期。

[350] 夏斌：《回顾·展望·理论——对我国金融改革的一些看法》，载于《管理世界》1987 年第 6 期。

[351] 向进：《对专业银行进行股份化改造的探讨》，载于《四川金融》1992 年第 11 期。

[352] 项克方：《中国银行在实现四个现代化中的任务》，载于《金融研究动态》1980 年第 S1 期。

[353] 肖四如：《关于农信社管理体制问题的探讨》，载于《中国农村金融》2010 年第 10 期。

[354] 肖四如：《规范有效地开展农村信用社行业管理》，载于《中国金融》2007 年第 2 期。

[355] 肖四如：《省级农村信用联社的功能定位及未来走向》，载于《银行家》2012 年第 4 期。

[356] 肖文发：《信用社经营管理体制的选择》，载于《金融研究》1986 年第 5 期。

［357］晓夫：《银行信贷业务是服务还是“监督”?》，载于《财经研究》1958 年第 5 期。

［358］谢平：《中国农村信用合作社体制改革的争论》，载于《金融研究》2001 年第 1 期。

［359］信瑶瑶：《中国农村金融扶贫的制度变迁与生成逻辑》，载于《甘肃社会科学》2019 年第 3 期。

［360］徐滇庆、巴曙松：《我们呼唤什么样的民营银行——评〈开放民营银行须慎行〉一文》，载于《中国改革》2002 年第 10 期。

［361］徐滇庆：《创建民营银行试点》，载于《财经界》2001 年第 4 期。

［362］徐滇庆：《民营银行的定义刍议》，载于《中国投资》2003 年第 9 期。

［363］徐诺金：《关于我国民营银行的发展问题》，载于《金融研究》2003 年第 12 期。

［364］徐新：《股份制商业银行是省联社改革的必然选择》，载于《中国金融》2007 年第 2 期。

［365］徐雪寒、黄旭：《当前金融形势和银行进一步改革的方向》，载于《财贸经济》1987 年第 6 期。

［366］徐忠：《新时代背景下中国金融体系与国家治理体系现代化》，载于《经济研究》2018 年第 7 期。

［367］许崇正：《从民营经济的发展看创建民营银行的必要性》，载于《吉林大学社会科学学报》1996 年第 6 期。

［368］许崇正：《鼓励和发展民营银行的思考》，载于《金融与经济》1996 年第 7 期。

［369］许涤新：《有关运用价值规律的几个问题》，载于《经济研究》1978 年第 8 期。

［370］许国平、葛蓉蓉、何兴达：《论国有银行股权转让的均衡价格——对“贱卖论”的理论回应》，载于《金融研究》2006 年第 3 期。

［371］许健：《历史发展的轨迹——对银行系统大承包之我见》，载于《金融研究》1988 年第 8 期。

[372] 薛暮桥:《薛暮桥同志谈如何发挥银行作用问题》,载于《上海金融研究》1980 年第 2 期。

[373] 薛暮桥:《研究和运用社会主义经济发展的客观规律》,载于《经济研究》1979 年第 6 期。

[374] 严学旺、童国忠:《我国是否需要单设政策性银行》,载于《金融与经济》1991 年第 4 期。

[375] 阎庆民、向恒:《农村合作金融产权制度改革研究》,载于《金融研究》2001 年第 7 期。

[376] 晏国祥:《探寻农村信用社省联社改革之路》,载于《南方金融》2012 年第 6 期。

[377] 杨鸿祥:《当前再贴现运作中的问题及对策》,载于《新金融》1995 年第 6 期。

[378] 杨培新:《我国金融体制的三次大变革》,载于《上海经济研究》1994 年第 3 期。

[379] 杨培新:《银行是社会主义经济的自动调节机构——论银行在当前解决财政赤字、重复建设、消费品不足等问题中的作用》,载于《金融研究》1981 年第 6 期。

[380] 杨文、孙蚌珠、程相宾:《中国国有商业银行利润效率及影响因素——基于所有权结构变化视角》,载于《经济学(季刊)》2015 年第 2 期。

[381] 杨子晖、李东承:《我国银行系统性金融风险研究——基于"去一法"的应用分析》,载于《经济研究》2018 年第 8 期。

[382] 尧洋:《韩国对外资银行的管理措施及其借鉴意义》,载于《特区经济》1993 年第 7 期。

[383] 姚彦文:《论专业银行综合承包经营及其企业化》,载于《经济问题探索》1988 年第 1 期。

[384] 佚名:《财政挤占银行资金的渠道》,载于《金融研究》1981 年第 4 期。

[385] 佚名:《关于财政与银行的分工关系问题讨论情况简介——中国财政学会年会学术讨论侧记》,载于《金融研究》1982 年第 1 期。

[386] 佚名：《关于完善我国金融体系实行中央银行建制的具体建议——外国中央银行学术讨论会综述》，载于《金融研究》1981 年第 10 期。

[387] 佚名：《全党要十分重视提高银行的作用》，载于《中国金融》1979 年第 1 期。

[388] 尹龙：《发展民营银行：几个关键问题的争论》，载于《金融研究》2002 年第 11 期。

[389] 尹宁：《理顺农业银行与信用社的关系》，载于《金融研究》1986 年第 5 期。

[390] 于小喆：《关于强化我国中央银行独立性问题的探讨》，载于《财政研究》2002 年第 4 期。

[391] 于学军：《中央银行独立性与宏观调控手段的间接化》，载于《金融研究》1994 年第 10 期。

[392] 余让三、胡导：《论专业银行商业化的几个问题》，载于《金融研究》1993 年第 8 期。

[393] 余云辉、骆德明：《谁将掌控中国的金融》，载于《财经科学》2005 年第 6 期。

[394] 俞天一、吴北英、陈彦峰、唐兴光、陈力农：《有计划的商品经济需要建立双轨制银行体系》，载于《金融研究》1986 年第 10 期。

[395] 俞天一：《论我国专业银行的利润目标》，载于《金融研究》1985 年第 7 期。

[396] 俞天一：《浅论人民银行怎样发挥中央银行的作用》，载于《中央财政金融学院学报》1981 年（试刊）。

[397] 俞旭日：《承包经营责任制是专业银行企业化改革的桥梁》，载于《浙江金融》1987 年第 11 期。

[398] 虞关涛、刘楚魂：《外国银行管理模式比较——兼论海南外资银行管理的起步模式》，载于《国际金融研究》1991 年第 2 期。

[399] 虞关涛：《当前世界各国的银行体制》，载于《金融研究动态》1980 年第 5 期。

[400] 喻瑞祥：《财政银行关系中几个值得研究的问题》，载于《金融研究》1982 年第 6 期。

[401] 喻瑞祥:《改革财政银行体制,充分发挥银行调节经济的作用》,载于《金融研究》1981 年第 1 期。

[402] 袁守太:《专业银行商业化进程面临的问题与对策》,载于《金融研究》1995 年第 6 期。

[403] 袁炜:《存款准备金制度比较研究及启示》,载于《浙江金融》1996 年第 12 期。

[404] 岳毅:《以实施巴塞尔协议Ⅲ助推银行转型》,载于《中国金融》2013 年第 20 期。

[405] 詹向阳:《国家专业银行商业化转变的起点问题及其他》,载于《金融研究》1995 年第 2 期。

[406] 占硕:《我国银行业引进战略投资者风险研究——控制权租金引发的股权转移和效率损失》,载于《财经研究》2005 年第 1 期。

[407] 占硕:《引进外资战略投资者就能推动国有商业银行改革吗?——兼与田国强、王一江两位老师商榷》,载于《金融论坛》2005 年第 8 期。

[408] 张贵乐、路德武:《各国对外资银行管理的比较》,载于《金融研究》1993 年第 1 期。

[409] 张贵乐、夏德仁:《引进外资银行与健全我国银行体制》,载于《财贸经济》1985 年第 10 期。

[410] 张贵乐:《关于中央银行与专业银行关系问题》,载于《金融研究》1985 年第 2 期。

[411] 张贵乐:《我国银行的性质和银行体系的改革——与王克华同志商榷》,载于《金融研究动态》1980 年第 S1 期。

[412] 张红:《政策性银行改革:向何处去?》,载于《国际金融报》2009 年 2 月 17 日。

[413] 张洪民:《走出政策性银行的认识误区》,载于《中国金融》2003 年第 12 期。

[414] 张健华、王鹏、冯根福:《银行业结构与中国全要素生产率——基于商业银行分省数据和双向距离函数的再检验》,载于《经济研究》2016 年第 11 期。

［415］张锦华、刘微微、李功奎：《引入境外战略投资者：国有商业银行改革的有效途径》，载于《上海金融》2003年第3期。

［416］张亮：《放开民营银行准入应缓行》，载于《四川大学学报（哲学社会科学版）》2004年第S1期。

［417］张敏、张雯、马黎珺：《金融生态环境、外资持股与商业银行的关联贷款》，载于《金融研究》2014年第12期。

［418］张曙光：《新一轮经济波动中的货币调控和金融改革》，载于《金融研究》1993年第11期。

［419］张涛：《政策性银行要向综合性开发金融机构转型》，载于《金融时报》2005年8月8日。

［420］张维迎：《打破垄断，发展民营银行》，载于《财经界》2001年第4期。

［421］张秀民：《要立一个银行法》，载于《中国金融》1979年第2期。

［422］张学友：《国有商业银行股份制改革的冷思考》，载于《中央财经大学学报》2001年第9期。

［423］张一林、林毅夫、龚强：《企业规模、银行规模与最优银行业结构——基于新结构经济学的视角》，载于《管理世界》2019年第3期。

［424］张亦春、叶学军：《发达国家和地区对外资银行业务活动的监管》，载于《国际金融研究》1991年第11期。

［425］张颖：《浅议对侨外资银行的宏观管理和政策》，载于《国际经济合作》1988年第6期。

［426］张颖：《西方国家对外资银行的宏观管理及对我国的借鉴》，载于《国际金融研究》1988年第2期。

［427］张元红：《关于农村信用社的观点综述》，载于《中国经贸导刊》2005年第11期。

［428］章以昌、高天鹏：《日本对驻日外国银行管理给我国引进外资银行的启示》，载于《福建金融》1993年第5期。

［429］赵海宽：《论我国专业银行的企业化管理》，载于《金融研究》1985年第10期。

［430］赵鹏：《论国有银行改革的次序》，载于《上海金融》2000年第2期。

［431］赵胜民、何玉洁：《宏观金融风险和银行风险行为关系分析——兼论宏观审慎政策和微观审慎监管政策的协调》，载于《中央财经大学学报》2019年第6期。

［432］赵效民：《专业银行企业化探讨》，载于《经济研究》1987年第1期。

［433］郑家度：《也谈社会主义银行的两重性质》，载于《金融研究动态》1980年第1期。

［434］郑良芳：《关于行、社脱钩问题的几点政策性建议——对浙江省绍兴、鄞县行、社脱钩试点情况的调查》，载于《农村金融研究》1995年第6期。

［435］郑良芳：《社会主义银行与竞争》，载于《金融研究动态》1980年第5期。

［436］郑良芳：《外资金融机构对我国银行进行股权投资的研究——兼评“中国是否正在‘贱卖’自己的银行业”》，载于《经济研究参考》2005年第82期。

［437］郑子术、雷纬、黄铁军、王丽娅：《关于我国银行体制改革的若干观点比较》，载于《财经研究》1989年第5期。

［438］中国金融学会秘书处：《引进外资银行学术研讨会纪要》，载于《金融研究》1992年第10期。

［439］中国人民银行河南省分行农村金融科：《目前信用合作社业务中几个问题的商榷》，载于《中国金融》1953年第5期。

［440］中国人民银行临沂市中心支行课题组：《民营银行构造及其营运模式研究》，载于《金融研究》1999年第12期。

［441］钟伟：《论货币政策和金融监管分立的有效性前提》，载于《管理世界》2003年第3期。

［442］周策群：《专业银行企业化改革的反思》，载于《财贸经济》1988年第8期。

［443］周鸿卫、彭建刚：《我国农村信用社省联社发展模式的终极选

择》，载于《上海金融》2008 年第 2 期。

［444］周建松：《专业银行商业化改革思路之我见》，载于《金融研究》1994 年第 2 期。

［445］周林、韩建军：《西方国家对外资银行的管理与监督》，载于《国际金融研究》1989 年第 4 期。

［446］周慕冰、王志刚、刘锡良、张合金：《我国金融改革突破口的选择》，载于《财经科学》1984 年第 6 期。

［447］周湘仕：《走出专业银行商业化困境的探索》，载于《中央财经大学学报》1997 年第 9 期。

［448］周小川：《政策性银行应改姓“开发”》，载于《国际金融报》2005 年 11 月 16 日。

［449］周小川：《周小川谈政策性银行改革：资本约束是核心》，载于《第一财经日报》2015 年 8 月 20 日。

［450］周以懋：《也谈银行信贷业务的服务与监督——与晓夫同志商榷》，载于《财经研究》1958 年第 6 期。

［451］周正庆：《试论专业银行的企业化》，载于《金融研究》1986 年第 11 期。

［452］朱福奎：《如何自救上海的金融业——一个具体意见》，载于《银行周报》1949 年第 35 期。

［453］朱盈盈、曾勇、李平、何佳：《中资银行引进境外战略投资者：背景、争论及评述》，载于《管理世界》2008 年第 1 期。

［454］朱云高：《银行业：存量改革更为重要——评发展民营银行是中国金融改革的切入点》，载于《开放导报》2003 年第 9 期。

［455］朱作安：《关于我国农村信用合作社的性质及其管理体制的探讨》，载于《农村金融研究》1980 年第 2 期。

［456］卓炯：《价值规律与银行在宏观经济中的调节作用》，载于《广东金融研究》1984 年第 1 期。

［457］邹震田、何力军：《金融监管应回归风险监管》，载于《中国金融》2017 年第 5 期。

［458］崔鸿雁：《建国以来我国金融监管制度思想演进研究》，复旦

大学博士学位论文，2012 年。

［459］韩建华：《陈云金融思想与实践研究》，上海师范大学硕士学位论文，2015 年。

［460］金运：《中国农村金融改革发展历程及改革思路》，吉林大学博士学位论文，2015 年。

［461］李苍海：《中国商业银行民营思想的发展》，复旦大学博士学位论文，2004 年。

［462］刘睿：《中国金融体制改革历程及发展趋势》，武汉理工大学硕士学位论文，2003 年。

［463］罗得志：《1949—2002：中国银行制度变迁研究》，复旦大学博士学位论文，2003 年。

［464］王斌：《运用邓小平金融思想指导国有银行改革发展研究》，山西师范大学硕士学位论文，2013 年。

［465］王海英：《增量改革及产业政治：中国银行业金融形态变迁的历史制度分析（1984－2015）》，上海大学博士学位论文，2016 年。

［466］吴远华：《我国政策性银行发展历程：历史回顾与改革前瞻》，福建师范大学硕士学位论文，2013 年。

［467］武艳杰：《国有银行制度变迁的演进逻辑与国家效用函数的动态优化》，暨南大学博士学位论文，2009 年。

［468］张羽：《中国国有银行制度变迁的逻辑》，东北财经大学博士学位论文，2007 年。

［469］周振海：《改革开放以来的中国金融体制改革研究》，东北师范大学博士学位论文，2007 年。

［470］《国家计委关于印发促进和引导民间投资的若干意见的通知》，载于《中华人民共和国国务院公报》2002 年第 26 期。

［471］《国务院办公厅关于中国人民建设银行、中国农业银行组织机构问题的通知》，载于《中华人民共和国国务院公报》1983 年第 1 期。

［472］《国务院办公厅转发国家计委关于“十五”期间加快发展服务业若干政策措施的意见的通知》，载于《中华人民共和国国务院公报》2002 年第 3 期。

［473］《国务院办公厅转发银监会关于促进民营银行发展指导意见的通知》，载于《中华人民共和国国务院公报》2015 年第 20 期。

［474］《国务院关于鼓励和引导民间投资健康发展的若干意见》，载于《中华人民共和国国务院公报》2010 年第 15 期。

［475］《国务院关于鼓励支持和引导个体私营等非公有制经济发展的若干意见》，载于《中华人民共和国国务院公报》2005 年第 10 期。

［476］《国务院关于金融体制改革的决定》，载于《中华人民共和国国务院公报》1993 年第 31 期。

［477］《国务院关于切实加强信贷管理严格控制货币发行的决定》，载于《中华人民共和国国务院公报》1981 年第 2 期。

［478］《国务院关于同意国家开发银行深化改革方案的批复》，载于《中华人民共和国国务院公报》2015 年第 12 期。

［479］《国务院关于同意中国进出口银行改革实施总体方案的批复》，载于《中华人民共和国国务院公报》2015 年第 12 期。

［480］《国务院关于同意中国农业发展银行改革实施总体方案的批复》，载于《中华人民共和国国务院公报》2015 年第 12 期。

［481］《国务院关于中国人民银行专门行使中央银行职能的决定》，载于《中华人民共和国国务院公报》1983 年第 21 期。

［482］《国务院批转中国农业银行关于改革信用合作社管理体制的报告的通知》，载于《中华人民共和国国务院公报》1984 年第 19 期。

［483］《国务院批转中国人民银行关于人民银行的中央银行职能及其与专业银行的关系问题的请示的通知》，载于《中华人民共和国国务院公报》1982 年第 13 期。

［484］《国务院批转中国人民银行全国分行行长会议纪要》，载于《中国金融》1979 年第 2 期。

［485］《华北区私营银钱业管理暂行办法》，载于《江西政报》1949 年第 1 期。

［486］《华东区管理私营银钱业暂行办法》，载于《山东政报》1949 年第 4 期。

［487］《农村信用社省（自治区、直辖市）联合社管理暂行规定》，

载于《中国农村信用合作》2003 年第 11 期。

[488]《深化农村信用社改革试点方案》，载于《中华人民共和国国务院公报》2003 年第 22 期。

[489]《国务院关于鼓励和引导民间投资健康发展的若干意见》，载于《中华人民共和国国务院公报》2010 年第 15 期。

[490]《中国人民银行货币政策委员会条例》，载于《中华人民共和国国务院公报》1997 年第 14 期。

[491]《中国人民银行再贴现试行办法》，载于《中国金融》1986 年第 8 期。

[492]《中国银行业监督管理委员会关于印发〈农村信用社省（自治区、直辖市）联合社管理暂行规定〉的通知》，载于《中华人民共和国国务院公报》2004 年第 15 期。

[493]《中共中央关于建立社会主义市场经济体制若干问题的决定》，载于《中华人民共和国国务院公报》1993 年第 28 期。

[494]《中华人民共和国商业银行法》，载于《中华人民共和国国务院公报》1995 年第 13 期。

[495]《中华人民共和国商业银行法》，载于《中华人民共和国国务院公报》2004 年第 7 期。

[496]《中华人民共和国银行管理暂行条例》，载于《中华人民共和国国务院公报》1986 年第 1 期。

[497]《中华人民共和国银行业监督管理法》，载于《中华人民共和国国务院公报》2004 年第 7 期。

[498]《中华人民共和国银行业监督管理法》，载于《中华人民共和国国务院公报》2006 年第 35 期。

[499]《中华人民共和国中国人民银行法》，载于《中华人民共和国国务院公报》1995 年第 10 期。

[500]《中华人民共和国中国人民银行法》，载于《中华人民共和国国务院公报》2004 年第 7 期。

[501] A. Michael Andrews, State – Owned Banks, Stability, Privatization, and Growth: Practical Policy Decisions in a World Without Empirical

Proof, IMF Working Paper, 2005.

[502] Abdur Chowdhury, Banking Reform In Russia: A Window of Opportunity?", William Davidson Institute Working Paper, 2003.

[503] Albert Feuerwerker, The State and the Economy in Late Imperial China, Theory and Society, 1984, Vol. 3.

[504] Albert Park, Kaja Sehrt, Tests of Financial Intermediation and Banking Reform in China, Journal of Comparative Economics, 2001, Vol. 29.

[505] Alejandro Micco, Ugo Panizza and Monica Yañez, Bank Ownership and Performance: Does Politics Matter?, Department of Public Policy and Public Choice – POLIS Working paper, 2006.

[506] Alfredo Thorne, Eastern Europe's Experience with Banking Reform: Is There a Role for Banks in the Transition?, The World Bank, Working Paper, 1993.

[507] Alicia García – Herrero, Sergio Gavilá and Daniel Santabárbara, China's Banking Reform: an Assessment of Its Evolution and Possible Impact, CESifo Economic Studies, 2006, Vol. 2 (52).

[508] Allen N Berger, Iftekhar Hasan, Mingming Zhou, Bank Ownership and Efficiency in China: What Lies Ahead in the World's Largest Nation? Bank of Finland Research Discussion Papers, 2007.

[509] Assar Lindbeck, An Essay on Economic Reforms and Social Change in China, The World Bank, Working Paper, 2006.

[510] Ayyagari, M., A. Demirguc – Kunt, and V. Maksimovic., Formal versus Informal Finance: Evidence from China, Review of Financial Studies, 2010, Vol. 23 (8).

[511] Boris Pleskovic, Financial Policies in Socialist Countries in Transition, The World Bank, Working Paper, 1994.

[512] Boubacar Diallo, Qi Zhang, Bank Concentration and Sectoral Growth: Evidence from Chinese Provinces, Economics Letters, 2017, Vol. 154.

[513] Cheng, Xiaoqiang, H. Degryse, The Impact of Bank and Non-

bank Financial Institutions on Local Economic Growth in China, Journal of Financial Services Research, 2010, Vol. 37.

[514] Clemens Mattheis, The System Theory of Niklas Luhmann and the Constitutionalization of the World Society, Goettingen Journal of International Law, 2012, Vol. 2.

[515] Cordella T, Yeyati E L., Financial Opening, Deposit Insurance, and Risk in a Model of Banking Competition, European Economic Review, 1998, Vol. 46 (3).

[516] Dages B. G, Goldberg L. S, Kinney D., Foreign and Domestic Bank Participation in Emerging Markets: Lessons from Mexico and Argentina. Social Science Electronic Publishing, 2000, Vol. 9.

[517] Fadzlan Sufiana, Muzafar Shah Habibullahb, Globalizations and Bank Performance in China, Research in International Business and Finance, 2012, Vol. 26.

[518] Fama, E. F, Banking in the Theory of Finance, Oxford University Press, 1973.

[519] Genevieve Boyreau - Debray, Financial Intermediation and Growth: Chinese Style, The World Bank, Working Paper, 2003.

[520] Giovanni Ferri, Are New Tigers Supplanting Old Mammoths in China's Banking System? Evidence from a Sample of City Commercial Banks, Journal of Banking & Finance, 2009, Vol. 1 (33).

[521] Hasan, I., P. Wachtel, M. Zhou, Institutional Development, Financial Deepening and Economic Growth: Evidence from China, Journal of Banking and Finance, 2009, Vol. 33.

[522] Henry Sanderson, Michael Forsythe, China's Superbank: Debt, Oil and Influence-how China Development Bank is Rewriting the Rules of Finance, Bloomberg Press, 2012.

[523] I - chun Fan, Long-distance Trade and Market Integration in the Ming - Ching Period 1400 - 1850, Ph. D. Dissertation, Stanford University, 1992.

[524] Iftekhar Hasan, Paul Wachtel and Mingming Zhou, Institutional Development, Financial Deepening and Economic Growth: Evidence from China, BOFIT Discussion Papers, 2006.

[525] Jaime Ros, Development Theory and the Economics of Growth, The University of Michigan Press, 2003.

[526] John Hicks, A Theory of Economic History, Clarendon Press, Oxford, 1969.

[527] Koskela E, Stenbackab R., Is There a Tradeoff Between Bank Competition and Financial Fragility? . Journal of Banking & Finance, 2000, Vol. 24 (12).

[528] Kremers Jeroen J. M., Kroes Tjerk R. P. J., Reforming Financial Supervision: Experiences from the Netherlands, Financial Market Trends, 2000.

[529] Leon Berkelmans, Gerard Kelly, Dena Sadeghian, Chinese Monetary Policy and the Banking System, Journal of Asian Economics, 2016, Vol. 46.

[530] Levine R. Foreign Banks, Financial Development, and Economic Growth. Journal of Economic Literature, 1996, Vol. 1.

[531] Masciandaro Donato, Quintyn Marc, Designing Financial Supervision Institutions, Financial Regulator, 2008.

[532] Mathieson D. J., Financial Reform and Stabilization Policy in a Developing Economy. Journal of Development Economics, 1980, Vol. 7 (3).

[533] Mayer, C., Financial Systems, Corporate Finance and Economic Development, University of Chicago Press, 1990.

[534] Philip Richardson, Review: Banking in Modern China, The Journal of Economic History, 2003, Vol. 63 (4).

[535] Rajan, R. and L. Zingales, Finance Dependence and Growth. American Economic Review, 1998, Vol. 88 (3).

[536] Richard Herring, Jacopo Carmassi, The Structure of Cross – Sector Financial Supervision, Financial Markets, Institutions & Instruments, 2008.

[537] Richard Podpiera, Progress in China's Banking Sector Reform: Has Bank Behavior Changed?, IMF Working Paper, 2006.

[538] Severinsson, Elisabeth, Rights and Responsibilities in Research Supervision, Nursing & Health Sciences, 2015.

[539] Shelagh Heffrtnan, Maggie Fu, The Determinants of Bank Performance in China, Social Science Electronic Publishing, 2008.

[540] Stijn Claessens, Banking Reform in Transition Countries, The World Bank, Working Paper, 1996.

[541] Thorsten Beck, Luc Laeven, Institution Building and Growthin Transition Economies, The World Bank, Working Paper, 2005.

[542] Tom Patrik Berglund, Optimal Jurisdiction of Financial Supervision, Journal of Financial Economic Policy, 2013.

[543] Valentina Levanchuk, The China Development Bank and Sustainable Development, International Organisations Resesrch Journal, 2016, Vol. 3 (11).

[544] Valerie Bencivenga, Brucc Smith, and Ross Starr, Transaction Cost, Technological Choice, and Endougenous Growth, Journal of Economic Theory, 1995, Vol. 67.

[545] Violaine Cousin, Banking in China, Palgrave Macmillan, 2007.

[546] Wai Chung Lo, China's Gradualism in Banking Reform, The Open University of Hong Kong, 2001.

[547] Ye Tian, Richard W. Wilson, Commercial Development and the Evolution of Political Cultures: Ming/Qing China and 17th Century England, East Asia, 2001, Vol. 3.

附录：新中国银行制度建设大事表

时间	内容
1948 年 12 月 1 日	中国人民银行在石家庄成立
1949 年 9 月 27 日	中国人民政治协商会议通过《中华人民共和国中央人民政府组织法》，将中国人民银行纳入中央人民政府政务院的直属单位系列，接受财政经济委员会指导，并与财政部保持密切联系，赋予其国家银行职能
1950 年 11 月 21 日	政务院批准通过了《中国人民银行试行组织条例》
1950 年 4 月 7 日	颁行《关于实行国家机关现金管理的决定》
1950 年 12 月 25 日	颁行《货币管理办法》
1951 年 5 月	中国人民银行召开了第一次全国农村金融工作会议，颁发《农村信用合作社章程准则（草案）》
1952 年 5 月	1952 年区行行长会议通过《关于各级银行机构调整问题的决定》，提出银行机构不强调专业系统
1952 年 8 月 22 日	颁发《关于对外商银行停业清理》
1952 年 9 月 28 日	批准中监委、中财委《关于成立财经监察机构的建议》
1954 年 9 月 9 日	政务院《关于设立中国人民建设银行的决定》
1958 年 3 月 18 日	国务院批转财政部《关于建设银行、交通银行的机构性质和管理分工问题的报告》
1958 年 8 月	国务院《关于进一步改进财政管理体制和相应改进银行信贷管理体制的规定》
1958 年 12 月 20 日	国务院第八十三次全体会议《关于国营企业流动资金问题的规定》

续表

时间	内容
1959 年 2 月 3 日	国务院转发财政部、中国人民银行总行《关于国营企业流动资金改由人民银行统一管理的补充规定》
1959 年 4 月 1 日	中共中央《关于加强农村人民公社信贷管理工作的决定》
1960 年 4 月 1 日	国务院转发中国人民银行《关于信贷管理体制问题的报告》
1960 年 12 月 20 日	中共中央、国务院《关于冻结、清理机关团体在银行的存款和企业专项存款的指示》
1961 年 1 月 15 日	中共中央批转财政部党组《关于改进财政体制加强财政管理的报告》，规定不许把信贷资金用于财政性支出
1962 年 3 月 10 日	中共中央、国务院《关于切实加强银行工作的集中统一，严格控制货币发行的决定》
1962 年 6 月 13 日	中共中央、国务院发出《关于改变中国人民银行在国家组织中地位的通知》
1962 年 11 月 9 日	中共中央、国务院批转人行《关于农村信用合作社若干问题的规定（实行草案）的报告》
1963 年 10 月 8 日	中共中央、国务院《关于建立中国农业银行、统一管理国家支援农业资金的决定》
1963 年 11 月 24 日	中共中央、国务院批转人行《关于整顿信用社、打击高利贷的报告》
1963 年 11 月 9 日	第二届全国人民代表大会常务委员会第一百零六次会议批准设立中国农业银行并作为国务院的直属机构
1964 年 3 月 21 日	中共中央批转中国农业银行《关于各级农业银行机构建立情况的报告》
1965 年 11 月 3 日	人行、农行《关于中国农业银行同中国人民银行合并的请示报告》
1970 年 6 月 11 日	国务院转发财政部军管会、人行军代表《关于加强基建拨款工作改革建设银行机构的报告》，规定统一把建设银行并入人行
1970 年 7 月 25 日	财政部全国财政银行工作座谈会讨论财政银行的改革问题
1972 年 4 月 18 日	国务院决定恢复中国人民建设银行总行
1977 年 6 月 10 日	人民银行发布《国营工业贷款办法》

续表

时间	内容
1978 年 12 月	《中共中央关于加快农业发展若干问题的决定（草案）》决定恢复中国农业银行
1979 年 2 月 5 日	中国人民银行分行行长会议研究了如何把银行工作重点转移到社会主义现代化建设上来
1979 年 2 月 23 日	国务院《关于恢复中国农业银行的通知》
1979 年 3 月 13 日	国务院批转人行《关于改革中国银行体制的请示报告》
1979 年 12 月 12 日	国务院批转人行《关于改变银行系统人员编制、劳动工资计划管理体制的报告》
1980 年 5 月 28 日	《中国人民银行储蓄存款章程》
1981 年 1 月 29 日	国务院《关于切实加强信贷管理严格控制货币发行的决定》
1981 年 12 月 23 日	国务院批转《中国人民银行关于调整银行存款、贷款利率的报告的通知》
1982 年 5 月 1 日	建行等联合发《关于进一步实行基本建设拨款改贷款的通知》
1982 年 7 月 14 日	国务院批转中国人民银行《关于人民银行的中央银行职能及其与专业银行的关系问题请示》
1983 年 1 月 14 日	国务院《关于中国人民建设银行、中国农业银行组织机构问题的通知》
1983 年 2 月 1 日	人民银行公布《关于重发侨资、外资金融机构在中国设立常驻代表机构的管理办法》
1983 年 4 月 20 日	国务院转发财政部《关于建设银行机构改革问题的报告》
1983 年 6 月 26 日	国务院批转中国人民银行《关于国营企业流动资金改由人民银行统一管理的报告的通知》
1983 年 9 月 1 日	国务院颁布《关于中国人民银行专门行使中央银行职能的决定》
1984 年 8 月 6 日	国务院批转中国农业银行《关于改革信用合作社管理体制的报告》
1985 年 4 月 2 日	国务院发布发布《中华人民共和国经济特区外资银行、中外合资银行管理条例》
1985 年 4 月 8 日	国务院《关于控制固定资产投资规模的通知》
1985 年 5 月 8 日	非洲开发银行、非洲开发基金理事会接纳我国成为正式会员

续表

时间	内容
1985年5月23日	中国银行在联邦德国发行公募债券，是我国首次进入欧洲资本市场
1985年6月27日	国务院发布《关于加强银行金融信贷管理工作的通知》
1985年7月5日	国务院颁发《中国人民银行稽核工作暂行规定》
1985年7月27日	国务院办公厅《关于加强银行金融信贷管理工作的通知》
1985年8月19日	中国人民银行、中国人民建设银行联合召开“改革建设银行的信贷资金管理体制会议”，讨论建设银行的信贷资金管理改革实施办法
1985年9月23日	《中共中央关于制定国民经济和社会发展第七个五年计划的建议》提出改革金融体制，充分发挥银行系统筹集融通资金、引导资金流向、提高资金运用效率和调节社会总需求的作用
1986年1月6日	国家体改委、中国人民银行召开五城市（广州、重庆、武汉、沈阳、常州）金融体制改革试点座谈会，讨论金融体制改革试点的目标、原则和有关政策等问题，并确定在广州等五个城市进行银行企业化经营管理试点
1986年1月7日	国务院颁行《中华人民共和国银行管理暂行条例》
1986年1月7日	亚洲开发银行董事会通过接纳我国加入亚开行的决议草案，并提请理事会表决
1986年7月8日	中国人民银行理事会讨论《关于健全中国人民银行理事会制度的若干规定》
1986年11月7日	中国人民银行、中国农业银行颁发《扶持贫困地区专项贴息贷款管理暂行办法》
1987年1月9日	中国人民银行《关于对经济特区、经济技术开发区开发性贷款实行差别利率和贴息的规定》
1987年1月14日	中国人民银行《关于执行中国人民银行对专业银行贷款利率有关事项的通知》
1987年2月6日	中国人民银行颁发《关于审批金融机构若干问题的通知》
1987年4月1日	交通银行作为中国第一家全国性的国有股份制商业银行正式对外营业
1990年2月27日	世界银行正式恢复对中国贷款
1990年4月27日	人民银行发布《境外金融机构管理办法》

续表

时间	内容
1990 年 10 月 12 日	颁行《农村信用合作社管理暂行规定》
1991 年 1 月 1 日	人民银行颁行《利率管理规定》
1993 年 12 月 25 日	国务院颁布了《关于金融体制改革的决定》
1994 年 1 月	人民银行总行颁布《人民银行分支行转换职能的意见》
1994 年 2 月 15 日	人民银行颁布《关于商业银行实行资产负债比例管理的通知》
1994 年 3 月 17 日	国家开发银行在北京成立
1994 年 7 月 1 日	中国进出口银行在北京成立
1994 年 8 月 5 日	人民银行颁布《金融机构管理规定》
1994 年 11 月 8 日	中国农业发展银行在北京成立
1995 年 3 月 18 日	第八届全国人民代表大会第三次会议通过《中华人民共和国中国人民银行法》
1996 年 8 月 22 日	国务院颁布《关于农村金融体制改革的决定》
1997 年 4 月 5 日	国务院颁布《中国人民银行货币政策委员会条例》
1997 年 9 月 15 日	人民银行颁行《农村信用合作社管理规定》
1997 年 11 月 17 日	第一次“全国金融工作会议”
1998 年 1 月 1 日	取消信贷规模管理
1998 年 5 月 26 日	人民币公开市场业务的操作
1998 年 11 月	人民银行实施组织机构改革，一级分行由按照行政区域设置转变为按经济区划设置
1998 年 11 月 4 日	中国人民银行《关于进一步做好农村信用合作社改革整顿规范管理工作意见》的通知
1999 年	相继成立四大金融资产管理公司处理商业银行不良贷款
2002 年 2 月 5 日	第二次“全国金融工作会议”
2003 年 4 月 25 日	中国银行业监督管理委员会成立
2003 年 9 月 18 日	银监会印发《农村信用社省（自治区、直辖市）联合社管理暂行规定》
2004 年 6 月 5 日	国务院转发银监会、人民银行《关于明确对农村信用社监督管理职责分工的指导意见》

续表

时间	内容
2004 年 8 月 26 日	中国银行股份有限公司成立
2004 年 9 月 15 日	中国建设银行股份有限公司成立
2005 年 2 月 19 日	《国务院关于鼓励支持和引导个体私营等非公有制经济发展的若干意见》规定“允许非公有资本进入金融服务业”
2005 年 6 月 23 日	交通银行在香港联合交易所上市
2005 年 10 月 27 日	中国建设银行股份有限公司在香港上市
2006 年 6 月 1 日和 7 月 5 日	中国银行股份有限公司分别在香港联合交易所和上海证券交易所成功上市
2006 年 12 月 11 日	中国全面放开了外资银行经营人民币业务的限制，使其正式享有国民待遇
2007 年 1 月 19 日	第三次“全国金融工作会议”
2008 年 12 月 16 日	国家开发银行股份有限公司在北京挂牌成立
2009 年 1 月 15 日	中国农业银行由国有独资商业银行整体改制为股份有限公司
2010 年 5 月 7 日	《国务院关于鼓励和引导民间投资健康发展的若干意见》进一步放宽了金融领域对民间资本的准入限制
2010 年 7 月 15、16 日	农行 A 股、H 股分别在上海证券交易所和香港联交所成功挂牌上市
2012 年 1 月 6 日	第四次“全国金融工作会议”
2012 年 7 月 3 日	银监会发布《中国银监会关于规范农村信用社省（自治区）联合社法人治理的指导意见》
2015 年 6 月 22 日	国务院批转银监会《关于促进民营银行发展的指导意见》
2017 年 7 月 15 日	第五次“全国金融工作会议”
2018 年 4 月 8 日	中国银行保险监督管理委员会正式挂牌
2018 年 11 月 28 日	中国银保监会发布《中华人民共和国外资银行管理条例实施细则》（修订征求意见稿）

后　记

在论文完成之际，我既有一种满足和兴奋之感，同时也有因许多地方不尽如人意而产生的遗憾和失落。回首论文写作的整个历程，我常常因为选题的宏大和材料的庞杂而感到彷徨，甚至自我怀疑，也会因每一次的豁然开朗而极度欣喜，常常因为写作进度过慢而深感焦虑，也会因每天的勤勤恳恳而无比充实，真可谓是五味杂陈，痛并快乐。如果说这是一次人生历练，那么在这一过程中我收获了很多，不仅是积累了丰富的理论知识，更重要的是学会了身处逆境也应该不骄不躁的淡然和从容。但这所有的收获都离不开师长、朋友和家人，正是他们的爱护和支持才使我在每个困难的时刻能够有动力和勇气继续坚持。

首先我要衷心地感谢我的导师程霖教授，如果当初没有程老师的鼓励，我甚至没有信心参加博士入学考试，也就不会有我的今天。在我读博的几年中，得益于程老师的悉心教诲和点拨，使我的研究无论在学术规范还是理论水平上都有了较大地提高。尤其在进入博士论文选题之后，程老师花费了大量的时间和精力来指导我的选题以及提纲撰写，而本篇论文的题目也最终得益于程老师的启发。在论文写作过程中，程老师时常关心我的写作进度并为我答疑解惑和指点迷津。所以，这篇论文的完成离不开老师的辛勤付出，其中更是凝结着老师的心血和智慧。特别是，程老师严谨的治学态度、勤奋的求知精神和正直的人品都值得我用一生来学习。

感谢王昉教授，不仅精心地传授我知识，而且在生活中时常给予我关心和鼓励，也对论文提纲设计和内容编排等提出了宝贵的指导意见。感谢我硕士期间的导师董平军教授，是董老师的支持才让我有了考取博士的勇气。感谢杜克大学的高柏教授，作为我联合培养博士的导师，在我美国学习期间为我提供了论文方面的指导和诸多生活上的帮助。我还要特别感念杜克大学的柯冬云老师，在美国时她给予了我很多生活上的照顾，就在论文完成之际刚得知柯老师因病过世的消息，我深感震惊和悲痛，在此聊表缅怀，愿好人安息！感谢中国社科院的叶坦研究员，她曾经的鼓励是我一直坚持于学术的动力；感谢伍山林教授为论文的可行性方向提出的宝贵建议；感谢梁捷老师为论文提供的修改建议和完善方向；感谢上海社科院的钟祥财研究员，作为本领域的权威，钟老师为人和蔼可亲，不仅多次在科研方面给予过我指导，更在我的博士论文预答辩中提出了许多宝贵的建议，使我的论文能够得到进一步提高。同时也感谢马涛教授和燕红忠教授在学位论文答辩时对论文选题给予的肯定，以及就研究内容进行的指导。还要感谢田国强教授、赵晓雷教授、Terry Peach 教授、李楠教授、陈旭东老师在我求学期间给予过的帮助和启发。

感谢我的师姐张申博士，在我论文写作中提供了非常大的帮助，作为我生活中的好友，也是每每当我遇到写作“瓶颈”时带给我安慰的人。感谢我的师兄宋双杰博士，是他教会我写作要每天定量、持之以恒。感谢我的同门张华勇博士、刘凝霜博士、李亚靖博士、岳翔宇博士、肖其敏、赵昊、张铎和严晓菲在我学习和生活中所提供的帮助，他们既是我的良师，也是我的益友。感谢我在读博期间结识的挚友郭建娜博士、刘叶博士、王宝珠博士、赵伟博士、陈杰博士、杨飞博士、刘诚洁博士、方观富博士、赵方博士、肖雨博士、王迪博士、唐高洁博士、曾雄佩和董致远，与他们的友谊将是我一生最宝贵的财富。在美国时，我有幸认识了许多优秀的伙伴，他们在各自学术领域中的优异表现给了我很大激励，而他们在异国他乡的帮助也让我度过了开心的一年。感谢北京大学的王靖一博士，借用他本人的一句话，“你让 Louise Circle 从像家变成了家”，尤其靖一做的鸡蛋饼绝对是在美国一年中吃过的最美味的食物。感谢宋玉婷博士和文永莉博士在那一年当中对我的照顾，和玉婷的饭后散步也是我现在依然常常怀念的美好时光。还有葛少卿博士为我亲手做的生日蛋糕，给我在美国的生日留下了最珍贵的回忆。同时还要感谢王闯博士、魏靖恬博士和孙合强博士的帮助。

特别要感谢的是我的家人。我的父亲信志奎和母亲郭菽林为我提供了良好的成长和生活环境，他们无私的爱与奉献是我不断向前拼搏的力量之源。多年来，一直在外求学的我既不曾给予他们经济上的回报，也不能时常陪伴他们左右，作为女儿，我深感愧疚，唯愿本书的出版能使他们得到些许慰藉。也是我的父母，他们以身作则地教会我做人要诚实、做事要坚持，这两种品质也使我受益一生。感谢我的外公郭庠林教授和外婆杨沚华副教授一直以来无微不至的关爱。在读博士期间，我不但升级为了人妻，而且还迎来了爱子的诞生。感谢我的二叔、姑姑和舅舅，他们在我的成长过程中给了我很多的呵护。感谢表姐郭兴跃，她的乐观心态也是我一直想要学习的地方。感谢我的儿子郑信一，他的出生带给了我前所未有的动力，想要成为令他骄傲的母亲的想法促使我不断地去改正以往的惰性和不足，也使我渐渐成为自己一直想要成为的样子。最后，我要特别感谢我的爱人郑顺，正是他无条件地爱与支持，才使我能无忧无虑地投入学习，而我们对美好生活的共同向往也是激励我努力完成学业的精神力量。